U0690430

国家出版基金项目
NATIONAL PUBLICATION FOUNDATION

“十二五”国家重点图书出版规划项目

开放型经济研究丛书

主编
赖明勇
张亚斌

◆柯善咨 著

中国对内对外开放与区域经济发展

湖南师范大学出版社

图书在版编目（CIP）数据

中国对内对外开放与区域经济发展 / 柯善咨著. —长沙：湖南师范大学出版社，2013.12

ISBN 978-7-5648-1507-3

Ⅰ.①中… Ⅱ.①柯… Ⅲ.①开放经济—区域经济发展—研究—中国 Ⅳ.①F127

中国版本图书馆 CIP 数据核字（2013）第 290714 号

开放型经济研究丛书

主编：赖明勇 张亚斌

中国对内对外开放与区域经济发展

柯善咨 著

◇选题策划：周玉波
◇责任编辑：胡亚兰
◇责任校对：郭海波
◇出版发行：湖南师范大学出版社
地址/长沙市岳麓山 邮编/410081
电话/0731.88853867 88872751 传真/0731.88872636
网址/http：//press.hunnu.edu.cn
◇经销：湖南省新华书店
◇印刷：长沙超峰印刷有限公司
◇开本：787 mm×1092 mm 1/16
◇印张：12.5
◇字数：238 千字
◇版次：2013 年 12 月第 1 版第 1 次印刷
◇书号：ISBN 978-7-5648-1507-3
◇定价：32.00 元

总　序

中共十八届三中全会决定提出构建开放型经济新体制，推动对内对外开放相互促进、引进来和走出去更好结合，促进国际国内要素有序自由流动、资源高效配置、市场深度融合，加快培育参与和引领国际经济合作竞争新优势，以开放促改革。这些战略决策对我国今后对外开放的扩大、深化和提高具有重大的指导意义。

由赖明勇教授等主编的“开放型经济研究”丛书（以下简称“丛书”），共包括《中国对内对外开放与区域经济发展》《贸易强国目标与外贸发展方式转变》《中国利用外资的综合效应与结构优化》《中国自由贸易区建设的动态福利效应》《中国对外直接投资及方式创新》《中国贸易差额、货币供给与金融安全》等六本专著，基本涵盖了我国对外开放的主要方面，从理论和实践结合的角度，总结了我国对外开放的一些经验教训，提出了进一步扩大开放的一些意见和建议，对我国构建开放型经济新体制有比较重要的参考价值。

我在为《现代区域经济学》撰写的序言中曾经指出，如果我们将国家看作一个系统，则区域就是它的子系统，由于各个区域都在一个国家之内，相互联系比较方便，资本及劳动力流动的阻力较小，不够完备的功能结构也会促使各个区域之间互通有无，而且国家的开放度对区域的开放度也会有显著的影响。为此，我们必须将区域看成一个高度开放的子系统，深入研究其与其他区域及国外的联系和相互作用。丛书从“内外联动”的视角测算各地区对内对外开放的实际效果，研究了跨国公司研发的溢出作用和跨国研发区位决定因素、外资对国内就业和收入的影响；总结了集聚经济、增长极和中心地理论基础上研究不同等级城市在区域经济发展中的不同作用，并采用空间计量技术研究了城市之间的经济溢出效应。

尽管我国对外贸易发展迅速，目前贸易额已居世界首位，但如何转变外贸发展方式、从贸易大国转变为贸易强国，始终是我国需要研究解决的重要问题。这涉及贸易方式、进出口商品结构、外贸地区结构等各个方面的调整，也涉及出口产品增加值的提高和贸易风险的防范。丛书分析了我国与贸易强国之间的差距，认为缩小差距的关键在于通过科技进步实现贸易结构的升级和价值链攀升；从“不均质发展”与“圈层结构”视角创新性探讨了我国对外贸易增长方式转变的内涵和模式，探讨了实现价值链攀升的机理以及实现贸易增长方式转变的路径。

多年来我国在引进外资方面都居于发展中国家的首位，这对我国经济发展和增加就业起到了重要的作用，但也带来了增大地区经济差距、外资的“体外循环”和“飞地效应”、局部产能过剩等问题。丛书研究了通过优化利用外资结构促进内资企业技术创新的理论机理、东道国市场特征影响跨国公司的对外投资方式选择的机理，并创新性探讨了人文环境、产权制度与外商直接投资结构优化研究，提出了更好地发挥外资积极的综合效益的有关建议。

我2003年出版的《从保税区到自由贸易区》一书中，指出了我国建设自由贸易区的必要性，并提出了“境内关外，适当放开；物流主导，综合配套；区港结合，协调发展；统一领导，属地管理”的目标模式。我很高兴地看到中国上海自由贸易区开始建立。丛书通过改进和完善的中国动态可计算一般均衡模型剖析了不同类型的自由贸易区给中国带来的机遇和挑战，构建了不同类型自由贸易区建设对中国宏观经济和具体产业发展的评价体系，这些研究成果将对我国今后自由贸易区的建立提供重要的参考。

尽管20世纪90年代末期党中央就提出了“走出去”的战略方针，但直到2006年我国企业的对外投资才开始较快增长，而且在实践中遇到了不少困难和问题。丛书通过构建两国寡头竞争博弈模式解释了对外直接投资与国内产业结构的即期和长期相互作用，并比较分析了我国海外投资与国内投资的产出绩效差异以及创新合作方式与产业升级的相互关联，探讨了我国企业对外直接投资的集中化特征及其影响、技术进步效应和产业升级效应、投资绩效和风险控制、投资方式创新等问题。我认为今后还应深入探讨我在2001年出版的《中国对外投资的战略与管理》一书中提出的“面向世界和未来，大力培养我国的跨国公司”这一重要课题。

在对外开放中如何维护国家经济安全，始终是一个需要认真研究并在实践中把握好“度”的问题。我在2004年曾经指出，金融安全是经济安全的核心。丛书通过大量经验研究检验了汇率、贸易差额与货币供给间的相互作用关系以及恶意并购、资本（特别是短期资本）的国际流动、世界经济的失衡与市场波动对国家经济安全影响，对人民币国际化进程中的风险防范具有一定的参考价值。

纵观这六本专著，可以看到它们既相互独立又有内在联系，尽管其中有一些观点还可能需要进一步探讨和商榷，但可以说是近年来在国家社会科学基金重大项目“贯彻落实科学发展观与完善开放型经济体系”的基础上，在构建开放型经济体制方面的一项重要研究成果。我希望这部丛书的出版能够进一步促进我国在构建开放型经济新体制方面的理论研究和实践探索，为提高我国对外开放的水平做出一定的贡献。

成思危

2013 年 12 月于北京

前言

在数千年的历史长河中，中华民族经历了开放合作的不懈探索，同时也历经了闭关锁国的痛苦挣扎。党的十一届三中全会开启了中国改革开放的新篇章，党的十四大提出“进一步扩大对外开放”，党的十五大提出“发展开放型经济”，党的十七大报告明确指出“完善内外联动、互利共赢、安全高效的开放型经济体系”。在这样的背景下，2008 年我们承担了国家社会科学基金重大项目“贯彻落实科学发展观与完善开放型经济体系”。

项目研究以“统筹与协调，质量与结构，平衡与风险”为主线，围绕内部开放与外部开放的发展不平衡、对外贸易的粗放型增长、外商直接投资的体外循环和飞地效应、多边贸易深化困难等一系列问题，提出了“完善区域与城市群规划，促进中心与腹地经济协调发展”，“推进‘不均质’大国的‘圈层’升级，实现贸易大国向贸易强国转变”，“创新利用外资，推动区域间外资联动与跨地人才平台建设”，“探索低碳经济型，货币联盟型等特色自贸区建设”，“继续完善价格形成机制，促使国际定价权回归”，“应对贸易摩擦、培育竞争优势、参与全球治理分享红利的市场一体化”等一系列观点，为解读当前的中国开放型经济特征，推动开放型经济体系的进一步完善，转变经济发展方式，调整经济结构，促进经济快速可持续发展提供了有力支撑。“开放型经济研究”丛书（以下简称“丛书”）也正是该项目的研究成果之一。

丛书由六部专著组成，涉及对内对外开放相互促进与联动、外贸增长方式转变与贸易结构升级、创新利用外资与优化利用外资结构研究、自由贸易区战略与多双边经贸合作、创新对外投资和合作方式、经济失衡与经济安全等方面的内容。《中国对内对外开放与区域经济发展》充分利用空间计量方法检验全国市场一体化与区域经济发展间的相互影响、各地区城市增长极与广大腹地经济一体化的机制以及中心城市与外围地区经济增长的相互作用；《贸易强国目标与外贸发展方式转变》从“不均质发展”与“圈层结构”视角创新性探讨了中国对外贸易增长方式转变的内涵、模式，探讨了实现价值链攀升的机理以及实现贸易增长方式转变的路径；《中国利用外资的综合效应与结构优化》从地区、行业、企业以及国家关系等多个角度，系统考察了外商直接投资的影响效应、影响因素以及跨国公司的投资方式选择；《中国自由贸易区建设的动态福利效应》拓展和完善了中国动态可计算一般均衡模型，选择已建或者谈判中的代表性自贸区，模拟评估不同类型自由贸易区建设对中国宏观经济、产业发展的影响效应；《中国对外直接投资及方式创新》论证了发展中国家通过对外直接投资获得反向技术溢出的可行性，实证检验了中国对外直接投资的技术溢出的动态效应、产业升级效应和综合绩效；《中国贸易差额、货币供给与金融安全》聚焦开放型经济安全，将人民币汇率制度、货币政策独立性和中国对外贸易差额等经济现象纳入修正的不可能性三角关系研究中。

这套丛书体现了湖南大学经济与贸易学院学术研究特色和人才群体优势。湖南大学国际贸易学科1903年开办经济学教育，到1926年成立经济系，其间集聚了任凯南、李达、朱剑农、胡代光、武堉干等一大批经济学家。1981年拥有了全国第一批“工业外贸”专业。2002年进入了新的发展阶段，形成“文理工渗透、多学科交叉”的特色。2007年湖南大学国际贸易学科成为国家重点学科。学科研究方向不断凝练和拓展，逐步形成了国际贸易与经济增长、国际贸易系统工程、全球生产网络与贸易发展等一批特色方向，造就了一个优秀的、有特点的国际贸易研究人才群体。

开放型经济研究是一个长期的研究工作，在定性与定量、静态与动态、确定性与不确定性、机理建模与实证分析中寻找平衡点，抽象开放经济的内在特征，把握经济系统的环境边界和开放边界，探究开放经济系统的演化过程，是科学问题的“顶天”表现。对于中国开放经济系统，则不只是复杂市场网络中多经济行为主体之间的相互联系、互动作用、共同演化所表现出的开放的复杂巨系统特征，还包括其特有的经济环境的动态变化以及伴随着的一些非市场化、非均衡经济行为特征，还需要更多应用对策型的“立地”研究。特别是，党的十八大提出“全面提高开放型经济水平”，十八届三中全会提出“构建开放型经济新体制”。这意味着，中国的开放型经济建设将更为积极主动，需要重视市场经济的决定性作用，深化开放与改革的互促互进，强调全盘统筹协调，突出各方利益共享，追求更高层次的国家安全。由此，给开

放型经济研究提出了新的课题。

本套丛书历时六年，得以付梓。特别感谢全国人大常委会原副委员长、著名经济学家成思危先生在项目研究过程中给予的关心和指导，尤其是在百忙之中为本套丛书作序。同时，感谢全国哲学社会科学规划办公室的支持，感谢国家出版基金规划管理办公室和国家杰出青年科学基金项目（70925006）的资助，感谢湖南师范大学出版社周玉波社长及其团队为丛书出版所付出的艰辛劳动。本丛书作为开放型经济研究的阶段性成果，难免有一些疏漏不妥之处，敬请广大读者批评指正！

赖明勇

2013 年 12 月于岳麓山

目 录

1 绪 论

1.1 研究背景与意义

20 世纪 90 年代中期以来，我国各省平均对外贸易依存度由 1995 年的 31.4% 上升至 2010 年的 50.1%。中国市场与世界市场的相互融合、相互依存与相互影响正在不断加深。对外贸易依存度的提高在拉动区域经济增长的同时难免增加我国经受国际经济危机冲击的风险。因此，加强国内区域经济基础和扩大国内市场需求是我国开放型经济可持续发展的重要保障。我国开放型经济体系的完善面临着如下突出问题：（1）我国经济对外开放度较高，而国内区域间的经济开放度却较低，区域间的市场分割制约了国内统一大市场的形成；（2）不同区域的开放程度、技术水平和经济水平的差距都很悬殊，外资和技术有选择地进入了一些地区，可能进一步扩大了地区间差距；（3）在东中西部地区间差距尚难缩小的同时，地区内差距仍在扩大，各地区内各级城市之间缺少中心带动边缘的区域经济一体化。中国开放型经济发展之路面临着挑战，需要在拓宽对外开放广度和深度的同时警惕地方割据的危害，关注各地区的对内开放。对内开放既包括国内各地区市场的相互开放——全国市场的一体化，也包括各个地区内各级城市和县镇经济的一体化。政府有关部门和经济研究者都应统筹考虑内外开放与经济增长的内在关系，探索如何加快各地区和各城市的相互开放步伐，形成各省区间和各个城市间“对内对外开放相互促进与联动”的统一格局。

首先，经济开放的重要内容是市场开放。我国市场一体化（或分割）是经济学界近年来研究的一个热点。虽然理论和前期研究都认为商品市场对内开放将给区域经济增长带来深刻影响，但是，针对我国市场一体化现状和作用的研究结果却大不相同。① 一些前期研究表明改革开放以来我国地区间对内开放程度大幅度波动，有

①见 Young（杨，2000）、Poncet（庞塞特，2003）、Naughton（诺顿，2003）、Bai et al（白等，2004）和桂琦寒等（2006）所得到的全然不同的结论。

的认为中国地区经济具有在分割中增长的特征，也有的甚至认为中国市场有非一体化趋势，但是，也有一些统计数据表明中国各地区商品市场的对内开放在波折中前进。因此，很有必要继续考察我国各地市场一体化进程，并检验市场一体化与区域经济发展的相互关系。

其次，我国各地区和城市处于不同的对外开放水平。许多地区利用对外开放条件吸收了大量外资和先进技术，提高了本地区的经济结构水平和技术水平，具备了更强的竞争力。统计数据显示外资和外国技术在我国地区分布的差异是各地区经济发展水平差异扩大的一个重要原因。外资往往附带一定的技术，外资流入部门的扩展会改变地区经济结构，影响相关部门的就业和收入，而跨国机构在华设立研发中心则是近20年来的一个重要趋势。如果要把握对内对外开放趋势，就有必要分析外资的积累与分布对各地技术行业就业和收入的作用、跨国机构研发投入对各地经济发展的影响和技术溢出效用以及跨国研发投入的区位决定因素。

再次，伴随着中国经济的高速发展，第二、三产业在国内生产总值中的份额从20多年前的不足70%上升到2010年的90%。我国各地政府历来具有发展工业的积极性。割据式的发展必然造成重复式的建设，各地大中城市必然成为工业建设中心。可是，市场经济中的工业也同样具有在区域市场中心集聚的特征。中国工业集聚的效率究竟如何？工业集聚的经济效益是否为集聚的原因？工业集聚是否为生产性服务业提供了市场，从而促使生产性服务业的发展？反之，生产性服务业的集聚是否因降低了工业生产成本而促进了工业发展？对此我们仍知之甚少。

最后，为了缩小我国东中西部地区经济发展的差距，我国相继启动了西部开发和中部崛起的区域发展战略。作为这些发展战略的一部分，各省（区）纷纷选择整合本省（区）优势资源、打造增长极的发展模式。全国各地规划建设的一小时城市圈就是最明显的代表。但是，历史上各国各地区的非平衡发展过程显示了中心城市本身的增长也可能以牺牲其他地区的发展为代价，而中心城市对周围地区发展的积极作用可能需要很长时间才能显现。此外，每座中心城市都是一个多功能的市场中心和服务中心。这些市场包括为普通消费者服务的最终产品市场和为厂商服务的中间产品和生产资料市场。其中，省会城市服务于全省（甚至邻省部分地区），而地级中心城市面向全地区。中心城市本身的发展和规模不能不受到市场区和服务区规模的影响。由于内需是大国经济发展的重要驱动力，来自市场区的需求对中心城市的发展起着至关重要的作用。可是迄今为止，我们对中心城市带动地区发展以及外围地区发展对中心城市影响的研究仍落后于现实的需要。

1.2　研究思路及内容框架

1.2.1　研究思路

伴随国际经济的发展，以区域比较优势为基础的传统贸易方式发生了深刻的变革，除了传统的产业间贸易以外，产业内贸易愈益兴盛，即使在经济发展水平不同的国家之间，发达国家与发展中国家间中高端技术部门的贸易也出现了以产业内贸易为主的趋势。推动这种深刻转化的主导力量就是技术的进步、分工的深化以及规模经济的发展。技术进步在国际经济中的突出作用促使我们积极承接发达国家技术和产业，努力提升技术的消化吸收和自我创新能力，加快技术进步、提高国际竞争力。然而，我国区域间的经济保护主义以及市场分割等壁垒的存在，导致我国区域间劳动力、资本、技术等生产要素自由流动受阻，区域差距拉大，区域经济一体化进程缓慢。这在很大程度上阻碍了先进技术的扩散、吸收和自我创新能力的提升。所以，研究和掌握区域经济相互作用方式以及区域间技术和要素扩散或流动的客观规律，有助于区域经济更好地承接国际技术转移、实现对内与对外开放联动发展，进而提高国际竞争力。

经济一体化是实现比较优势、获得规模经济效益的根本前提。外贸与资本技术引进以及产业关联与技术溢出作用是联系对外开放和国内经济一体化的纽带。一方面，根据我国产业优势促进对外贸易的发展以及引进资本和技术有利于实现我国优势部门的规模经济、提高我国技术水平；另一方面，区域经济一体化加快了技术扩散的过程，提高了产业关联效应，进而促进了经济集聚和产业结构升级。区域经济可持续发展能力的增强以及产业结构高度化和合理化水平的提高又反作用于我国整体技术进步和我国经济的比较优势，成为推动我国对外贸易方式转变的重要动力（如图 1.1 所示）。抓住和用好重要战略机遇，深化对内开放，形成以东带西、东中西

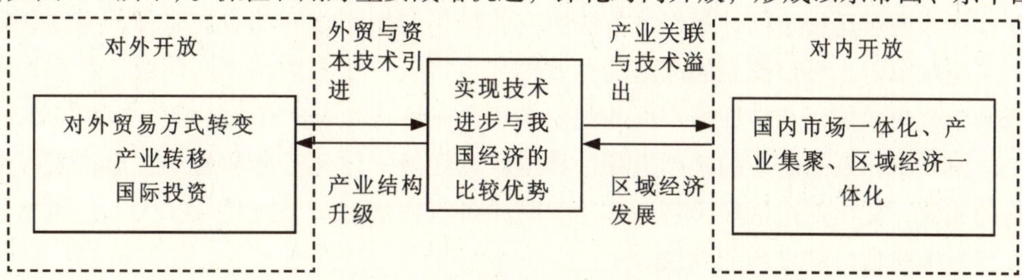

图 1.1　对内对外开放联动发展

共同发展的格局，使各地区充分发挥各自的发展优势并实现又好又快发展，是提升产业层次、完善内外联动、建立互利共赢和安全高效的开放型经济体系的有效途径。

1.2.2 框架结构

全书内容包括四个方面。第一，总结市场一体化的各类指标，并从总体上分析国内各省区市场一体化状况及其对区域经济增长的影响；其二，从如何更好地利用国外技术和资本出发，研究跨国公司研发的溢出作用和跨国研发区位决定因素、外资对国内就业和收入的影响等；其三，在集聚经济理论基础上分析城市经济集聚及其空间溢出效应在区域经济增长中的作用，并根据新经济地理上下游产业协同分布理论检验我国生产性服务业和制造业的协同集聚效应；其四，在总结集聚经济、增长极和中心地理论基础上研究不同等级城市在区域经济发展中的不同作用，并采用空间计量技术研究城市之间的经济溢出效应；最后是本研究的结论和政策启示。

第1章介绍本研究的背景、意义以及研究思路和分析框架。

第2章分析商品市场对内对外开放与区域经济增长的关系。首先比较系统地介绍目前用于分析市场分割或市场一体化程度的指标，进而运用相对价格方差法来测度我国省际商品市场一体化程度，最后分析对外开放、区域市场一体化与区域经济增长的因果关系。

第3章包含两部分内容：第一部分研究跨国机构在华研发投入和FDI对中国各省经济发展的影响和技术溢出效用以及跨国研发投入的区位决定因素。第二部分检验在华外资的积累和分布对我国地级及以上城市技术行业就业和收入的作用。由于大量FDI进入我国制造业，第二部分还同时检验了FDI的积累和分布对我国城市制造业相对就业和相对收入的影响。

第4章分析在我国城市现有市场开放条件下非农业生产的集聚经济效应。其中，第一部分在集聚经济理论基础上检验我国地级及以上城市工业集聚与劳动生产率的因果关系和空间溢出效应；第二部分根据新经济地理学关于城市产业关联效应和协同定位的理论，研究我国城市生产性服务业与制造业的协同效应和内生集聚。

第5章在增长极和中心地理论基础上检验我国不同等级城市之间经济发展的相互作用，通过运用空间计量经济方法研究我国不同城市之间的空间联系，考察各地区实施城市群、城市圈发展战略的有效性和值得进一步考虑的现实问题。最后以中原城市群为案例研究中原城市群的规划和建设在带动河南全省经济增长中的作用。

第6章在系列研究的基础上评价我国区域经济一体化进程和各地城市群发展战略的成效，提出促进区域经济一体化和防止各省内部经济差距持续扩大、注重增长极与外围腹地协同发展的建议。

本书的技术路线图如下：

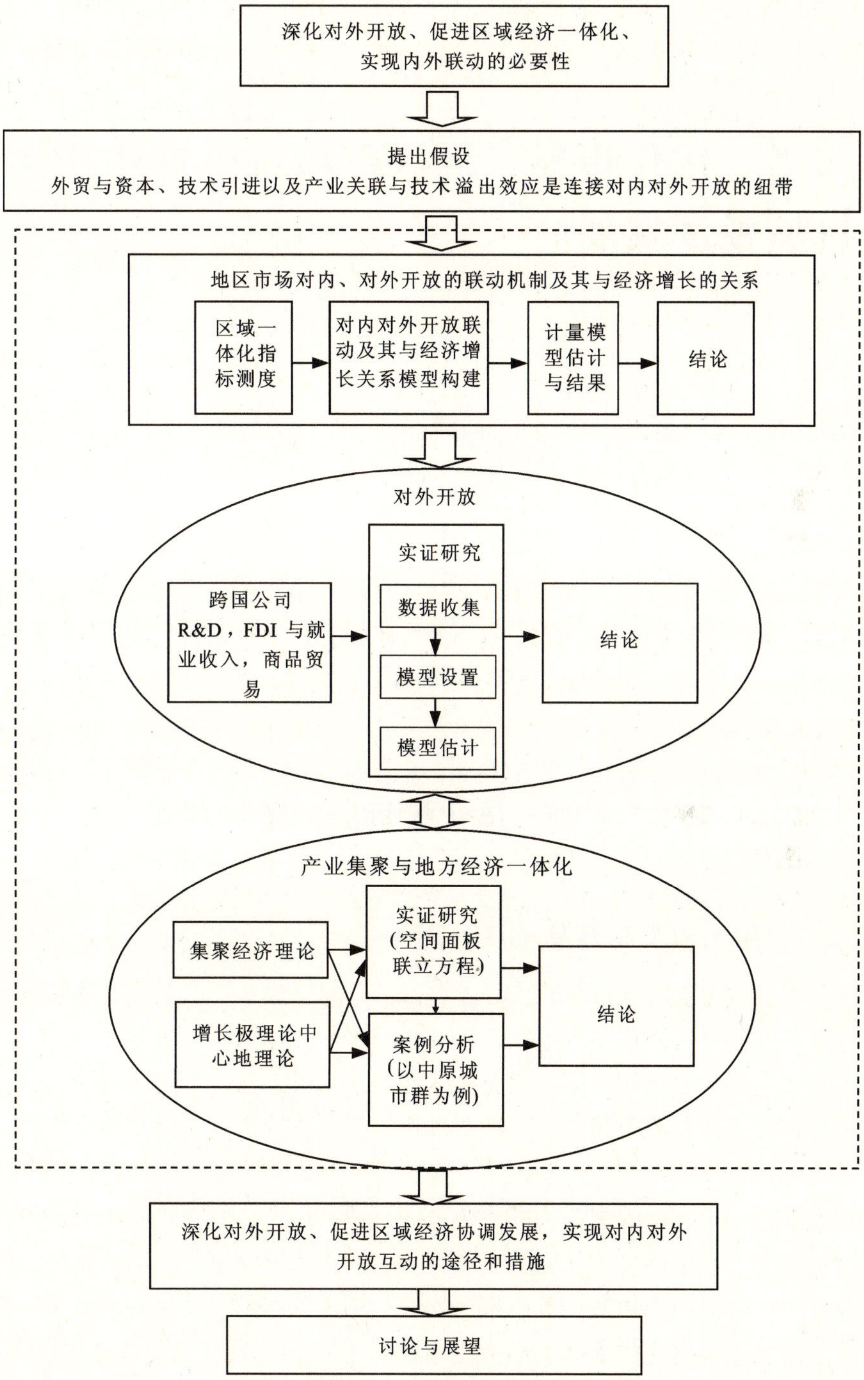

深化对外开放、促进区域经济一体化、
实现内外联动的必要性

提出假设
外贸与资本、技术引进以及产业关联与技术溢出效应是连接对内对外开放的纽带

地区市场对内、对外开放的联动机制及其与经济增长的关系

区域一体化指标测度 → 对内对外开放联动及其与经济增长关系模型构建 → 计量模型估计与结果 → 结论

对外开放

跨国公司R&D，FDI与就业收入，商品贸易 → 实证研究（数据收集 → 模型设置 → 模型估计） → 结论

产业集聚与地方经济一体化

集聚经济理论
增长极理论中心地理论
实证研究(空间面板联立方程) → 结论
案例分析(以中原城市群为例) → 结论

深化对外开放、促进区域经济协调发展，实现对内对外开放互动的途径和措施

讨论与展望

图 1.2　技术路线图

2 市场一体化指标、地区市场对内对外开放与区域经济发展

本章由两大部分组成。第一部分回顾市场一体化的指标，首先系统地比较基于贸易流量的边界效应构建的引力模型和各种改善模型；随后介绍基于地区间价格差别而构建的综合价格法和相对价格方差法；最后，提供用这两种价格法测算的我国市场一体化（即市场分割的反向测度）的状况。第二部分利用相对价格方差法比较系统地检验地区市场对内开放和地区经济发展可能存在的互为因果的内生关系。

2.1 市场一体化指标的构建与测算

2.1.1 引力模型与商品市场分割①

我国自2001年加入WTO后日益融入国际市场。然而，我国国内统一市场的建设却步履蹒跚。出于保护当地资源、产业和财政收入的目的，一些地方政府采取行政、经济、技术、甚至地方法律手段对商品流通进行限制，维持商品市场的分割②。尽管国务院及各部委曾发出数个针对市场分割的通知③，商务部有关专家仍然承认“国内市场的统一，比我国市场经济地位问题更迫切”④。正是在这个意义上，我国

①本小节的内容曾以《引力模型与商品市场分割研究综述》为题发表在《浙江社会科学》2010年第10期。

②李善同等（2004a，2004b）。

③《国务院关于打破地区间市场封锁进一步搞活商品流通的通知》国发［1990］61号；《国务院关于禁止在市场经济活动中实行地区封锁的规定》国务院令［2001］303号；《关于清理在市场经济活动中实行地区封锁规定的通知》商建发［2004］309号。

④《中国青年报》2004年6月23日。

政府在“十一五纲要”中，把“健全全国统一开放市场”放在第三十四章——完善现代市场体系的首要位置；而在《商务发展第十一个五年规划纲要》中，商务部也把“基本形成统一开放的大市场”作为扩大消费拉动经济增长的首要目标。当2008年世界金融危机出现后，中国出口需求锐减，扩大内需成为我国平稳渡过这次世界性经济衰退的重要手段。全国统一市场的形成将有助于扩大国内消费、减少对出口的依赖、稳定经济的长期增长、促进各地在比较优势的基础上形成各有特色的规模经济优势，因此，对国内市场分割程度及其成因的准确认识不仅有理论意义，更有长久的实际意义。

目前，研究市场分割的方法是通过比较贸易流量、价格水平、要素配置方式等变量的实际观测值与理想的统一市场理论值之间的差异来衡量市场分割程度。采用这种间接测量方式的原因在于市场分割程度本身和导致市场分割的众多因素不易观测或量化。这种间接的研究方式以及有限的可观测变量要求研究者对模型的处理以及计量工具的使用具有相当的技巧。随着 Young（2000）的发表，中国国内市场分割状况引起了国内外学术界的关注，出现了一批方法和结果各异的经验研究。有的认为中国市场分割日趋严重，国内贸易壁垒堪比国际水平（Young，2000；Poncet，2003）；也有的认为市场分割并不严重或在逐渐降低（Naughton，2003；Bai et al.，2004；桂琦寒等，2006）。尤其值得注意的是多数国内外经验研究采用了引力方程对国家或地区间商品市场贸易壁垒进行估计。传统的引力方程为一经验公式①。然而，由于它对国际贸易量表现出的惊人解释力，以及20世纪80年代以后其经济学理论基础的建立②，引力方程成为经验研究的最重要理论依据之一。本节旨在全面回顾和梳理国际贸易文献中的引力模型及其在市场分割研究中的应用，并结合我国情况对国内研究作一初步展望。

2.1.1.1 引力方程的经验模型和实证结果

早在20世纪上半叶，地理学家们就发现力学中的引力模型可以模拟地区间相互作用。引力模型随后成为分析地区间人流和物流的标准工具（Carrothers，1956）③。

①最早的经济学引力模型文献为 Tinbergen（1962）及 Linneman（1966），地理学家更早地研究了这一模型。

②研究者们几乎从所有流行的贸易理论中都推导出“理论化”引力方程（Eaton & Kortum，2002；Davis，1995；Deardorff，1998；Anderson，1979；Bergstrand，1985，1989；Helpman & Krugman，1985；Helpman，1987；Head & Mayer，2000 等），以致 Deardorff（1998，p8）总结说：“我怀疑只要是合理的贸易理论都会产生类似于引力方程的结果。”

③Carrothers（1956）对早期的引力模型作了比较全面的综述和评价。

区域科学创始者 Isard（1954，1960）借用热力学中分子运动规律为引力模型奠定了概率统计学基础。设所有地区总人口为 P、偏好相同，地区 i 和地区 j 的人口分别为 P_i 和 P_j，地区 i 内每人到地区 j 的交通量是参数 k 和地区 j 人口份额的乘积

$$k \times P_j/P \tag{2.1}$$

而地区 i 到 j 的全部交通量为

$$T_{ij} = kP_iP_j/P \tag{2.2}$$

交通机会成本使得从 i 到 j 的实际交通量 I_{ij} 小于 T_{ij}，即 I_{ij}/T_{ij} 小于 1 并且是距离 d_{ij} 的减函数；大量统计数据表明，交通边际成本随距离递减，I_{ij}/T_{ij} 是 d_{ij} 的双对数函数，即

$$\ln I_{ij}/T_{ij} = \alpha - \beta \ln d_{ij} \tag{2.3}$$

或

$$I_{ij} = e^{\alpha} T_{ij}/d_{ij}^{\beta} \tag{2.4}$$

将 $T_{ij} = kP_iP_j/P$ 代入该式即得人们所熟悉的重力模型形式

$$I_{ij} = AP_iP_j/d_{ij}^{\beta} \tag{2.5}$$

其中 A 是一未知常数，$A = e^{\alpha}k/P$。

人口变量又因研究对象的不同而常被置换为 GDP、人均收入、价格等，用质量 M 表示，且因地区 i 和 j 产生和接受相互作用的差异而有不同参数 b_1 和 b_2，引力方程的一般形式成为

$$I_{ij} = A_{ij}M_i^{b1}M_j^{b2}/d_{ij}^{\beta} \tag{2.6}$$

式中 A_{ij} 测度 i 和 j 的各种地区特征（包括偏好）。相应的对数表达式为

$$\ln I_{ij} = \alpha_{ij} + b_1 \ln M_i + b_2 \ln M_j - \beta \ln d_{ij} \tag{2.7}$$

上述方程被广泛用于分析地区间运输量、通信量、知识传播、人口迁徙、贸易量和许多其他方面的区间相互作用。特别值得指出的是该模型可分析和预测区域设施或障碍对区间人流和物流（包括贸易）的影响（Isard，1960）。Isard 还提醒研究者，如同分子运动规律无法描述个别分子的运动一样，引力方程只适合于包括许多地区的大样本研究。

近十几年，引力模型引起了主流经济学的注意并在经验和理论研究中获得了迅速的发展。作为主流经济学首篇应用引力模型的文献，McCallum（1995）采用了以下方程估计国际贸易壁垒：

$$x_{ij} = \alpha_0 + \alpha_1 gdp_i + \alpha_2 gdp_j + \alpha_3 d_{ij} + \alpha_4 \text{Home} + \varepsilon_{ij} \tag{2.8}$$

其中下标代表不同地区，x 代表进口额（小写表示取对数，以下同），d 表示距离，Home 为虚拟变量，代表 i 和 j 两区域是否同属一国，参数 α_4 代表跨境贸易带来

的一切障碍①对贸易量的影响：控制 GDP 和距离后，被边境分隔的两个经济体之间的贸易量缩减为 1/exp（α_4）；贸易障碍的存在意味着 $\alpha_4>0$，其绝对值越大，贸易障碍越大，边境带来的商品市场分割越严重②。McCallum 估计国内贸易量约为国际贸易量的 22［exp（3.09）］倍，表明美加国境对商品贸易造成了极大障碍③。McCallum 的研究成果立即成为国际贸易领域的热点，在短时间内产生了大量文献。其中 Helliwell（1996，1997），Helliwell & Verdier（2001）沿用此方法反复研究美加边境效应，证实了 McCallum 的基本结论。值得指出的是虚拟变量除了表示同一国内的所有地区以外，还广泛用来表示共同语言国家（地区）、同一自由贸易区、货币同盟、共同宗主国（前殖民地国家）、前宗主国 - 殖民地等，其参数估计被解释为不同语言、非同一贸易区、不同货币、不同历史联系等等因素造成的边界效应。

Wei（1996）的贡献之一是提出了至今仍被广为沿用的对自身贸易量的处理方法。为了弥补各国内部区间贸易数据的缺失，他提出一国内部贸易量等于其总产出减去对所有其他国家的总出口，即 $X_{ii}=Y_i-\sum_{j\neq i}X_{ij}$，式中 X 是贸易量，Y 是总产出，下标表示国别。他的第二个贡献是初步建立了自身贸易的距离测度，亦即 $D_{ii}=\left(\frac{1}{4}\right)\min_{j\neq i}D_{ij}$。他还在式(2.8)中增加了"偏远"项，即 $\mathrm{Remote}_i=\sum_j\frac{D_{ij}}{\mathrm{GDP}_j}$，表明一国与其贸易伙伴的平均贸易障碍越大，它在经济上就越"偏远"。由此可进一步推论，在两国国民收入、物理距离、乃至边界效应不变的情况下，其中一国与其他贸易伙伴之间的贸易障碍加大会"拉近"两国间的距离，从而增加两国间的贸易量。在进一步控制了共同语言(Lan)和邻国效应(Adj)等非人为壁垒因素后，他得到了改良的引力方程

$$x_{ij}=\alpha_0+\alpha_1 gdp_i+\alpha_2 gdp_j+\alpha_3 d_{ij}+\alpha_4\mathrm{Home}+\alpha_5\mathrm{Remote}_i+\alpha_6\mathrm{Remote}_j+\alpha_7 Lan_{ij}+\alpha_8 Adj_{ij}+\varepsilon_{ij}\tag{2.9}$$

Wei（1996）使用多年数据所估计的 SUR 回归方程揭示了丰富的内容。首先，

①具体来说，这些障碍是与跨境商品流通相联系的所有有形和无形壁垒；既包括人为壁垒即关税与非关税壁垒，也包括消费者偏好差异、产业差异等非政策性贸易壁垒。其中仅仅人为贸易壁垒的作用具有政策性意义［见 Evans（2003）的举例说明］。在后来的研究中，控制非人为贸易壁垒成为改进该方法的内容之一。

②Anderson 和 van Wincoop（2003）指出这一解释是不正确的，并且式（2.8）中 α_4 的估计值不能被用来衡量贸易壁垒的大小。本节在后面介绍正确的解释，但是本小节仍沿用 McCallum 的解释方法。

③McCallum（1995）的重要意义在于，美加两国一直被认为是人为贸易壁垒最少的贸易区，边境交通便利，并且两国在语言、文化、制度上极为接近；以至于在一个针对专业人员的调查中，三分之二的被调查者主观认为 exp（α_4）的值在 0.7～1.1 之间（Helliwell，1996）。然而 McCallum 的结果与人们的预期有数量级的差别，并且该结果相当显著和稳健。

对式（2.8）的回归显示 OECD 国家 1982—1994 年间国内贸易量平均为国际贸易量的 9.7（exp2.27）倍，约为 McCallum（1995）估计值的一半。其次，在依次加入新的控制变量后，边界效应急剧降低：完整的式（2.9）中，两贸易量之比为 2.6［*exp*（0.94）］。Wei 提出的偏远项被广为采用①，他对自身贸易的处理也成为标准方法②。

然而，Wei（1996）的自身贸易距离的定义存在严重缺陷。首先，城市分布的不均匀性会导致怪异的数值（Nitsch，2000，*p*1095）；其次，它与区域间距离的计算方法（球面大圆距离）不统一，若式（2.9）中变量 d 的数值当 $i=j$ 时一致地偏小，则会导致 α_4 的估计值等比例地降低③。为了解决这一问题，Nitsch（2000）假设一面积为 A 的圆形区域内的经济单位均匀分布，由此计算出自身贸易平均距离为 $\sqrt{\frac{A}{\pi}}$。但是将该方法应用于形状特殊或经济活动分布极度不均匀的区域同样存在问题（Nitsch，2001）。Helliwell & Verdier（2001）和 Helliwell（2002）的思想是以人口加权城市间距离。其计算需要大量的地理及人口数据，但是可以解决面积法的不足，且能统一定义区内和区间的距离。然而，Head & Mayer（2002）认为以上种种简单的加权平均不能反映有效贸易距离：因为如果经济单位在区域内均匀分布，引力方程本身说明距离近的经济单位间贸易量大，所以加权平均法本身与引力方程矛盾。他们的推导表明区域内或区域间的有效距离应是经济单位间距离的 CES（constant elasticity of substitution，常数替代弹性）指数（用 GDP 加权），他们的数值模拟还表明，以上的平均距离计算方法同时高估了区域内和区域间的贸易距离，但是对前者的高估要超过后者，因此高估了边界效应。表 2.1 和表 2.2 列出部分典型文献对边界效应的估计值。

①例如 Helliwell（1997），Helliwell & Verdier（2001），Wolf（2000），Nitch（2000），Evans（2003，2006）。

②例如 Head & Mayer（2000），Anderson & van Wincoop（2003），Eaton & Kortum（2002）。目前还没有其他方法可以计算区域内贸易量。

③举例来说，文献中对参数 α_4 的估计值一般在 $-0.8 \sim -1.4$ 之间，取其平均值 -1.1；若 d_{ii} 为“真实数值”的 1/2，则式（2.9）中 α_4 的估计值会降低 $1.1\ln 2 \approx 0.76$，相当于内外贸易量比值（贸易壁垒）降低 47%。

表 2.1　非理论引力模型估计结果

作者	经济区域[1]	内部距离定义	外部距离定义	边界	贸易数据[2]	α_4[3]	exp（α_4）
McCallum（1995）	省、州	—	两省的最大城市间距	国界	省-省、省-州贸易	3.09 -	22 -
Helliwell（1996）	省、州	—	两省的最大城市间距	国界	省-省、省-州贸易	3.05 -	21.1 -
Wei（1996）	国家	$1/4\min_{j\neq i}D_{ij}$	两国的最大城市间距	国界	OECD 国家贸易	2.27-0.94	9.7-2.6
Helliwell（1997）	省、州	—	两省的最大城市间距	国界	省-省、省-州贸易	3.05 -	21 -
	国家	$1/4\min_{j\neq i}D_{ij}$	两国的最大城市间距	国界	OECD 国家贸易	2.14-1.36	8.5-3.9
Wolf（2000）	州	$1/4\min_{j\neq i}D_{ij}$	两州的最大城市间距	州界	美国商品流通普查	1.48-1.19	4.39-3.28
Nitsch（2000）	国家	$\sqrt{A/\pi}$	首都间距	国界	EU 贸易	2.16-1.88	8.7-6.55
Nitsch（2001）	国家	加权平均	加权平均	国界	德国-欧洲贸易	1.82 -	6.2 -
Nitsch（2002）[4]	州、国家	加权平均	加权平均	国界	州-东德-西欧国家贸易	0.457-0.432	1.58-1.54
Okubo（2004）	省、国家	—	两省的最大城市间距	国界	省-省、日本-外国贸易	1.23 -	3.41 -

注：1. 指研究中涉及的最小经济区域。

2. 部分作者如 Okubo（2004）采用了时间跨度很大的数据；为了便于比较，我们对所有的文献都尽量汇报其根据 1990 年代数据得到的结果。

3. 前一个数字表示式（2.8）的估计结果，后一个数字表示式（2.9）的估计结果；有的文献仅仅估计了其中的一个；我们在这里对虚拟变量 Lan 和 Adj 的定义与 Wei（1996）相同，鉴于有的文献采取其他定义方式，我们在必要的时候对其结果进行了转换；exp（α_4）的表示方法以此类推。

4. 样本为：西德州-东德出口，西德州-外国出口，但不包括西德州之间的贸易；因此，其边界效应实际上为两个边界效应之差。这能够解释为什么其边际效应的估计值大大低于 Nitsch（2001）。

表 2.2 显示了各种内部距离定义给边界效应估计带来的变化。首先，比较 Helliwell & Verdier（2001）的两个结果，或比较 Wolf（2000）与 Head & Mayer（2002）的第三个结果①，都能发现内部距离定义 $D_{ii}=1/4\min_{j\neq i}D_{ij}$ 带来比加权平均法小得多

①我们也可以比较 Head & Mayer（2002）的第一、三个结果。注意到第一个结果实际上不是采用 Wei（1996）的计算方法，因而不能直接用于比较。但是，如果我们认为 $\text{avg}_{j\neq i}D_{ij}\approx\min_{j\neq i}D_{ij}$（实际上前者应该更大一些），那么根据我们前面的讨论，换用 Wei（1996）的方法后边界效应将下降约 50%，即成为 4.3-3.2；这个数值与 Wolf（2000）极为类似。

的边界效应。Helliwell & Verdier（2001）通过数据计算指出使用该式得到的内部距离会大大低于加权平均的结果（p1035，表 5），所以，相对于更为合理的后者，前者当然会得到小得多的边界效应。由于这个原因，Wei（1996）发现的较低边界效应（2.6）被 Helliwell 和 Nitsch 认为是严重低估的。其次，比较 Head 和 Mayer（2002）的第三、四个结果以及第六、七个结果可以看到 CES 距离比加权平均距离导致较小的边界效应，这又说明加权平均法可能带来边界效应的高估。虽然不同的方法使得估计结果差异巨大，研究者们尚未在方法上达成共识。

表 2.2　距离计算方式对边界效应的影响

作者	经济区域	内部距离定义	外部距离定义	边界	贸易数据	α_4	exp（α_4）
Helliwell & Verdier（2001）[1]	省、州	$1/4\min_{j\neq i}D_{ij}$ 加权平均	两省最大城市间距	州界	省 - 省、省 - 州贸易	-0.53 -1.71	-1.69 -5.52
Head & Mayer（2002）	州	$1/2\text{avg}_{j\neq i}D_{ij}$[2]	两州最大城市间距	州界	美国商品流通普查	2.14 - 1.84	8.5 - 6.3
		$0.67\sqrt{\frac{A}{\pi}}$	两州最大城市间距			-1.71	-5.5
		加权平均	加权平均			-1.61	-5
		CES	CES			-1.27	-3.6
	国家	$0.67\sqrt{\frac{A}{\pi}}$	两国最大城市间距	国界	EU 贸易	-1.93	-6.8
		加权平均	加权平均			-1.24	-3.4
		CES	CES			-0.3	-1.3
Chen（2004）	国家	$1/4\min_{j\neq i}D_{ij}$	两国最大城市间距	国界	Eurostat 分产业贸易数据	1.6 -	4.95 -
		$\sqrt{\frac{A}{\pi}}$	两国最大城市间距			2.5 -	12.18 -
		加权平均	加权平均			1.68 -	5.37 -

1. 样本包括：省内、省 - 省、省 - 州贸易；他定义了两个边界：州界和国界。这里只汇报了（平均）州界效应。

2. 作者声称沿用了 Wolf（2000）度量内部距离的方法，然而，我们比较文献后发现其实际计算方法并不相同。这能够解释为什么作者估计的边界效应大大高于 Wolf（2000）。

2.1.1.2 引力方程的理论基础和检验结果

McCallum（1995）提供了估计市场分割程度的方法，同时也引起了学术界的困惑：人们无法想象美－加之间市场分割如此严重；从表2.1中也可观察到美－加边界效应居然大大超过EU或OECD国家之间的边界效应。因此Obstfeld & Rogoff（2000）将此列为国际经济学的六大谜题之一。Anderson & van Wincoop（2003）的重要贡献在于指出了McCallum和其他文献中的引力方程是不符合理论的，并且对参数α_4的解释是错误的；错误的解释方式不可避免地带来美－加市场分割严重的错觉，此外，遗漏解释变量还会导致该参数高估。他们根据Armington贸易模型从理论上推出了如下引力方程：

$$x_{ij}=\alpha_0+y_i+y_j+(1-\sigma)\rho d_{ij}-(1-\sigma)b\mathrm{Home}_{ij}-(1-\sigma)p_i-(1-\sigma)p_j+\varepsilon_{ij} \quad (2.10)$$

或

$$z_{ij}=\ln\left(\frac{X_{ij}}{Y_iY_j}\right)=\alpha_0+(1-\sigma)\rho d_{ij}-(1-\sigma)b\mathrm{Home}_{ij}-(1-\sigma)p_i-(1-\sigma)p_j+\varepsilon_{ij} \quad (2.11)$$

式中σ是本地对外地商品的替代弹性。比较式（2.9）和式（2.10~2.11）不难发现前者体现了后者的基本思想，但是前者忽略了贸易伙伴自身的“偏远性”、人为贸易壁垒以及替代弹性的作用①。Anderson和van Wincoop指出McCallum（1995）估计的α_4实际上不是$(\sigma-1)b$，而是$(\sigma-1)(b+P_{CA}-P_{US})$②。由于加拿大是一个小国，各省的贸易伙伴大多数都在美国（距离远，且有边界），而美国是一个大国，各州的贸易伙伴大多数在美国（距离近，且无边界），因此前者的价格指数高于后者，并且边境贸易壁垒b对前者的作用要大大超过后者。这样，遗漏解释变量导致式（2.8）中α_4被大大高估③。他们对式（2.11）的非线性最小二乘（NLS）回归得到$B^{\sigma-1}$的无偏估计约为5.2［exp（1.65）］，远低于式（2.8）的直

①式（2.10~2.11）表明，一个经济区域的重要贸易伙伴在地理上越偏远，与重要贸易伙伴间的人为壁垒越大，其重要贸易伙伴自身在经济上越不“偏远”，则该经济区域在经济上越“偏远”；并且若进口替代弹性越大，则偏远程度对贸易量的影响越显著。但是式（2.9）仅仅考虑到了第一个因素。

②他们根据理论性引力模型计算出$b^{\sigma-1}(P_{CA}/P_{US})^{\sigma-1}\approx16.5$，这相当接近于他们对式（2.8）的直接估计（16.4）。

③根据他们估计的结果，在即使没有边界效应的时候，$(P_{CA}/P_{US})^{\sigma-1}\approx1.18/0.75=1.7$；在实际存在边界效应的时候，$(P_{CA}/P_{US})^{\sigma-1}\approx2.45/0.77=3.0$。

接估计（16.4）①。他们采用更多数据估计了美－加、美国－其他工业国、加拿大－其他工业国、其他工业国之间的 $b^{\sigma-1}$ 分别为 4.9、5.4、10、5.3，表明美－加之间的贸易壁垒与其余 20 个工业国之间的壁垒相仿。

Anderson & van Wincoop 进一步澄清了早期文献中对虚拟变量 Home 参数的不当解释。根据 McCallum 等人的解释，式（2.10～2.11）中（$\sigma-1$）b 的经济意义是在控制 GDP 和运输成本的情况下境内贸易量与跨境贸易量之比；它被用作间接衡量贸易壁垒的隐含前提是假如不存在壁垒，则两种贸易量应该相等（$b=0$）。但是 Anderson & van Wincoop 在理论模型中证实两种贸易量之比并非（$\sigma-1$）b，根据式（2.10～2.11），两种贸易量之比（$x_{ii}-x_{ij}$）应该为（$\sigma-1$）（$b_{ij}+P_i-P_j$）。由于各区域价格指数差异，即使在贸易壁垒完全相同的情况下，不同区域的这一数值也不相同，两种贸易量之比不能作为衡量贸易壁垒的工具②。他们对（$\sigma-1$）b 的无偏估计为 1.65，在 $\sigma=5$、10、20 的情况下，美－加之间总贸易壁垒分别等效于 51%、20%、9% 的关税率。

其他学者对理论性引力方程和无偏估计方法也有类似贡献。Head & Mayer（2000）在 Krugman（1980）的 IRS 模型中引入了差异性偏好，假设区域 j 的消费者效用函数 $U_j=\left(\sum_{i=1}^{N}\sum_{h=1}^{n_i}a_{ij}^{(1-\sigma)/\sigma}c_{ijh}^{(\sigma-1)/\sigma}\right)^{\sigma/(\sigma-1)}$，其中 a_{ij} 为区域 j 的消费者在 CES 效用函数中对来自区域 i 的商品赋予的权重，最终得到从区域 i 到 j 的出口的引力方程为

$$x_{ij}=e_j+y_i-(\sigma-1)\rho d_{ij}-\sigma p_i-q_j-(\sigma-1)(\beta+b-\lambda \mathrm{Lan}_{ij})(1-\mathrm{Home}_{ij})+(\sigma-1)e_{ij} \tag{2.12}$$

这里 q_j 为关于区域 j 的一个赘长表达式。相对于较为复杂的 NLS 方法，Head & Mayer 通过比值 X_{ij}/X_{jj} 消去难以处理的 q_j 项，得到以下可以直接采用 OLS 获得无偏估计的方程：

$$x_{ij}-x_{jj}-(y_i-y_j)=-(\sigma-1)\rho(d_{ij}-d_{jj})-\sigma(p_i-p_j)-(\sigma-1)(\beta+b)+(\sigma-1)\lambda \mathrm{Lan}_{ij}+\varepsilon_{ij} \tag{2.13}$$

但是式（2.13）无法区分 β 与 b，只能估计贸易壁垒和偏好差异共同产生的等效关税率。他们采用 EU 国家间贸易数据对（$\sigma-1$）（$\beta+b$）以及（$\sigma-1$）λ 的 OLS 估计值分别为 1.01 和 1.47；在 $\sigma=5$ 的情况下，这相当于两国边境等效于 28%

---

①他们发现式（2.8）和式（2.9）的估计结果相差甚小（16.4 和 16.3）。

②鉴于早期研究强调用两种贸易量之比衡量贸易壁垒，而根据理论性引力模型，该比例在壁垒为零的时候也不一定为 1，Anderson & van Wincoop 提出了折衷的方法，即用贸易壁垒导致的该比例变化来间接衡量壁垒对贸易量的影响。

（两国采用同一语言）或85%（两国采用不同语言）的关税率；特别地，语言差异本身就相当于44%的关税率。Head & Mayer（2002）继承了Head & Ries（2001）的方法，通过$X_{ij}X_{ji}/X_{ii}X_{jj}$进一步消去式（2.13）中的收入和价格项，得到更为简化的估计方程：

$$\xi = -(\sigma-1)\rho\zeta - (\sigma-1)(\beta+b) + (\sigma-1)\lambda \text{Lan}_{ij} + \mu_{ij} \tag{2.14}$$

其中$\xi=\sqrt{\dfrac{X_{ij}X_{ji}}{X_{ii}X_{jj}}}$，$\zeta=\dfrac{D_{ij}}{\sqrt{D_{ii}D_{jj}}}$。他们相对简单的处理方法在部分文献中得到了应用，其中Poncet（2003，2005）采用了式（2.13），Combes et al.（2003，2005）沿用了式（2.14）。

Anderson & van Wincoop（2003）还指出，在式（2.8）中加入相关国家的固定效应[①]可有效控制式（2.10）中的多边贸易障碍项，从而用OLS也能获得无偏估计。式（2.10～2.11）变为如下形式：

$$x_{ij} = (y_i+y_j) + \alpha_i + \alpha_j + (1-\sigma)\rho d_{ij} - (1-\sigma) b\text{Home}_{ij} + \varepsilon_{ij} \tag{2.15}$$

$$x_{ij} = \alpha_i + \alpha_j + (1-\sigma)\rho d_{ij} - (1-\sigma) b\text{Home}_{ij} + \varepsilon_{ij} \tag{2.16}$$

$$x_{ij} - y_i - y_j = \alpha_i + \alpha_j + (1-\sigma)\rho d_{ij} - (1-\sigma) b\text{Home}_{ij} + \varepsilon_{ij} \tag{2.17}$$

注意到式（2.15）中y_i+y_j是作为一个解释变量处理，理论要求该变量参数为1；式（2.17）类似于式（2.11）；而式（2.16）则将国民收入y作为固定效应的一部分，它的估计甚至不需要此数据。Anderson & van Wincoop（2003）指出，式（2.11）的NLS估计比式（2.17）的OLS估计在理论上更有效（efficiency）[②]。然而Feenstra（2002）使用式（2.11）和（2.17）得到$(\sigma-1)b$的估计值分别为1.65和1.55，因此他认为相对于后者在计算上的简便来说，前者在应用上不具优势。除此以外，当偏好不一致或贸易壁垒不对称时，其他方程难以处理边界效应，但是固定效应法仍然有效。固定效应法因其简便灵活得到了广泛应用。其中，Melitz（2007）采用了式（2.15），Berthelon & Freund（2008）、Disdier & Head（2008）、Chen（2004）、Combes et al.（2004）、Hummels（2001）、Hillberry & Hummels（2003）、Redding & Venables（2004）、Wolf（2007）采用了式（2.16）。表2.3收集了部分文献对式（2.8）和理论性引力模型的回归结果。这些对比研究无一例外地说明了式（2.8）对边界效应的高估。

---

①最早采用这一方法控制遗漏变量的是Harrigan（1996）。

②他们没有采用式（2.17）的主要原因是他们计算了边界的存在与否对内外贸易量之比的影响，这一工作要求他们对式（2.11）进行NLS估计。

表 2.3 经验性（McCallum）引力方程与理论性引力方程估计值比较

文献	经济区域	边界	贸易数据	Home 参数估计 McCallum	Home 参数估计 A & W	Home 参数估计 固定效应
Hillberry & Hummels（2003）	州	州界	美国商品流通普查	0.99～1.13	—	0.44～0.53
Chen（2004）	国家	国界	Eurostat 分产业贸易数据	1.8～3.23	—	1.32～3.06
Fennstra（2002）	州、省	国界	省-省、省-州贸易	—	1.65	1.55
Anderson & van Wincoop（2003）	州、省	国界	省-省、省-州贸易	2.76	1.65	—

注：Home 参数估计栏中，McCallum 表示经验性方程（2.8）的估计值，A & W 表示使用 Anderso 和 van Wincoop（2003）理论性模型（2.10）的实证估计值，固定效应是使用方程（2.15）～（2.17）的估计结果。

2.1.1.3 面板数据的估计问题

由于面板数据同时具有截面和时间两维特征，在对某些特殊边界效应的估计上①，面板数据的应用占有主导地位。早期文献的处理方式较为简单，例如 Helliwell（1997）和 Okubo（2004）简单地将每年的截面数据分别进行回归；Wei（1996）、Nitch（2000）、Poncet（2003，2005）则对数据进行混合回归；Head & Mayer（2000）则采用两种方法。在“正规”面板数据方法的使用上，由于式（2.10～2.11）的复杂性②，理论性引力方程式（2.16）的一个简单扩展表现为 Matyas（1997）提出的三方固定效应（进口方-出口方-时间）模型

$$Y_{ijt} = \alpha_0 + \alpha_t + \alpha_i + \alpha_j + X_{ijt}\beta + Z_{ij}\gamma + \varepsilon_{ijt} \tag{2.18}$$

其中 Y_{ijt} 为区域 i、j 在第 t 年的贸易量；X_{ijt} 为解释变量中随时间变化的部分（如 GDP、自由贸易区、货币同盟）；Z_{ij} 为解释变量中不随时间变化的部分（如 D_{ij}、$Home_{ij}$、Lan_{ij}）；α_i 和 α_j 分别为区域 i、j 的固定效应。相应地，一个“混合回归”

①它们主要包括以下两种：区域性贸易协定或自由贸易区（FTA），使用共同货币或货币同盟（CU）；共同特点是其数量和状态在数十年的时间内发生了较大变化。本小节的内容集中于对 FTA 和 CU 的贸易促进作用研究上。

②Baldwin & Taglioni（2006）指出式（2.10～2.11）仅仅适用于截面数据而无法用于面板数据。

（包含时间固定效应）① 表现为

$$Y_{ijt}=\alpha_0+\alpha_t+X_{ijt}\beta+Z_{ij}\gamma+\varepsilon_{ijt} \tag{2.19}$$

Cheng & Wall（2005）提出，比式（2.18）更一般的双方固定效应（双边－时间）模型应为

$$Y_{ijt}=\alpha_0+\alpha_t+\alpha_{ij}+X_{ijt}\beta+\varepsilon_{ijt} \tag{2.20}$$

式（2.20）中X_{ijt}同时包含（2.19）中X_{ijt}和Z_{ij}。该模型的优点是可以通过双边固定效应完整地衡量每一对贸易双方特有的“贸易倾向”。但是，（2.18）中的解释变量Z_{ij}难免存在遗漏。采用式（2.20）的代价是无法直接估计参数γ，而它往往是我们关心的②。Cheng & Wall（2005）提出了一个直观的解决办法，即将双边固定效应的估计值对Z_{ij}进行回归：

$$\hat{\alpha}_{ij}=\beta_0+Z_{ij}\gamma+\eta_{ij} \tag{2.21}$$

式（2.18）、（2.20），特别是后者在引力方程中得到了大量应用（如，Egger，2000；Rose & van Wincoop，2001；Rose，2004；Glick & Rose，2002；Egger & Pfaffermayr，2003；Carrere，2006；Baier & Bergstrand，2007 等）。

式（2.18）及（2.20）相对于式（2.19）的优越性③在经验研究中得到了验证。Rose（2000）及 Frankel & Rose（2002）对式（2.19）的估计得到货币同盟对双边贸易的促进作用为 235% ~290%（贸易双方采用同一货币能使贸易量增加 235% ~290%）；而 Rose & van Wincoop（2001）采用式（2.18）得到的估计值急剧下降为 136%④。Baldwin & Aglioni（2006）特别比较了式（2.20、2.22）估计结果，前者估计的欧元区对贸易的促进作用显著高于后者（30%对 11%）。他认为欧元区的内生性导致了这种差别：欧元区国家之所以采用共同货币正是因为它们从前就有密切的贸易往来；这种内生性导致了式（2.18）的高估，却不会影响式（2.20）。

---

①Baldwin 和 Taglioni（2006）认为式（2.18 ~2.19）中时间固定效应是必要的。式（2.10－2.11）要求 GDP 和贸易量采用相同的计价单位，这要求在面板数据中统一不同时期的计价单位。通常国民收入的价格指数容易获得（实际 GDP），而现实中通常缺乏贸易量的价格指数，因而一个通常采用的方法是以美国价格指数（例如 CPI）代替。这种度量上的不一致可能会影响回归结果；但是时间固定效应就能完全抵消这种不利影响。另一方面，现实中还存在一些对所有地区都会产生影响的系统外因素，一个典型的例子是世界性经济波动；而时间固定效应也能消除它们对回归结果的不利影响。

②显然任何不随时间变化的双边关系都被双边固定效应概括，这包括 D_{ij}、$Home_{ij}$、Lan_{ij} 等。

③Poncet（2003，2005）的混合回归在理论上不受多边障碍项“缺失”的影响，因为她采用的是式（2.13），其中 p_i 为商品的价格而非 CES 价格指数；而这个数据是可以采集的。但如果实际情况中有解释变量未能刻画的某区域特有的贸易倾向，则她的回归相对于式（2.18）可能是有偏的。

④Rose（2001）及 GlickandRose（2002）通过式（2.20）得到的估计值更下降到 92% ~110%；Miccoetal.（2003）对式（2.18）和（2.20）的比较也得到了类似的结论。实际上，由于其存在类似于式（2.8）的理论缺陷，研究者基本上把式（2.19）的估计结果作为基准参照。

因此他们认为式（2.20）较前者更为可靠，该观点和 Cheng & Wall（2005）以及 Egger & Pfaffermayr（2003）是一致的①。

式（2.20）对 β 的估计等价于组内估计，它仅仅利用了组内差异，因而可能不是最有效的。因此，（2.21）对 γ 的估计即便是一致也不是最有效的。式（2.20）优于式（2.19）的本质是后者除了 Z_{ij} 外还存在观测不到的双边（组间）扰动 μ_{ij}，并且 μ_{ij} 受到解释变量 X_{ijt} 和 Z_{ij} 的影响。后者可被改写为

$$Y_{ijt}=\alpha_0+\alpha_t+X_{ijt}\beta+Z_{ij}\gamma+\varepsilon_{ijt}，\ \varepsilon_{ijt}=\mu_{ij}+\eta_{ijt}，\ (\mu_{ij}\mid X_{ijt}，\ Z_{ij})\neq 0 \qquad (2.22)$$

其中随机扰动项 η_{ijt} 符合通常假设。一个能修正未知双边效应 μ_{ij} 的内生性并且直接给出参数 γ 一致性估计的方法是对式（2.22）采用 HT（Hausman & Taylor, 1981）回归。在式（2.22）中记 $X_{ijt}=(X_{1ijt}，X_{2ijt})$、$Z_{ij}=(Z_{1ij}，Z_{2ij})$，Hausman & Taylor 的模型假设 X_{1ijt} 及 Z_{1ij} 与未观察到的组效应 μ_{ij} 不相关，而 X_{2ijt} 及 Z_{2ij} 与 μ_{ij} 相关。在 X_{1ijt} 包含的外生解释变量数（k_1）不小于 Z_{2ij} 包含的内生解释变量数（g_2）的情况下，HT 方法可以给出 β 和 γ 的最有效一致性估计：首先用组内估计法得到 β 的一致性估计量 $\hat{\beta}_W$，并求得 η_{ijt} 方差的一致性估计量 $\hat{\sigma}_\eta$；其次以 X_{1ijt} 及 Z_{1ij} 作为工具变量，通过组间差异求得 γ 的一致性估计量 $\hat{\gamma}_W$，并求得 μ_{ij} 方差的一致性估计量 $\hat{\sigma}_\mu$；最后用 $\hat{\sigma}_\eta$ 及 $\hat{\sigma}_\mu$ 对式（2.22）进行转换以进行 FGLS 估计，并对转换后的方程又采用 X_{1ijt} 及 Z_{1ij} 作为工具变量，从而求得（β, γ）的估计量（$\hat{\beta}^*$，$\hat{\gamma}^*$）。由于事前并不知道 X_{ijt} 及 Z_{ij} 的划分方式，Hausman & Taylor 提出用 Hausman 检验来判断究竟哪些解释变量应该被当作是内生的：当我们得到的 $\hat{\beta}^*$ 和 $\hat{\beta}_W$ “无差别”时，相应的划分就是合法的。

Carrere（2006）通过对式（2.19）的 HT 回归研究了自由贸易区对双边贸易的影响。她通过 Hausman 检验证实未知双边效应 μ_{ij} 受到双方 GDP、人口、基础设施、自由贸易区的影响。以欧盟对双边贸易的促进作用为例，截面 OLS 回归平均值为 -21%，用 GLS 得到的估计值为 148%，HT 估计值为 110%，固定效应估计值为 75%，理论显示后两者更为可靠②。在同类研究中，Egger（2004）也发现 μ_{ij} 受到大多数（8 个）解释变量的影响。他将自由贸易区虚拟变量 FTA_{ijt} 拆成两部分：组均值

---

①后者通过 ANOVA 表发现双边固定效应相对于其他解释变量，特别是出口－进口国固定效应能解释大得多的贸易量差异，而且 AIC 和 BIC 值比较也表明式（2.20）要优于式（2.18）；特别地，他们的比较说明了常用的双边解释变量 D_{ij}、Lan_{ij} 等不足以完整刻画双边固定效应。

②在用固定效应可以估计的 14 个参数中，欧盟内部贸易效应的组内估计值与 HT 估计值的差异是最大的，其余参数的两种估计值差异都非常小；详见 Carrere（2006）表 2。

$(FTA_{Lij} = \sum_t FTA_{ijt})$ 及相对组均值的变动（$FTA_{Sijt} = FTA_{ijt} - FTA_{Lij}$）①。他认为变量 FTA_{Sijt} 来自于组内差异，因而其系数反映了自由贸易区的短期贸易促进作用，而变量 FTA_{Lij} 只存在组间差异，因而其系数反映了自由贸易区的长期贸易促进作用。通过 *HT* 估计他得到欧盟的长、短期贸易促进作用分别为65%和12%，表明短期效应有限、长期效应可观。

式（2.18）、（2.20）、（2.22）的共同问题是忽略了（内生决定的）遗漏变量随时间变化的可能②。Bun & Klaassen（2007）对欧元区贸易促进作用的研究很好地说明了这个问题。式（2.20）的估计显示欧元区及自由贸易区对双边贸易的促进作用均为51%，且非常显著。然而通过观察残差，他们发现欧元区国家的平均残差在1970—1999年间几乎是线性增长，而参照组的平均残差在同期几乎是线性下降；在1999年欧元区生效后，两者迅速跳跃到接近零的水平③。这一戏剧性的变化清楚地表明欧元区国家的相互贸易早在欧元区生效以前的数十年间就以超出对照组的速度增长，式（2.20）中欧元区虚拟变量的参数估计只不过是这种长期增长率的表现。显然，这种“时间偏差”与该虚拟变量之间的正相关导致了式（2.20）相关参数的高估。他们在式（2.20）中加入了一个双边趋势项 $\tau_{ij}t$ 后，欧元区及自由贸易区对双边贸易的促进作用立刻下降为3%和6%，并且显著性明显降低。Berger & Nitch（2005）用极为相似的方法研究了欧元区的贸易促进作用，得到了完全相同的结论④。

为了解决式（2.18）及（2.20）中的内生性问题，Baltagi et al.（2003）提出了区域-时间虚拟变量，即

$$Y_{ijt} = \alpha_0 + \alpha_{ij} + \alpha_{it} + \alpha_{jt} + X_{ijt}\beta + \varepsilon_{ijt} \tag{2.23}$$

Bun & Klaassen（2007）比较了式（2.23）以及加入双边趋势项的式（2.20），发现两者对欧元区贸易促进作用的估计差别不大。然而式（2.23）的明显缺陷是式中加入大量虚拟变量后，导致自由度降低，可能使一些重要变量（如GDP）的参数淹没在噪声中或难以估计。

---

①注意到在式（2.22）中，原变量 FTA_{ijt} 属于 X_{ijt}；新变量 FTA_{Sijt}、FTA_{Lij} 分别属于 X_{ijt} 和 Z_{ij}。

②以（2.18）为例，面板数据中式（10～11）中的多边障碍项随时间改变，但式（2.18）中与时间无关的区域固定效应无法反映这种变化，它只能消除参数估计的“截面偏差”而非“时间偏差”，因而其估计可能是有偏的；对式（2.22）而言，假如未知双边效应 μ_{ij} 存在随时间变化趋势，并且这种趋势的组间差异受到解释变量影响，HT估计量也会失效。

③参见 Bun & Klaassen（2007）图1。

④他们在回归中对欧元区国家假设了相同的时间趋势，发现在式（2.20）中无论是控制欧元区国家逐渐降低的汇率波动，还是它们的经济一体化进程都对欧元区贸易促进作用的估计影响甚小；而一旦控制了时间趋势后，该促进作用立刻消失。

以上文献都建立在时间序列稳定的前提下，然而在某些样本中，重要变量如国民收入、贸易量的时间序列往往是非稳定的①。当解释变量与被解释变量时间序列同为非稳定时，首先要检验和处理伪回归的可能性。尽管面板单位根和面板协整方法在很多领域得到了广泛的应用，但是它们还很少应用在引力方程中。Faruqee（2004）和 Bun et al.（2007）都采用了 DOLS 考察了欧元区对贸易的影响，然而从回归结果来看参数估计相对于 LSDV 并没有明显改变。

在研究市场分割中，研究者最关心的统计量是引力方程中 Home 和其他产生边界效应变量（语言、自由贸易区、货币同盟等）的参数估计。但是，代表性商品的贸易量在省－省之间果真是州－省之间的 22 倍（McCallum）吗？或者美加之间的贸易障碍果真等效于51%的关税（Anderson & van Wincoop）吗？以下文献有助于解释这些“惊人”的边界效应。

2.1.1.4　理论模型估计中的若干问题

出口厂商、内销厂商和零贸易观测值

引力方程（2.6）、（2.12）的理论基础有以下关键特征：（1）区域（厂商）完全分工，每一个区域（厂商）生产一种独特的产品；（2）代表性消费者需要所有产品。其直接后果是区域内和区域间贸易（出口）在外延边际（extensive margin）上没有区别，亦即所有厂商都对外出口；因而贸易总量的变化仅仅反映在集约边际（intensive margin）上。在这种情况下，McCallum 的结果可以解释为由于边境的存在，每个愿意出口的厂商的出口量仅仅是内销量的 1/22。然而实际数据表明通常只有部分厂商对外出口，更多的厂商由于某种原因选择了本国市场②。厂商行为文献指出厂商进入出口市场时发生的沉没成本是决定厂商是否出口的重要因素③。Evans（2006）在 Helpman & Krugman（1985）模型中引入与商品种类相关的沉没成本，得到的引力方程为

---

①某些典型文献如 Rose（2000）采用了时间跨度为数十年的面板，此时解释变量的非稳定性是一个不应被忽视的问题。

②Evans（2006）报告美国（1992）只有约 25% 的厂商出口自己的产品；Bernard et al.（2003）报告的这一数字为 21%；Eaton et al.（2004）报告法国（1986）的 23.43 万个制造业厂商中，有超过 15 万没有出口。

③典型理论文献包括 Dixit（1989），Baldwin（1988，1989），Melitz（2003）；经验研究包括 Roberts & Tybout（1997），Bernard & Jensen（2004）；特别是最后一篇文献发现除了沉没成本对厂商出口行为有显著影响外，厂商间溢出效应和政府鼓励措施都没有明显影响。Eaton & Kortum（2002）& Bernard et al.（2003）则强调技术优势对厂商出口行为的影响。

$$\ln\left(\frac{X_{ij}}{Y_{i\tilde{n}_i}Y_j}\right)=\alpha_0+(1-\sigma)\rho d_{ij}-(1-\sigma)b\text{Home}_{ij}-(1-\sigma)p_i-(1-\sigma)p_j+\varepsilon_{ij} \tag{2.24}$$

OLS 回归得到 Home 的参数估计为 2.64；而对式（2.11）的回归得到的数值为 3.289。这表示约 26.82［exp（3.289）］的边界效应中，只有 52%［14.01 = exp（2.64）］来自集约边际，其余的48%来自于外延边际。分产业的研究得到了类似的结果：对于美国所有 20 个产业，式（2.24）得到的边界效应都小于式（2.11）的估计值；集约边际效应在总边界效应中的比例为 22% ~91%不等。这一结果说明贸易成本上升的结果同时反映在贸易的集约边际和外延边际上：一方面一部分厂商因为出口利润不足以补偿沉没成本而仅仅供应国内市场；另一方面每个继续出口的厂商也减小自己的出口量①。这样，如果像传统文献那样仅仅关心集约边际效应，式（2.11）对边界效应的估计无疑是放大了。

边际效应估计中的另一个问题是加总贸易数据中存在大量的零观测值；由于理论性引力方程（2.12）以及回归中使用的双对数方程都不兼容零观测值，文献中常用的方法是将其舍弃。直接采用总产出数据会导致对集约边际效应的有偏估计；对零观测值的舍弃还会造成样本选择偏差。Chen（2004）将被解释变量改为 $\ln(1+X_{ij})$，当 X_{ij} 较大时 $\ln(1+X_{ij})\approx\ln(X_{ij})$，而当 X_{ij} 较小时 $\ln(1+X_{ij})\approx X_{ij}$。她对修改后的方程式采用 Tobit 回归。变形的好处是可以“大致”保持参数估计的经济意义（弹性）并对参数估计进行调整，而 Tobit 计量模型的优点是既可以得到变量的总效应，也可以分离出集约边际或外延边际效应②。Helpman et al.（2008）则采用 Heckman 两阶段方法来解决这两个问题。他们的 IRS 模型产生了下面两个方程：

$$x_{ij}=\beta_0+\lambda_j+\chi_i-\gamma d_{ij}+w_{ij}+u_{ij} \tag{2.25}$$

$$z_{ij}=\gamma_0+\xi_j+\zeta_i-\gamma d_{ij}+\eta_{ij} \tag{2.26}$$

其中，仅当 $z_{ij}>1$ 时，区域 i 向 j 出口（有企业出口的概率大于零）；χ 和 ζ 是出口方固定效应；λ 和 ξ 是进口方固定效应。这里关键的变量是 w_{ij}，它描述了区域 i 向 j 出口的外延边际：w_{ij} 越大，则区域 i 向 j 出口的企业越多③。显然 w_{ij} 是 z_{ij} 的增函数，记为 $w_{ij}=v(z_{ij}^*)$，其中 $z_{ij}^*=z_{ij}/\sigma_\eta$。他们首先使用全样本对式（2.26）用 Prob-

①读者也可参考 Hillberry（2002）的经验研究结果。

②从文中我们判断她汇报的是总效应。我们还要指出此外延边际的经济意义是“由于贸易成本的增加导致参与贸易的国家减少”；此集约边际的经济意义是“由于贸易成本的增加使每一对贸易伙伴的贸易量减少”；因此这里的尺度是国家［Evans（2006）的尺度是厂商］。

③这一点可以清楚地从 Helpman et al.（2008）的式（6）和（9）中看出。

it 回归得到 z_{ij}^* 的一致性估计 $\hat{z}_{ij}^*$，并由此得到 inverse Mills ratio 的一致性估计 $\hat{\bar{\eta}}_{ij}^*$；随后用贸易量大于零的样本回归以下的方程：

$$x_{ij}=\beta_0+\lambda_j+\chi_i-\gamma d_{ij}+v(\hat{z}_{ij}^*+\hat{\bar{\eta}}_{ij}^*)+\beta_{u\eta}\hat{\bar{\eta}}_{ij}^*+\varepsilon_{ij} \tag{2.27}$$

由此得到所有的参数的一致性估计。式（2.27）中 $\hat{\bar{\eta}}_{ij}^*$ 出现了两次：在 v（z_{ij}^*）中它纠正了样本选择对 z_{ij}^* 的影响；在后面它纠正了样本选择对 u_{ij} 的影响。以参数 γ 为例，它在式（2.27）中刻画了距离对贸易的集约边际的影响；距离对外延边际的影响完全被 $v(\hat{z}_{ij}^*+\hat{\bar{\eta}}_{ij}^*)$ 分离出来。对比式（2.25～2.27）可知两种效应对参数估计的不同影响：对于贸易成本大的样本点，w_{ij} 小，对式（2.25）的 OLS 回归会造成 $w_{ij}+u_{ij}$ 偏小，因此对贸易成本的参数估计绝对值偏大；贸易成本大又使得 $\hat{\bar{\eta}}_{ij}^*$ 较大，亦即选择样本中的 u_{ij} 偏大（η 与 u 正相关），导致贸易成本的参数估计绝对值偏小。他们对式（2.26）的 Probit 回归证实了贸易成本对一国出口与否的显著影响，而对式（2.27）的回归则证明了外延边际效应的重要性：几乎所有影响贸易成本的因素①对贸易量的影响都比式（2.25）的估计要小；并且外延边际效应要强于样本选择带来的偏差。

生产集聚、垂直分工与边界效应

以上理论性引力方程的本质反映了贸易成本对于消费的影响，但是忽视了贸易成本对生产的空间分布的作用。考虑到中间产品在贸易以及工业产出中占有相当的比重②，工业的空间分布必然受到贸易成本的影响：处于上下游的厂商为了节省运输成本必然会在空间上进行集聚（Krugman & Venables，1996；Ellison & Glaeser，1997）。Hillberry & Hummels（2008）通过整理 1997 年美国商品流通普查数据，得到了 2～5 位邮编区域分产业的贸易数据。他们发现即使在如此“微观”的层次上，不同区域对同一种商品的总需求也有巨大的差异；并且一个区域“进口”较多的商品正是该区域产量多、并且“出口”多的那些产品。这间接证明了区域间存在大量中间产品贸易；也说明产业在很小的经济区域（国家，省或州）内集聚。这对式（2.10～2.11）的估计产生两个方面的影响：（1）由于贸易数据包含中间产品价值而 GDP 数据不包括这一数值，因此，其中的 Y_i、Y_j 不应为 GDP（消费需求）而应分别为总产出以及消费需求 + 工业投入；（2）中间产品对贸易成本的敏感性导致了

①这些因素包括距离，自由贸易区，货币同盟。

②Hillberry & Hummels（2008）报告中间产品占到 1997 年美国工业投入的 50%；Yi（2008）报告中间产品占美国和加拿大 1990 年工业产出的 78.2%（汽车工业）和 62.4%（非汽车工业）。

中间商品贸易的短程化，因此式（2.10～2.11）估计得到的边界效应会被放大（中间产品贸易集中在区域内以规避贸易成本，导致区域内贸易量“过大”）①。值得注意的是，第一个影响并不一定是“有害”的。以简化的 Hillberry & Hummels（2002）模型为例，我们假设中间商品的生产需要最终产品②，从而把 Krugman（1980）的技术改造为

$$C = (a + bQ)\ Z,\ Z_i = L_i^{1-\mu_k} M_i^{\mu_k},\ M_i = \left(\sum_{j=1}^{n}\sum_{h=1}^{n_j} m_{jih}^{\frac{1-\sigma}{\sigma}}\right)^{\frac{\sigma}{1-\sigma}} \tag{2.28}$$

其中，M_i 为区域 i 生产中使用的中间产品，而 m_{jih} 为生产该中间产品所使用的来自区域 j 的最终产品 n_j。从式（2.28）出发，我们可以沿用 Head & Mayer（2000）的方法得到式（2.12）。相对于纯消费型引力方程，中间产品的引进仅仅带来了截距项的变化而对关键参数没有影响。Yi（2008）指出上面的模型产生这一现象的原因在于中间产品 M 并没有参与贸易；如果中间产品在形成最终产品以前可能需要多次跨越边境（垂直分工），则它们的存在会对引力方程产生实质性的影响③：边界效应被放大。这种放大效应来自两方面：首先，中间产品的贸易造成贸易成本的多次计算，从而对最终产品的价格产生更大影响；其次，关税通常是对商品总价值征收，这相当于对其增加值征收更高的税，从而导致实际税率的提高；这两个因素都导致贸易量对贸易成本更加敏感。他通过一个对称的双边贸易模型计算了 Anderson & van Wincoop（2003）的一致性边界效应。在不存在垂直分工的情况下，得到通常的理论值 $b^{\sigma-1}$，而在垂直分工（假设中间产品在最终产品的价值中所占份额为 θ，并且中间产品最多出口一次）的情况下该数值最大为 $b^{(\sigma-1)\left(\frac{1+\theta}{1-\theta}\right)}$④。通过对美－加贸易数据进行校准，他发现用平均 14.8% 的可观测贸易成本（包括关税、运输成本、批发成本）就能解释 McCallum（1995）估计值的约 3/8。

生产空间分布的内生性还表现在贸易成本不同的产业在空间分布上的差异。Hillberry（2002）通过数值模拟发现边界效应低的产业会集中于边界附近，并且其

①Rossi-Hansberg（2005）的理论模型则揭示了一个稍微不同的概念，即生产在空间上的集聚会产生外部效应；这种外部效应和运输成本会放大其他贸易障碍（关税）对贸易量的影响。将 Rossi-Hansberg（2005）与 Yi（2008）的思想相比较，前者强调生产集聚是放大效应的原因；而后者将（等效税负的）放大效应刻画为集聚的原因。

②或等价地，我们也可以假设中间产品就是最终产品的复合；不管采取哪一种假设，其后果都是有一部分最终产品（消费品）被消耗在生产过程中。为了推导的方便，Hillberry & Hummels（2002）假设生产过程对最终产品的“需求”和消费需求具有同样的函数形式［式（2.28）的第三部分］。相同的假设也出现在 Eaton & Kortum（2002）中，并且在很大程度上被 Yi（2008）继承。

③有趣的是，基于同样的思路，Yi（2003）解释了 20 世纪 80 年代中期后关税的小幅度降低如何导致垂直分工的发展，从而引起国际贸易量的急剧增长。

④其中指数项 $1+\theta$ 来自第一个效应，而 $1/(1-\theta)$ 来自第二个效应。

产品在贸易总量中占有更大份额。他认为，当采用加总数据估计式（2.8）时，这种差异性会导致边界效应的高估。他通过美国商品流通普查数据得到了不同产业的边界效应，然后根据各产业的贸易份额对其进行加权平均得到的边界效应为11.5，这大大低于采用加总数据得到的估计（21.7）。

加总估计与分类估计的关系

通常不同区域实行不同的贸易政策，因此不同贸易对产生不同的边界效应；然而样本中需要包含大量的贸易对以获得唯一的估计值。Anderson & van Wincoop（2004）说明了这种估计值①并不能理想地衡量“平均”边界效应。以引力方程（2.16）为例，假使有 N（奇数）个相同的区域等距离分布在一个圆环上，又假设商品替代弹性为 σ，每对距离为 i 个单位的区域之间（对称）的边界效应为 $\exp((\sigma-1)\ b_i)$，则 OLS 估计值为

$$\hat{b} = \frac{\sum_{i \neq j} x_{ij}}{N(N-1)} - \frac{\sum_{i=1}^{N} x_{ii}}{N} = \frac{\sum_{i=1}^{\frac{(N-1)}{2}} b_i}{\frac{(N-1)}{2}} = \bar{b} \tag{2.29}$$

但是，假如每个贸易对之间有同样的边界效应 $\exp((\sigma-1)\ b)$，要产生与前面完全相同的国际贸易总量，则 b 需要满足

$$\exp((1-\sigma)b) = \frac{\sum_{i=1}^{\frac{(N-1)}{2}} \exp((1-\sigma)b_i)}{\frac{(N-1)}{2}} \tag{2.30}$$

由于指数函数为凸，$\hat{b} > b$；亦即式（2.16）的 OLS 估计值产生的国际贸易总量会比实际要小。

若研究者拥有分产业的贸易及产出数据，则可以估计边界对不同产业的影响。此时，需要对原有理论略加调整：假设产业 k 的复合商品在消费者支出中占比重 θ_k②，式（2.11）变为

$$\ln\left(\frac{X_{ij}^k}{Y_i^k Y_j}\right) = \alpha_k + (1-\sigma_k)\rho_k d_{ij} - (1-\sigma_k) b_k \mathrm{Home}_{ij} - (1-\sigma)p_i^k - (1-\sigma)p_j^k + \varepsilon_{ij} \tag{2.31}$$

①该问题被他们称为针对不同贸易对的加总。

②这等价于（Hummels，2001）假设消费者的效用函数关于不同产业的复合产品（外层）为 Cobb-Douglas，关于同一产业的不同厂商的产品（内层）为 CES。

其中 Y_i^k 表示区域 i 产业 k 的产出；P_i^k、P_j^k 分别表示产业 k 的产品在区域 i、j 的 CES 价格指数；其他变量的下标k 表示它们是和产业 k 相关的（θ_k 进入截距项 α_k）。对式（2.31）（或其他类似方程）的回归揭示了不同产业的边界效应相差悬殊①。产业边际效应与总边际效应的关系可以用 Anderso & van Wincoop（2004）的例子说明：假如有两个相同的国家各有 K 个产业，贸易成本仅仅来自（对称的）边际效应，则采用式（2.14）的方法可以得到式（2.31）和（2.11）的 OLS 估计值分别为

$$\exp\left(\widehat{(1-\sigma_k)\ b_k}\right)=\frac{X_{12}^k}{X_{11}^k}\qquad \exp\left(\widehat{(1-\sigma)\ b}\right)=\frac{X_{12}}{X_{11}} \tag{2.32}$$

根据 $X_{ij}=\sum_{k=1}^{K}X_{ij}^{K},Y_j=X_{ij}+X_{jj}$ 可以得到

$$\frac{1}{1+\exp(\widehat{(1-\sigma)b})}=\sum_{k=1}^{K}\frac{\theta_k}{1+\exp(\widehat{(1-\sigma_k)b_k})} \tag{2.33}$$

这表明$\widehat{(1-\sigma)b}<\sum_{k=1}^{K}\theta_k\widehat{(1-\sigma_k)b_k}$，亦即加总数据得到的边界效应要小于经贸易量加权的产业边际效应均值②；这说明通过分产业数据得到的边界效应会“通常”大于通过加总数据得到的数值。

2.1.1.5 国内应用

与研究国际贸易壁垒不同，对一国内部市场分割的研究可以忽略测度国际差异的变量，如语言差异、汇率波动、自由贸易区、货币同盟、殖民地等。前述文献表明，对于这些因素在多大程度上对国际贸易产生影响，学术界仍有争议。排除这些因素可以减小回归中的噪音。但是，其主要的不利之处是国内贸易数据极度缺乏。类似于加拿大省际投入产出表、美国商品流通普查的数据即使在发达国家也不易获得。在中国国内市场分割研究中，可利用的数据是国家统计局的省级投入产出表以及区域投入产出表。前者虽然提供了分产业的贸易量数据，但是数据项不完全③；

①大部分研究人员（Chen，2004；Evans，2006；Head & Mayer，2000；Hillberry，2001）正确地控制了变量 α、σ、ρ 的产业差异。对于（σ_k-1）b_k 的估计值的范围，Head & Mayer（2000）汇报的是 0.14 ~ 6.41（98 种产品）；Evans（2006）汇报的是 1.166 ~ 5.888（20 种产品）。需要指出的是，Poncet（2005）仅仅控制了截距项的差异而将其归结于边界效应差异。

②又边际效应小的产业往往贸易量大（Hillberry，2002），因此前者又进一步小于后者的简单平均。

③Poncet（2005）汇报在 1992 年和 1997 年省级投入产出表中分别有 3 个和 4 个省份仅仅具有净出口额而无法利用；又分别只有 11 个和 9 个省份具有国内贸易和国际贸易的分离数据，由于其他的省份未区分国内外贸易，她不得不利用商务部的进出口数据加以生成。

最大的局限是仅有每省和所有其他省份的总进出口量，这导致样本量大大减小①、相对距离的定义更加困难②。

Poncet（2003，2005）采用省级投入产出表，将一省以外的部分重新定义为一个区域，并计算其总产出、平均产出价格及其到该省的平均距离。为了扩大样本，Poncet（2003）加入了每个省的国际贸易数据（来自于商务部），并且混合了1987年、1992年、1997年三年的数据，使得样本量增加到944。Poncet（2005）解决样本量的方法是混同21个产业的国内贸易数据③，使得样本量增加到514（1992年）和473（1997年）。在控制了时间固定效应后，Poncet（2003）的结果显示我国的平均省际边界效应在1987—1997年逐渐上升（12~27）；而平均国际边界效应在同期逐渐下降（652~412）。采用替代弹性$\sigma=9$，她估计省际边界效应的等效关税为37%~57%，相当于同期欧共体国界（Head & Mayer，2000）或者美-加边界（McCallum，1995）造成的边界效应。Poncet（2005）的贡献是对边界效应的影响因素进行了考察。她说明了地方财政自主程度越高、公共开支占全社会开支比例越大、失业率越高，则该省的边界效应越大；同时，一个产业的劳动密集程度越高、对地方财政贡献越大，则该产业的边界效应越显著。这说明地方保护的动机是增加本省的财政收入、保护本地产业、增加当地就业；验证了其他研究（Bai et al.，2004；李善同等，2004a，2004b）的结论。黄赜琳和王敬云（2006，2007）采用8个区域间投入产出表数据。采用总贸易数据回归式（2.13），得到1997年区域间平均边界效应约为19，等效关税为42%（$\sigma=9$），验证了Poncet的结果；又通过采用8个产业的贸易数据分别进行回归，发现各地区对农业产品的地方保护最强。赵永亮和徐勇（2007）采用1997—2005年省级投入产出表数据发现平均边界效应在这一时期有继续增强的现象，同时估计出东部省份的边界效应明显小于其他省份。通过仔细比较各省边际效应，他们发现市场分割程度有从东到西递增趋势。他们对边界效应影响因素的考察证实了国有企业比重和财政自主程度对边界效应的显著贡献，但是未能验证Poncet（2005）关于公共开支比重和失业率的结论。赵永亮等（2008）则显示市场化程度较高的省份有较低的边界效应。

国内有关市场分割的研究已有可喜的成果，同时也存在若干弱点。首先，以上经验研究明显都受到数据样本的制约。例如，黄赜琳和王敬云（2006，2007）的样

---

①如采用式（2.13）的话采用加总数据样本量仅为28，而假如具有省际贸易数据的话样本量将为784。

②与国际贸易不同，国内各省之间的相对距离非常小，根据我们前面介绍的内容，此时距离的度量对结果的影响非常大。

③赵永亮等（2008）也采取了同样的方法。

本量仅为64，这可能是相对价格参数估计不显著的原因。Poncet（2003）的方法虽然有助于同时估计国内外贸易壁垒，但是由于国际贸易样本量（869个）远高于国内贸易（75个），根据其估计值对国内边界效应的解释可能是有偏的（事实上，Rose（2000）因为同样的原因受到广泛的质疑）。Poncet（2005）和赵永亮等（2008）没有对所有参数的产业差异进行控制①，因此可能影响结果的可靠性。其次，对部分关键变量的定义和参数的主观选取缺少理论和经验的支持。如一部分研究采用了Poncet（2003）对省以外区域的“平均”距离和价格定义，而该定义方式却与理论不相容②。又如多数地区贸易研究简单套用了国际贸易研究中的替代弹性参数$\sigma=9$估计等效关税。如果国内地区间商品的替代弹性高于国际贸易中商品的替代弹性，上述经验研究必然高估了等效关税和市场分割。特别地，黄赜琳和王敬云（2006，2007）发现农产品的边界效应明显超过其他产业（除建筑业和服务业外）；假如农产品的替代弹性也明显超过其他商品的话，则农产品市场的分割程度并不一定就高。再次，一些研究忽视了贸易量的衡量或产业的选择。引力方程适用于（传统）商品贸易，因此自McCallum（1995）开始贸易量仅被定义为商品贸易量而排除了劳务。类似地，国外研究人员在对分产业数据进行研究时也仅限于制造业。Poncet（2005）很好地遵循了这一原则。然而，国内研究通常在样本中包括不可运输的建筑业、电水煤气业、仓储业、服务业的贸易量和产出，其研究的可靠性受到影响，至少，其结果与国际研究不具可比性。最后，个别研究（黄赜琳和王敬云，2006，2007）使用的区域单位值得推敲。把省和直辖市作为市场分割的基本单位是合理的，因为它们是我国的一级地方政府，它们有动机也有能力对当地的资源或产品实施地方保护，并且有证据表明它们进行了这种保护（Young，2000；李善同等，2004a，2004b）。然而，迄今尚无证据表明多个省市联合起来，彼此开放市场、对外实施歧视政策，我国的地方财政安排也使这种合作难以存在。因此，对我国8大区域间边界效应的估计和解释必须更加谨慎。

2.1.1.6 总结和展望

本节回顾了自McCallum（1995）以来国内外通过引力方程估计区域间市场分割程度的文献。国际研究已在理论和方法上取得了长足的进展、实证研究中也积累了许多成果。我国学术界在这一领域不仅在理论和方法上与国际水平有明显的相差、经验研究也因数据的局限而难以深入。根据我国建立统一的国内市场的现实需要，

---

①Poncet（2005）在一个回归里面控制了不同产业的距离弹性差异，然而最后汇报的结果（不同产业的边界效应）并没有根据该回归结果。

②具体可见Poncet（2003）第10页。

以下几方面的研究亟待深入进行。

首先，基于国内数据的经验研究一再显示，近年来随着我国与国际市场融合的不断加深，国内地区间边界效应却不断加强。近年来我国沿海地区部分企业以出口市场为主营方向（朱希伟等，2005）。可是，现有的研究尚无法揭示这种现象究竟是源于国内市场的分割还是我国与国际市场的融合。国内文献中也有待于出现类似 Anderson & van Wincoop（2003）以及 Eaton & Kortum（2002）的研究，即，通过模拟方法研究其中每一特定因素对我国内外贸易的影响，对各因素的影响进行比较。在当前世界经济危机的情况下，这一工作尤其显得重要：假如国内市场分割是造成国内部分企业过度依赖海外市场的原因，则消除市场分割对于挽救广大中国企业具有至关重要的意义。

其次，引力方程是一个结构性方程，从引力方程的理论推导中可以清楚地看到它描述的是在区域产出及需求既定的条件下，边界对贸易量的影响。但是，贸易量显然影响国民收入。以式（2.10）为例，ε_{ij}被假定与解释变量特别是 Y_i、Y_j 独立；但是出口增加会带来国民收入（产出）的增长，这种反馈效应造成了 Y_i、Y_j 的内生性，因此，引力方程的直接回归结果可能是有偏的。我们需要一个统一的模型同时回答两个问题：（1）边界障碍的降低能在多大程度上扩大贸易量？（2）这种贸易量的扩大又能在多大程度上增加各地区国民收入？这些问题都具有重要的政策意义。

再次，理论表明中间产品贸易对于边界效应的估计可能带来重大影响。我国各地区（特别是制造业）发展极不平衡，相对完整的产业链和以短途中间产品贸易为特点的产业集聚已经在经济发达地区出现。如果在研究中控制中间贸易的影响，或许会在我国地区边界效应的估计上获得意想不到的结论。

近年来，以 Roberts & Tybout（1997）、Melitz（2003）等为代表的对“微观”厂商的贸易行为的研究成为国际贸易领域的一个热点。我们已经看到贸易障碍的后果之一是对贸易外延边际的损害，即迫使一部分企业只服务于当地较小的市场。Melitz（2003）的重要工作说明了这部分企业通常是技术较低，规模较小的企业。在当前中小企业普遍生存困难的情况下，有必要了解国内市场分割（以及国外需求降低）对国内外贸易集约边际特别是外延边际的影响，从而得知“统一的国内大市场”能在多大程度上促进中小企业的发展。

最后，估计边界效应的最终目的是获得贸易障碍的等效税率。控制非人为障碍后，边界效应究竟是源于替代弹性还是等效税率？具有政策意义的主要是后者而不是前者（Evans，2003）。由于引力方程只能估计（$\sigma-1$）b 而不能对两者加以区分，所有的经验研究都依赖于他人对替代弹性 σ 的估计值，后者又都来自国际而非

区际贸易①。显然，对 b 的独立且可靠的估计是对该领域研究者一个挑战。

2.1.2 基于径向基神经网络和相对价格差法的市场整合程度测算②

2.1.2.1 综合价格指数的合成

径向基神经网络方法是基于函数逼近理论的前向网络，能够以任何精度逼近任意连续函数且应用广泛。可以通过径向基神经网络方法构造综合可比价格指数（SPI），从而表示市场一体化的程度。下面通过具体构建 1992—2007 年的指数说明该方法，并用以测定我国市场整合度。首先将上述 16 年各省固定资产投资价格指数（IPI）、原材料、燃料和动力购进价格指数（PPIRM）、工业品出厂价格指数（PPIMG）、商品零售价格指数（RPI）和居民消费价格指数（CPI）5 类环比价格指数转换成以 1991 年为基期的可比价格指数。其他的具体步骤如下：

第一步，将各年中国各省 5 类定基价格指数的最大值和最小值进行归一化处理，通过线性内插和设定等级将各项价格指数从低到高分为 6 个等级，建立 5 个评价指标、6 个评价等级所构成的综合价格指数评价表作为 RBF 网络训练样本。

第二步，采用各类 RBF 网络逼近网络训练样本，直到均方误差满足要求为止，其中采用 newrb、nerwbe、newpnn 和 newgrnn4 类神经网络进行测试的均方误差分别是 9.156e－27、9.377e－27、9.167 和 1.442，最终选择 newrb 作为仿真模拟的径向基网络函数。

第三步，根据综合价格指数的 RBF 评价标准将中国各省各年 5 类定基价格指数进行归一化，在 Matlab 环境下调用 sim 函数，并利用已经训练好的径向基网络函数进行仿真模拟，最终得到 5 类价格指数合成的综合价格指数。

2.1.2.2 省际市场整合程度指标的构建——综合价格指数

“一价定律”为两地间市场整合程度提供了科学依据，设 i、j 两省综合价格指数分别为 SPI_i 和 SPI_j，则相对价格可以表示为 $\Delta SPI_{ij} = SPI_i / SPI_j$，为得到某省和全国层面的省际市场整合程度综合指标，需要进行 3 项改进：第一，相对价格属于逆指标，需采用其倒数形式代表两地间的市场整合程度；第二，某省市场整合程度应该包括本省与其他所有省份间相对价格的综合信息，考虑到省际关系随距离不断衰减，因此采用两省重心距离平方的倒数形式作为距离权重汇总得到各省市场整合程度的综合指标；第三，根据各省历年占全国经济总量的比重为权重，汇总得到全国

①Anderson & van Wincoop（2004）对这方面工作做了一个总结。

②本小节主要内容曾以《中国省际市场整合程度的空间特征及影响因素》为题刊于《地理研究》2009（5）。

层面市场整合程度指标。公式表示如下：

$$MI_i = \sum_{j=1,j\neq i}^{n}\left(w_{ij}\frac{1}{\Delta SPI_{ij}}\right) = \sum_{j=1,j\neq i}^{n}\left(\frac{1}{d_{ij}^2}\times\frac{SPI_j}{SPI_i}\right) \tag{2.34}$$

$$MI = \sum_{i=1}^{n} w_i \times MI_i = \sum_{i=1}^{n}\frac{\mathrm{GDP}_i}{\mathrm{GDP}}MI_i \tag{2.35}$$

MI 和 MI_i 分别代表全国和某省省际市场整合程度综合指标，其含义是全国和各省相对综合价格指数倒数形式的综合加权值，该值在 1 的上下波动。大于 1 说明该省综合价格指数低于其他省的加权综合价格指数，省际市场整合程度较高；小于 1 说明该省省际市场整合程度较低；等于 1 则说明该省综合价格指数与其他省的加权综合价格指数持平，省际综合市场整合程度处于全国中等水平。d_{ij} 代表 i、j 两省间的地理重心距离，GDP_i 和 GDP 代表 i 省和全国年国民生产总值。

2.1.2.3 中国省际市场整合程度的变动趋势

图 2.1 是分项价格指数所代表的分类市场整合程度。可以发现全国分类市场整合程度都呈增长趋势，其中省际间原材料、燃料和动力购进价格指数（PPIRM）、工业品出厂价格指数（PPIMG）所代表的分类市场整合程度增长较快，而省际间固定资产投资价格指数（IPI）、商品零售价格指数（RPI）和居民消费价格指数（CPI）代表的分类市场整合程度增长平缓。

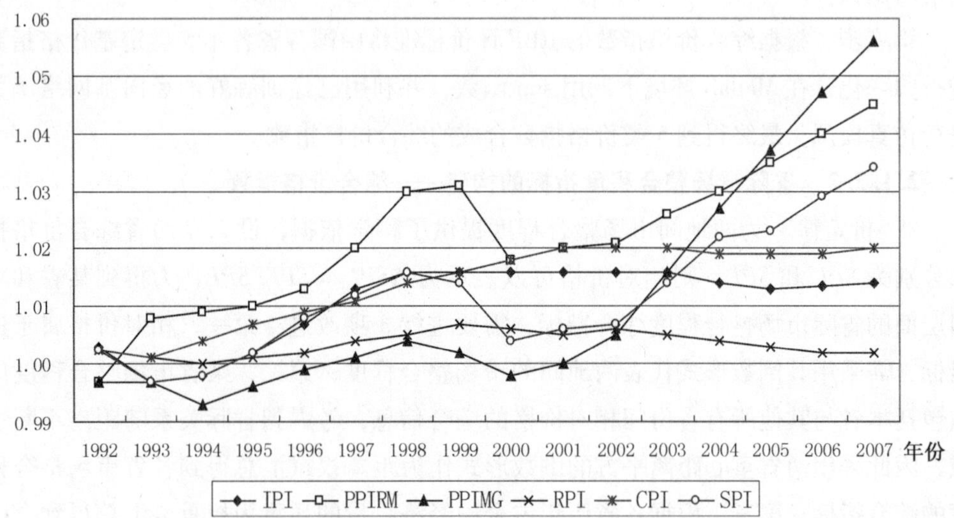

图 2.1　1992—2007 年全国省际分类市场整合程度的变化趋势

数据来源：根据 1993—2008 年各年《中国统计年鉴》数据整理而得。

图 2.2 表示中国省际市场整合程度的空间分布。从图 2.2 可以发现中国省际市场整合程度在 1992—2007 年变化不大。2007 年，中国省际市场整合程度较高的省份主要分布在东部和西部，包括东部的北京、天津、江苏、上海、福建、广东和西部的内蒙古、四川和青海，中部的黑龙江和江西在 1992 年属于市场整合程度较高的省份，但是到 2007 年，中部所有省份的市场整合程度都不能达到全国较高水平。市场整合程度较低的省份主要分布在中、西部（尤其是中部），包括湖南、江西、山西、辽宁、黑龙江、宁夏和新疆，需要注意的是，位于东部的河北和山东的市场整合程度也非常低。市场整合程度中等的省份也主要分布在中、西部，包括吉林、河南、安徽、湖北、陕西、宁夏、贵州。

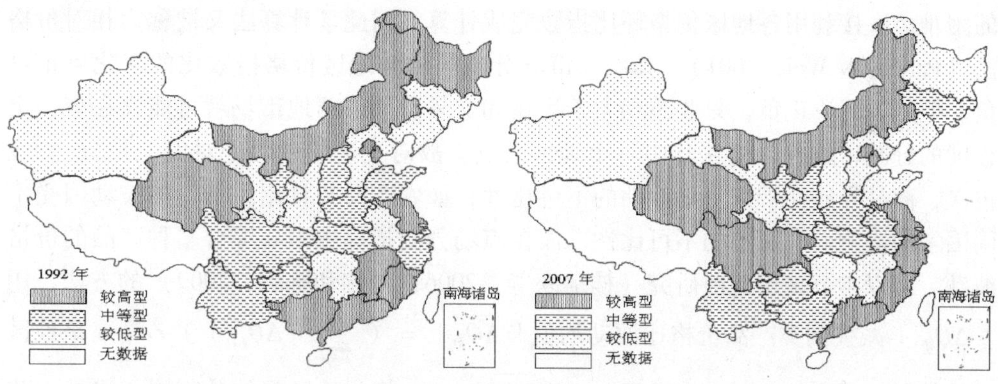

图 2.2　1992 和 2007 年中国省际市场整合程度的空间分布图

数据来源：1993 年和 2008 年的《中国统计年鉴》。

2.1.3　相对价格方差法与市场一体化程度①

2.1.3.1　相对价格方差构算方法

对内开放对经济增长的作用和影响因素是本节的研究核心，其指标的构建尤为重要。以下对此作重点说明。Engel & Rogers（1996）首先构建了相对价格标准差来测度市场分割。Parsley & Wei（2001）对其进行了修改，并应用于美国和日本的国内市场分割研究。桂琦寒等（2006）和陆铭和陈钊（2009）使用该法检验了我国的市场分割与经济增长的关系。为了保持可比性，本节使用相似的市场分割指数对各省市场对内开放程度进行度量，但在数据筛选和市场一体化指标的最终测度上作了调整。数据是历年《中国统计年鉴》中地区商品零售价格指数，涵盖了 1995—2007 年全国 29 个省、自治区和直辖市 8 类商品 13 年的价格指数。以 1995 年作为起始年

①本小节和 2.2 节的主要内容曾以《中国市场一体化与区域经济增长互动：1995—2007》为题发表在《数量经济技术经济研究》2010 年第 5 期。

份，主要是考虑1994年我国正式提出建立社会主义市场经济体系，此后，市场机制在我国经济增长中的作用开始完全释放。为保证数据的连贯性，剔除了重庆、西藏的数据。在商品种类的选择上，选择13年连续统计的粮食、菜、饮料、服装鞋帽、日用品、中西药品、书报杂志和燃料8种商品。

首先，计算两地区价格比的波动 $\Delta Q_{ijkt}=\ln(P_{ikt}/P_{jkt})-\ln(P_{ik(t-1)}/P_{jk(t-1)})$，其中，$P$ 是物价，i 与 j 表示两地区，k 是某类商品，t 是时间。根据“冰川”成本模型，在统一市场中两地价格差别仅为包括运输在内的交易费用。因交易费用是相对稳定的，所以两地相对价格的波动 ΔQ_{ijkt} 越小，市场分割程度越低。由于上式等同于 $\Delta Q_{ijkt}=\ln(P_{ikt}/P_{ik(t-1)})-\ln(P_{jkt}/P_{jk(t-1)})$，实际计算中可以避开缺少物价数据的困难，直接利用各地区价格环比指数完成计算，因此该计算法又被称为相对价格法（Parsley & Wei，2001）。其次，市场分割导致两地区价格指数比的变化可正可负。但是，无论正负，只要差别大于运输和交易费用，两地市场就可能存在着一定程度的分割，就有可能在其中一个地区套利。故对上述结果取绝对值，$|\Delta Q_{ijkt}|$。再次，商品异质性带来价格波动的不可比性，如农产品与日用品的价格波动因受不同因素的影响而有一定的不可比性，而在市场分割指标中需要综合多种产品的价格波动。所以本节采用此前研究（桂琦寒等，2006；陆铭和陈钊，2009）的方法，用 $|\Delta Q_{ijkt}|$ 减去同类产品价格比波动均值 $|\overline{\Delta Q_{kt}}|=(\sum_{i\neq j}|\Delta Q_{ijkt}|)/n$，$n$ 是地区对的数目，得到的 $q_{ijkt}=|\Delta Q_{ijkt}|-|\overline{\Delta Q_{kt}}|$。$q_{ijkt}$ 仅与地区间的分割因素以及一些随机因素相关。下一步计算每两地区所有产品的价格比波动 q_{ijkt}（$k=1, 2, 3\cdots$）的方差 $var(q_{ijt})$。该方差可以度量与市场分割相关的两地所有 k 类产品总价格比的相对波动，$var(q_{ijt})$ 越大，两地间市场分割越严重、一体化程度越低。再下一步计算13年接壤省市的相对价格方差，将相邻省之间的价格方差按省合并，得到各省与其他相邻省的商品市场分割指数。如北京的商品市场分割指数就是北京与天津、北京与河北之间的市场分割指数的均值。其他省市的商品市场分割指数以同样方法计算。由此得到的数值与对内开放度大小成反比。最后，为了使数据测度方向以及回归方程的参数符号与习惯相符，对上述指数取倒数。

2.1.3.2 中国省际市场一体化程度各省分布趋势

上述市场一体化计算过程产生了377（即29×13）个观测值，分别代表29个省级单位在1995—2007年间与邻近省市之间的商品市场开放程度的变化。图2.3报告上述计算过程得到的各省级单位各年对内开放度。图2.3的双轴折线图同时报告各年对外开放程度（进出口总额与地区生产总值的比值）。如图所示，左纵轴定义为对外开放（单位:%），右纵轴为对内开放指数。中国各省市的对外开放水平在13年间处于相对上升态势，尤其是上海、江苏与浙江的对外开放水平显著上升。而对内开放水平则上下波动，但总体上也呈上升趋势。

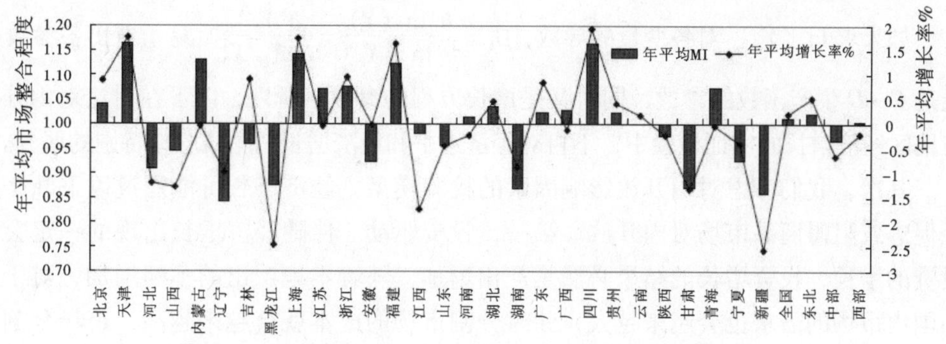

图 2.3　中国各省（市）商品市场内外开放历程

数据来源：根据 1996—2008 年各年《中国统计年鉴》数据整理而得。

2.2　地区对外开放、区域市场一体化与经济增长的关系分析

2.2.1　区域商品市场对内、对外开放与经济增长互动机制与检验模型

本节在上述研究的基础上构建一组检验方程。首先考虑经济增长决定因素的方程。设生产函数为通常的 $C-D$ 形式，包括资本、劳动以及人力资本的一般生产函数可以表示为

$$Y_{it} = Af(K_{it}, L_{it}, H_{it}) \tag{2.36}$$

其中，K_{it}，L_{it}，H_{it} 分别表示 i 地区 t 年的资本、劳动和人力资本，A 表示全要素生产率。市场对内对外开放有利于实现比较优势、技术进步和知识积累，从而提高全要素生产率。因此，定义 $A = C \times Open\_Out_{it}^{\beta_1} \times Open\_In_{it}^{\beta_2}$，其中 $Open\_Out$ 和 $Open\_In$ 分别表示对外开放和对内开放，β_1 和 β_2 分别是对外对内开放对全要素生产率的贡献，C 是除了对内对外开放以外的其他因素对全要素生产率的影响。对（2.36）式等号两边同取对数，得到下式。

$$\ln(Y_{it}) = C + \beta_1 \ln(Open\_Out_{it}) + \beta_2 \ln(Open\_In_{it} + \beta_3 \ln(K_{it}) + \beta_4 \ln(L_{it}) + \beta_5 \ln(H_{it}) \tag{2.37}$$

设 S_i 和 τ_i 分别是地区和时间固定效应，ε_{it} 是符合通常假设的随机扰动项，则（2.37）式成为：

$$\ln(Y_{it}) = C + \beta_1 \ln(Open\_Out_{it}) + \beta_2 \ln(Open\_In_{it}) + \beta_3 \ln(K_{it}) + \beta_4 \ln(L_{it}) + \beta_5 \ln(H_{it}) + S_i + \tau_t + \varepsilon_{it} \tag{2.38}$$

如果求 ln（Y_{it}）对各变量的导数，$\beta_k = \frac{\partial \ln(Y)}{\partial \ln(X_k)} = \frac{\partial Y/Y}{\partial X_k/X_k}$，易于看出各参数 β_k 既是 $C-D$ 生产函数的参数，同时又是增长方程的参数。所以，以下在讨论对内开放与地区经济增长的实证检验中，不再对经济水平和经济增长两个概念作特别的区分。

其次，我们考虑对内开放影响因素的检验模型。经济增长可能通过以下几个途径促进或阻碍商品市场对内开放。第一，投资驱动。伴随经济增长出现的一定会有投资的增长，投资增长的结果必然是产出增加，随着本地产出的不断增加，对于开拓国内市场的需求也会越来越大，此时分割市场的成本就会越来越高，市场分割越来越难。第二，消费拉动。随着经济的不断增长，人们的收入也会大幅提高，消费能力也会大大提高。消费能力的提高表现在对商品需求数量的增加和对商品差异化要求的提高。消费能力的提高直接导致区域间商品流量的增加，同时“民意”的压力也必然会削弱当地政府阻碍市场开放的动机。第三，分工激励。根据陆铭等（2004）的研究，在收益递增的条件下，经济增长快的地区往往具有较快的技术进步。因此，这些地区往往在开放市场带来的贸易利益分享中占据优势地位，分得较多的利益份额。反之，经济水平低的地区往往更趋向于分割市场，以图保住已有的经济份额。第四，经济周期影响。地方政府在开放市场方面的努力往往受到经济周期的影响。在经济运行状况良好时，不论是国际市场还是国内市场，自由贸易之风盛行。然而，经济衰落往往会激发分割市场的行为。如，2007 年爆发国际金融危机后，中国一些省市地方政府要求本地各部门采购当地产品①。

综上所述，地区经济的对内开放受经济水平和经济增长以及其他因素影响。本节对现有文献（如陈敏等 2007）中对内开放模型进行扩展，基本模型为：

$$\ln(Open\_In_{it}) = c + \alpha_1 \ln Y_{it} + \sum_{k=1} \beta_k X_{kit} + S_i + \tau_t + \xi_{it} \tag{2.39}$$

其中，Y_{it} 是地区经济水平，X_{kit} 代表一系列的解释变量，此前研究（陈敏和桂琦寒等，2007；陆铭和陈钊，2009）使用了对外开放程度、当地就业压力以及当地政府的财政压力等，S_i 和 τ_i 分别是地区和时间固定效应，ξ_{it} 是随机误差。根据上述讨论，各变量对市场对内开放的影响预期如下：（1）经济增长：如前所述，预期经济增长水平将与市场的对内开放具有正相关性。（2）对外开放程度：对外开放使各地

①据《南方周末》中国经济调研报告（详见 http://www.infzm.com/content/24889）各省都出台了支持本地企业的措施。例如，安徽鼓励使用省产工业设备，政府和城市出租车优先采购省产汽车，鼓励企业积极使用安徽产建材、钢铁产品，政府投资项目优先使用安徽省产建材和机电设备等。河南政府优先采购省内产品，公用车辆、农机补贴、物资储备等原则上使用省内产品，省固定资产投资项目中的材料和设备、系统集成及软件服务，优先购买省内产品，等等。陕西增加对省内企业生产药品的采购，扩大省产药品在农村市场的份额。湖北各级政府优先购买省产钢材、汽车、建材、烟酒、家电等本地产品。湖南政府机关、事业单位采购省产车，省内重点工程建设项目中的材料、设备和机具积极采购符合要求的本省产品等。

区易于在国际分工中实现比较优势并获得国外发达国家的先进技术，同时减少了对国内其他地区的依赖。所以，对外开放对对内开放可能有替代作用，即可能有负效应。(3) 就业压力和政府干预能力：长期以来，国有企业的目标不仅仅是盈利，同时还承担了社会保障的职责。而国有企业中大量的"隐性失业"也是地方政府的忧患所在。国有企业在岗职工占职工总数的比重越大，当地经济的国有成分越大，政府的就业压力也越大、保护当地企业和市场的动机也越强。(4) 政府的财政压力：上述文献指出，政府的财政支出越大，其财政压力就越大，从而参与市场经济活动、控制市场的动机就越强。

由于对内开放是经济增长方程（2. 38）的一个解释变量，经济增长又是对内开放方程（2. 39）的解释变量，方程（2. 38）与（2. 39）共同构成地区经济增长与商品市场对内开放的联立方程模型。

2. 2. 2　估计结果与解释说明

本节需要解决联立方程中变量内生性和面板数据中固定效应或随机效应的设定这两个问题，根据 2*SLS* 原理和方法，首先使用两个方程中的所有外生变量构建两个内生变量的工具变量，用回归估计值替代方程（2. 38）和（2. 39）右边的 *Open_In* 和 *Y*,然后分别估计两个系统方程，通过 *F* 检验和 Hausman 检验确定面板数据计量模型的最后设置。在对增长方程的所有回归中，我们将对外开放 *Open_Out* 滞后一期，以避免该变量和经济增长的联立性误差。模型检验结果拒绝了随机效应设置、支持选用固定效应模型。显然，在影响地区经济增长的因素中，除了上述的物质资本、人力资本以及内外开放程度等变量外，还存在其他与特定地区相关的因素。因此，本节采用固定效应模型。表 2. 4 报告联立方程模型估计结果。

经济增长方程估计结果表明，商品市场对外开放（*Open_Out*）和对内开放（*Open_In*）对地区经济增长都有显著贡献。陆铭和陈钊（2009）在估计经济增长方程中发现，国内市场分割一次项参数为正、二次项参数为负，因此认为市场分割在短期内可能有利于本地的经济增长，在长期中才会对经济增长产生负效应。而我们发现对内开放（即市场分割指数的倒数）在任何程度上对经济增长都具有正的效应①。经济增长方程中的其他控制变量还有资本（*K*）、劳动（*L*）和人力资本（*H*）。其中资本对经济增长的贡献十分显著，资本投入每提高 1%，地区生产总值将提高 0. 2391 个百分点。劳动和人力资本参数都不显著，可能是因为我国劳动力和人力资本对经济增长的贡献不显著、或统计数据质量不高。

---

①本节使用对数方程，无法估计变量平方的对数的参数。

表 2.4 中国 29 个省（市）经济增长与对内开放联立方程 2SLS 回归结果

经济增长方程，因变量 ln（GDP）		对内开放方程，因变量 ln（*Open_In*）	
变量	参数估计（*t* 值）	变量	参数估计（*t* 值）
截距	5.5452 *** (20.03)	截距	−1.2348 (−0.21)
ln（*K*）（万元）	0.2391 *** (11.55)	ln（*GDP*）（万元/人）	1.5009 ** (1.99)
ln（*L*）（万人）	−0.0579 (−1.70)	ln[*Open_Out*（−1）]（%）	−0.0296 (−0.19)
ln（*H*）（人力资本：年/人）	0.0135 (0.24)	*SOE*（国企职工比例）	−2.8308 *** (−3.33)
ln［*Open_Out*（−1）］（%）	0.0328 *** (3.28)	*Govspend*（政府支出）	−1.0319 (−0.56)
ln（*Open_In*）（对内开放）	0.0099 *** (2.61)		
R-squared	0.9991	*R − squared*	0.6596
样本规模	N = 348	样本规模	N = 348

说明：*** 表示 1% 的显著性水平，** 表示 5% 的显著性水平，* 表示 10% 的显著性水平。

数据来源：根据 1996—2008 年各年《中国统计年鉴》数据整理估算而得。

在对内开放方程中，经济增长（*GDP*）对对内开放有显著影响，检验结果与此前研究（范爱军等，2007）一致，符合经济增长推动投资和消费、促进各地区对内开放的预期。方程中对外开放变量 *Open_Out* 的参数估计为负，这一结果与陈敏和桂琦寒等（2007）的结论有些许相似。商品市场的对外开放并没有促进市场的对内开放，不仅期待中的"内外开放联动"尚未出现，而且一些地区可能用对外开放代替了对内开放。但是，该参数估计没有通过统计检验，意味着此前的研究结果或推论正在失去显著性。其原因可能是近年来一些地区不仅仅关注国际市场，而且同时利用国内市场以实现比较优势和规模经济。此外，国企就业比例（*SOE*）和地方政府支出（*Govspend*）的参数估计都是负数，但是后者并不显著。检验结果支持关于就业压力使得地方政府增强地方保护的假说，但是并不明显支持财政压力导致市场割据的预期。

上述 2 组方程估计结果共同表明中国省级经济增长和市场对内开放两者间存在显著的内生关系。积极向国内其他省市开放本地市场不仅没有因此而牺牲本地区经济增长，反而促使本地区经济在市场开放中得到了加强。先前的研究认为对外开放的地区可能以国际市场为参照实现比较优势，所以对外开放可能替代对内开放。然而，对内开放的地区不可能以国际市场为唯一参照来实现自身的比较优势和规模经济。对内开放带来了国内竞争与合作，国内各地区比较优势的相似性和国内国际两个市场更有助于对内开放的地区进一步优化经济结构、提高技术效率。比起不顾国内比

较优势在国际市场上自相残杀，这是一个具有多重意义的进步。估计结果意味着经济水平越高的地区越有可能在市场整合、结构重组中获得增长的动力，因此，越会保持和扩大对内开放，以期实现更大的比较优势和规模经济。若无其他力量干预，这种循环往复相互促进的内生机制一旦启动，发达地区将愈益开放、开放地区将愈益发达。

然而，我们尚未对发达和欠发达地区分别进行检验以便获得更直接的结果。此前研究（陆铭和陈钊，2009）曾使用1987—2004年数据，发现对外开放程度越高的地区市场分割越有利于当地经济的短期增长，由此推论地方政府越愿意在近期以分割市场的方式追求经济增长，该结论与本节发现相左。因为我国对外开放程度高的省级单位无一例外都是经济较发达的省市，我们把被研究期间劳均地区生产总值最高的10个省市（上海、北京、天津、广东、江苏、浙江、福建、山东、辽宁、吉林）和最低的1个省级单位（贵州、云南、甘肃、河南、安徽、四川、湖南、广西、陕西、宁夏）组成2个样本，对上述方程再作估计。结果列于表2.5。

表2.5　我国发达地区和欠发达地区省级面板数据回归结果

经济增长方程，因变量 ln（*GDP*）				
	经济最发达10省		经济最不发达10省	
变量	参数估计	*t* 值	参数估计	*t* 值
C（截距）	6.6665***	19.00	7.0511***	15.86
ln（*K*）（万元）	0.0637*	1.87	0.0764**	2.29
ln（*L*）（万人）	0.0117	0.30	-0.1022**	2.90
ln（*H*）（人力资本：年/人）	0.2213**	2.32	0.0073	0.07
ln［*Open_Out*（-1）］（%）	0.0532***	3.50	0.0305**	2.18
ln（*Open_I*）（对内开放）	0.0014	0.29	0.0192***	3.92
R-squared	0.9992		0.9997	
样本规模	N=120		N=120	
对内开放方程，因变数 ln（*Open_In*）				
	经济最发达10省		经济最不发达10省	
变量	参数估计	*t* 值	参数估计	*t* 值
C（截距）	-26.323	1.27	-33.976**	2.49
ln（*GDP*）（万元/人）	4.3955*	1.70	6.1557***	3.23
ln［*Open_Out*（-1）］（%）	-0.472	1.30	-0.2989	1.05
SOE（国企职工比例）	-2.8965**	2.10	-1.4215	0.91
Govspend（政府支出）	19.6882***	2.66	-3.5991	1.32
R-squared	0.7673		0.6596	
样本规模	N=120		N=120	

说明：*** 表示1%的显著性水平，** 表示5%的显著性水平，* 表示10%的显著性水平。

数据来源：根据1996—2008各年《中国统计年鉴》数据整理估计而得。

2 组方程的 2 个对内开放参数估计和 2 个经济增长参数估计都为正号，显示了对内开放与经济增长两者之间存在较为稳健、相互促进的内生关系。如果比较经济最发达 10 省和最不发达 10 省两方程估计，可以发现发达地区商品市场对外开放对经济增长的刺激作用较大，但是对内开放对经济增长的作用并不显著。反观经济不发达地区，虽然对外开放对经济增长的促进作用较弱，但对内开放与经济增长之间的相互促进作用显然比发达地区更强。由于市场分割是对内开放的倒数，表 2.4 和表 2.5 的对内开放参数估计值都表明市场分割不利于经济增长。有趣的是，先前的研究（陆铭和陈钊，2009）认为市场分割有利于短期经济增长，且对外越开放的地区，市场分割越有利于经济增长，本节的基本结果则是市场分割不利于经济增长，且越不发达的地区，市场分割越不利于经济增长，可见两份研究结果的基本差异中也有相似之处。先前研究使用市场分割指数检验 1987—2004 年数据，本节使用对内开放指数（市场分割指数的倒数）检验 1995—2007 年数据，本质相同的测度方法、不同时期的数据产生了基本不同的结果。这可能意味着近年来地区经济发展模式和地区间合作已出现了重要变化，地方保护带来的利益已不及市场开放的利益。不同的结果也可能是不同方程设置的结果（本节使用对数方程），这表明我们对经济增长和市场开放的认识还远未结束。

经济增长方程中其他控制变量的参数估计显示，资本在不发达地区对经济增长具有更大的促进作用，劳动力在不发达的地区对经济增长呈现出显著的负效应，而人力资本则只在发达地区对经济增长具有显著的正向贡献。这均与常识相符：现阶段中国的不发达地区尚存在大量的剩余劳动力，而发达地区则相对成为高端人才的聚集地，形成明显的人才优势。在对内开放方程中，国企职工比例对商品市场对内开放的负面作用在发达地区更为显著。两个对内开放方程中，国企职工比例 SOE 参数估计都是负值，和预期基本相符。出乎意料的是，政府支出在不发达地区的参数估计为负，但是不显著，而在发达地区却有相当显著的正参数估计。为了消除可能的内生性，我们用滞后一年和两年的财政支出替换当年财政支出，但是滞后变量在发达地区方程中仍然有显著的参数估计，且估计值相似。如果财政支出规模代表财政压力，检验结果无疑否定了财政压力导致地方割据的预期。1995—2007 年，发达地区的财政支出相对规模不仅没有导致地方保护，相反，在同样经济水平下，财政支出高的地区对内开放程度也高。我国省级财政统计的三十多项支出中，最大两项是教育和基本建设，历来占支出总额四分之一强。教育水平的提高和地区基础设施的改善——尤其是路、桥、航道、通讯等的改善——会不可避免地冲击和削弱地方割据的意识和行为，促进地区间统一市场的形成。越发达的地区，这种促进作用越显著。这或许是统计数据背后真正的故事。

2.3 小结

本节首先比较系统地总结了市场分割或市场一体化程度的指标，包括基于贸易流量的重力模型和基于价格的相对价格法，进而运用综合价格法和相对价格方差法来测度我国省际商品市场一体化程度，最后分析对外开放、区域市场一体化与区域经济增长的因果关系。对各省多年数据的检验，发现近年来各地商品市场的对内开放总体呈上升趋势，并非如以往一些研究中所描述的“走向非一体化”。经济发展和市场一体化联立方程计量估计结果证实省级商品市场内外开放有利于地区经济增长，其中对外开放对经济增长促进作用最明显的是发达地区，而对内开放对经济增长促进作用较大的反而是经济相对落后地区。这表明相对于对外开放，经济不发达地区能够从对内开放中获得更多的效益。估计结果还表明中国省级商品市场对内开放与地区经济增长之间存在比较稳健的内生关系，两者相互促进，而备受期待的“内外开放联动”并未实现。

研究结果为中国完善开放型经济体系提供了以下启示：其一，坚持建设内外开放的经济体系能够更有力地促进区域经济增长。我国各地市场对内开放与区域经济增长是一个良性的渐进循环过程，分割市场非但无益于地区经济增长，反而会带来负面效应。其二，与经济发达地区相比，经济欠发达地区的对外开放作用较小，然而，对内开放对经济增长反而有更强的促进作用。因此，扩大对内开放、根据本地区比较优势建立全国统一市场是欠发达地区发展战略中的重要一环。

3　对外开放与技术溢出效应研究

本章由内容互补的四部分组成，分别研究跨国公司 R & D 溢出效应及其区位选择的决定因素，出口贸易与国际研发溢出的关系，FDI 在中国的技术溢出效应，以及 FDI 对我国技术劳动相对就业和相对收入的影响。

3.1　跨国公司 R & D 溢出效应及其区位选择的决定因素分析

跨国公司在华设立研发（R & D）机构始于 20 世纪 90 年代中期，随后的十多年呈现出加速增长的态势。截至 2006 年年底，世界 500 强企业中 470 家在华设立了 750 余家 R & D 机构（商务部 2006 年中国外商投资报告），到 2009 年初，外资在华研发中心则超过了 1200 家（《解放日报》2009 年 2 月 13 日）。全国大中型三资工业企业科技活动经费内部支出中固定资产购建费（投资）从 1998 年的 17.4 亿元增加到 2006 年的 278.8 亿元，增长 15 倍，平均年增长率超过 140%（中国科技统计年鉴 1999，2007）。

跨国公司在华研发活动的高速增长表明外商投资导向在近 10 年已从劳动密集型行业向技术含量更高的行业或产业链急剧扩张，也意味着中国在国际分工体系中的比较优势已不局限于廉价劳力。与此相应，我国地区经济发展也愈益依赖技术的发展。技术创新活动及其溢出效应使得跨国研发已然成为我国地区创新系统的重要组成部分。然而，跨国公司在华所设 R & D 机构和投资在地理分布上高度集中。其中，研发机构九成以上设在京、沪、苏、粤 4 省市，投资的 82% 集中在京、津、沪、鲁、苏、浙、闽、粤沿海 8 省市(《中国科技统计年鉴 2007》)。跨国 R & D 在这里集聚绝非偶然。研发是投资风险最大的经济活动之一。面对技术和产品的迅速变化和研发成果的不确定性，跨国研发机构不得不高度依赖国际最新科技信息和市场信息、东道国科技人才、非标准化的中间投入以及各种生产服务和公共基础设施。

上述沿海省市在中国具有与国际市场最接近的区位、最集中的科技人才、最完善的基础设施以及最发达的内部市场，跨国公司有可能在这里以较低的创新成本得到较高的效益。反观之，这些省市的经济也因跨国 R & D 而增强了创新能力，强化了在全国的领先地位。然而，一般性描述难以揭示二者的内生关系，也无法说明表面的相关性是否仅仅反映二者受到同样因素的作用。而且，我们对决定跨国研发区位和影响跨国研发效益的具体地区因素仍缺少足够的认识。本节的目的是利用空间计量联立方程模型对跨国 R & D 与地区经济效率是否互为因果、研发是否有省际溢出效应以及跨国研发产生效益的必要条件进行系统研究，进而估计跨国研发投资对各地区生产率的实际贡献。

3.1.1 研发的区位集聚与地区经济增长①

几十年来，知识和研发活动对经济增长的作用是不衰的课题。有长远影响的研究至少可以上溯到 Nelson（1959）和 Arrow（1962a，1962b）。对 R & D 效益的研究大体上可分为两类。第一类用包括 R & D 的生产函数直接估计其产出效益（如 Griliches，1986，1988；Lichtenburg & Siegel，1991）。第二类是着重研究知识和 R & D 的溢出效益（如 Jaffe，1986，1989；Bottazzi & Peri，1999）。Jaffe 等发现各类产业有不同的技术溢出效应，溢出效应的空间局限性使得相应产业的生产和研发在相同地域集聚。Griliches（1992）在回顾了 R & D 溢出效应的研究后总结道，尽管以往的研究都存在计量方法上的瑕疵，但 R & D 的溢出效应普遍存在、对经济增长发挥了重要作用。Coe & Helpman（1995）的研究结果显示七大工业国集团的研发投资在全世界的平均回报率为 152.1%，其中 30% 是其他国家从七国集团技术溢出所得。国内学者对外商直接投资（FDI）的技术外溢作用进行了广泛研究，结果不尽相同（如沈坤荣，2000；冼国明和严兵，2005 等）。赖明勇等（2005）利用 1996—2002 年中国省级数据研究了技术吸收能力对技术外溢效果的决定作用，认为东部地区人力资本和中西部地区对外开放程度分别制约了外资对生产率的促进作用。虽然上述研究并未区分研发资本和生产资本，但是其基本原理和方法同样适用于跨国研发作用的研究。李小平等（2006）在国内首次将外国和国内 R & D 资本引入工业行业生产函数作为全要素生产率增长（及其两个分解成分——技术效率和技术进步）的解释变量，估计了 14 个 OECD 国家内的 R & D 资本存量在 1998—2003 年期间对中国工业的溢出影响，认为中国工业行业生产率得益于外国 R & D 的溢出作用。可是，

①Ke，Shanzi，Mingyoug Lai. Productivity of Chinese Regions and the Location of Multinational Research and Development［J］. International Regional Science Review，2011，34（1）.

该研究却认为国内行业内和行业间 R & D 资本对中国工业生产率起了阻碍作用。吴延兵（2006，2008）使用了与李小平等（2006）相似的研究方法，增加了 R & D 资本变量，并利用中国制造业和工业行业面板数据估计 R & D 的产出弹性和对全要素生产率的贡献，发现技术水平较高、企业规模较大、国有产权比重较低的产业中 R & D 的产出弹性较大。总之，现有的研究已在研发和生产率间确立了显著的联系。

跨国 R & D 区位研究普遍依赖 FDI 区位理论。Caves（2007）在仔细梳理了大量理论和实证研究后把 FDI 区位决定因素总结为东道国的经济规模、收入、开放程度、基础设施、文化差异、信息成本等，这些因素在东道国内部的特定区位选择中起着类似的作用。由于跨国公司在东道国所处的信息劣势，投资成功者的示范作用使得后来者在其所在地区集聚，产生集聚经济效应，进而又使更多的跨国投资在这些地区集聚。沿着 FDI 区位研究的线索和研发活动本身的特点，许多研究者（如 Zejan，1990；Kuemmerle，1999；Kumar，2001；Pearce，1989）指出东道国市场规模、研发能力和成本、跨国公司海外生产区位是跨国研发区位的决定因素。Rapp & Rozek（1990）认为跨国 R & D 支出受东道国的知识产权保护程度影响，但是 Kumar（2001）经验研究却表明缺乏对专利的严格保护并未影响那些具有其他良好条件的国家对跨国 R & D 的吸引。Kuemmerle（1999）把跨国公司 R & D 投资动机分为技术开发型和技术增长型两类，发现前者是为了利用母国技术开发海外市场，而后者是为利用东道国的科研资源。近年来，Ekholm 等（2003）和 Yeaple（2003）建立了出口平台模型，总结了跨国公司将一些东道国作为其出口平台而进行投资的趋势。Baltagia 等（2007）还根据跨国公司将生产链的各个环节分布于各国以便获得各国不同的比较优势的现象构建了垂直生产链模型。这两种模型都强调跨国公司力图利用东道国特有的比较优势从事全球化生产并从东道国再出口。

跨国研发投资在中国地区间的选择是国际区位研究的逻辑延伸。有的研究试图发现跨国研发区位选择的统计规律。如，喻世友等（2004）使用描述统计量推测在华跨国研发机构的区位决定因素是当地 FDI 累积额、技术水平、市场规模、专利申请数等，但是并未进行任何统计检验；何琼、王铮（2006）试图使用一年（2000）省级数据检验 GDP 和 FDI 等 7 个区位指标对跨国 R & D 投资的区位决定作用，可是 6 个方程中每个只有 2 个解释变量。还有一些结果来自调研。如，薛澜等（2002）调查了 299 家跨国研发机构，发现其分布明显受产业的国际化程度、竞争程度、专业人才和知识供应的影响，但是与跨国公司行业总投资规模并无直接关系。这结论显然有别于上述某些国际研究，意味着在华跨国研发机构的目的不局限于使其产品和技术适应中国市场。杜群阳（2007）对 47 家跨国研发机构的投资动机、职能定位和技术外溢进行了调研，对 27 个评价指标的分析显示约 75% 的机构属于市场导

向或全球技术型，与这两种职能对应的是技术型投资动机，其评价指标包括获取当地技术和人才、开发或改进产品和技术以适应中国市场、独立或配合母公司进行全球新产品开发等。该研究因样本较小且其他投资动机和职能定位与此重叠而难以认清跨国研发投资在华的区位决定因素。总之，国内对跨国 R & D 在中国地区间选择的研究仍属描述性，尚未出现基于比较严格的理论模型和大样本统计检验的因果分析。

空间计量经济学为 R & D 和经济发展及其溢出效应的实证研究提供了比较方便的工具。空间计量经济学认为许多截面经济数据具有空间自相关特征。其原因主要有三：一是经济活动空间规模与统计分析单位不一致，如地区统计数据人为分割了同一个产品市场或劳动市场；二是外部溢出效应使邻区无端获益或受损；三是两地区经济因互补而同时发展、因同质竞争而相互遏制。Anselin 等（1997）和 Varga（2000）使用空间滞后模型（SLM）和空间误差模型（SEM）估计了技术创新的外溢效应，结果表明早期一些颇有影响的研究（如 Jaffe，1986，1989）因忽略产出和投入的空间依赖性而低估了研发对技术创新的作用。Park（1995）采用 OECD 国家数据检验 R & D 投资跨国界的外溢效果，揭示了国内私人研发投资对国内外生产率增长的显著影响。近年来，一些研究者使用空间计量模型研究了中国地区经济外溢和区间相互作用。如，吴玉鸣（2006）和苏方林（2006）运用空间滞后和空间误差模型检验中国知识生产的溢出作用，均发现以专利衡量的知识生产存在着空间相关性；Ke（2009）使用联立方程研究中国 600 多个城市的工业集聚和劳动生产率间互为因果的内生关系；柯善咨（2009）检验了中部地区中心城市经济增长对 579 个市县的溢出作用。可是文献中尚未出现对跨国公司 R & D 和地区生产率的内生关系以及它们的区间溢出影响的系统研究。

3.1.2 地区生产率与跨国 R & D 区位选择

1．地区生产率与跨国 R & D 区位选择基本模型

设一个地区的总产出可用柯布－道格拉斯函数 $Y_t = K_t^{\lambda_1} R_t^{\lambda_2} (A_t L_t)^{1-\lambda_1-\lambda_2}$ 来描述。式中 Y_t、K_t 和 R_t 分别表示第 t 年的产出水平、资本存量和 R & D 存量，A_t 和 L_{it} 分别表示第 t 年的技术水平和劳动力，$L_t = L_0 e^{nt}$ 和 $A_t = A_0 e^{gt}$，n 和 g 是劳力和一般技术的增长速度，L_0 是初始期劳动力，A_0 指初始期一般技术。生产函数两边同除以 $A_t L_t$，并令 $y_t = Y_t/(A_t L_t)$，$k_t = K_t/(A_t L_t)$，$r_t = R_t/(A_t L_t)$，即得单位有效劳动生产函数 $y_t = k_t^{\lambda_1} r_t^{\lambda_2}$。单位劳动的一般资本存量 k_t 和 R & D 资本存量 r_t 的变化可表为

$$dk_t/dt = \dot{k}_t = s_k y_t - (n+g+\delta)\, k_t,\quad dr_t/dt = \dot{r}_t = s_r y_t - (n+g+\delta)\, r_t \tag{3.1}$$

其中 s_k 和 s_r 分别是一般资本投入和 R & D 投入占产出的份额，即 $s_k = I_K/Y$，

$s_r = I_R/Y$，设所有资本存量的折旧率为 δ。在地区经济稳态增长途径上有

$$s_k y_t = s_k k_t^{\lambda_1} r_t^{\lambda_2} = (n+g+\delta)\ k_t \tag{3.2}$$

$$s_r y_t = s_r k_t^{\lambda_1} r_t^{\lambda_2} = (n+g+\delta)\ r_t \tag{3.3}$$

从式（3.3）可求得 $r_t^{\lambda_2} = [s_r k_t^{\lambda_1}/(n+g+\delta)]^{\lambda_2/(1-\lambda_2)}$，将其代入式（3.2）可进一步求出

$$k_t = [s_k^{1-\lambda_2} s_r^{\lambda_2}/(n+g+\delta)]^{1/(1-\lambda_1-\lambda_2)} \tag{3.4}$$

同理可求出

$$r_t = [s_k^{\lambda_1} s_r^{1-\lambda_1}/(n+g+\delta)]^{1/(1-\lambda_1-\lambda_2)} \tag{3.5}$$

将式（3.4）（3.5）代入 $y_t = k_t^{\lambda_1} r_t^{\lambda_2}$ 后取对数，利用 $\ln y_t = \ln[Y_t/(A_t L_t)] = \ln[Y_t/L_t] - \ln[A_0 e^{gt}]$，即得

$$\ln[Y_t/L_t] = gt + \ln A_0 + \frac{\lambda_1}{1-\lambda_1-\lambda_2}\ln s_k + \frac{\lambda_2}{1-\lambda_1-\lambda_2}\ln s_r - \frac{\lambda_1+\lambda_2}{1-\lambda_1-\lambda_2}\ln(n+g+\delta) \tag{3.6}$$

此式可估计一般资本和研发资本以及劳力或人口增长率对人均产出的作用。本节根据投资来源把 R & D 投入分解为跨国公司在华研发投入 r_1 和国内企业研发投入 r_2，并用 I_{R1} 和 I_{R2} 表示两类 R & D 投资。由于跨国公司在华研发投入的回报是地区人均产出的一部分，在分析中假设这部分投入和产出同属地区经济总体的一部分。此外，Mankiw 等（1992）发现索罗模型由于忽略了人力资本而大大高估了资本的贡献。包含两类 R & D 和人力资本 h_t 的单位有效劳动生产函数成为 $y_t = r_{1t}^{\lambda_1} r_{2t}^{\lambda_2} h_t^{\lambda_3} k_t^{\lambda_4}$。利用该式和前述式（3.2）~（3.5）推导过程可得与式（3.6）相似的下述方程：

$$\ln\left[\frac{Y_t}{L_t}\right] = gt + \ln A_0 + \frac{\lambda_1}{\alpha}\ln s_{r1} + \frac{\lambda_2}{\alpha}\ln s_{r2} + \frac{\lambda_3}{\alpha}\ln s_h + \frac{\lambda_4}{\alpha}\ln s_k - \frac{1-\alpha}{\alpha}\ln(n+g+\delta) \tag{3.7}$$

由于劳动力是投入要素，参数 $\alpha = 1-(\lambda_1+\lambda_2+\lambda_3+\lambda_4) > 0$，即理论上 s_{r1}、s_{r2} 和 s_h 的参数为正数，$\ln(n+g+\delta)$ 的参数为负。对上式作必要扩展即可构成检验模型。值得指出的是，由于我国没有公开发表的资本存量数据，在估计生产函数或增长方程时都必须首先设法估计资本存量。而方程（3.7）中的研发投资和普通资本投资强度都可以直接使用投资与产出数据计算，该方程设定有利于计量分析。

地区生产率与跨国研发地域分布的相似性表明地区生产率可能是跨国 R & D 选址的一个重要依据。上述文献指出，其他因素也影响跨国 R & D 区位选择，其影响力取决于跨国 R & D 的目的或类型：如果跨国 R & D 是为了占领和扩大在华市场，市场规模变量（如人均产出和进口依赖）必然是显著的区位决定因素；若跨国 R & D是为了利用地区研发能力和相对低廉的研发人员成本，科研人员数占就业人数比例（*Scientists*）及其工资水平（*Salary*）应是显著的区位解释变量；假如跨国公

司将中国做为其出口平台，产品输出到国际市场或输回母国，则地区的科研人员（*Scientists*）和出口依赖度（*Export*）影响跨国 *R & D* 区位选择。以往的研究还指出跨国公司在海外的生产规模和东道国知识产权保护程度也是跨国 *R & D* 区位解释变量，区位方程中分别用前期的 *FDI*（用 FDI_{-1} 表示）和政府对知识产权的专利保护（*Patents*）代表这两个变量。包括上述区位变量的方程可用下式表示：

$$\ln s_{r1} = \ln[I_{R1}/Y] = \ln C_0 + \beta_1 \ln[Y/L] + \beta_2 \ln FDI_{-1} + \beta_3 \ln Export + \beta_4 \ln Import + \beta_5 \ln Scientists + \beta_6 \ln Salary + \beta_7 \ln Patents \tag{3.8}$$

式中 C_0 还包括地区基础设施变量，如交通（Highways，Railways）和通信（Phones）等。

2. 地区生产率与跨国 R & D 溢出作用的空间计量模型

本节使用空间滞后模型（SLM）检验 R & D 对生产率的空间溢出作用，因此，在生产率方程中同时设定两个空间滞后变量。跨国 R & D 区位方程也包含邻区跨国 R & D 溢出效应的空间滞后变量。为建立空间滞后变量，需定义空间权重矩阵 $W_{n\times n}$，矩阵下标 n 为省级单位数。矩阵元素 $w_{i,j}$ 是第 i 个和第 j 个省间的关系。将接壤的两省定义为邻区，相应矩阵元素 $w_{i,j}=1$。若第 i 个和第 j 个省不交界，则 $w_{i,j}=0$。各省不能成为自己的邻省，所以 $w_{i,i}=0$，$i=1, 2, \cdots, n$。通常，滞后变量 $\overline{X_i}=W_iX$，式中 $W_i=[w_1w_2\cdots w_n]$ 是空间矩阵的第 i 行，$X=[X_1X_2\cdots X_n]'$ 是变量向量，即 $\overline{X_i}=W_iX_t=\sum_{j=1}^{n} w_{i,j}X_{j,t}$。可是，本节的邻省人均产出 $\overline{y_i}$ 和人均跨国 R & D 投入 $\overline{s_{r_1,i}}$ 是相对测度，需将邻区有关变量加总后构建空间滞后变量，即：

$$\overline{y_i} = \frac{\overline{Y_i}}{\overline{L_i}} = \frac{\sum_{j=1}^{n} w_{i,j}Y_{j,t}}{\sum_{j=1}^{n} w_{i,j}L_{j,t}},\quad \overline{s_{r_1,i}} = \frac{\overline{I_{R_1,i}}}{\overline{Y_i}} = \frac{\sum_{j=1}^{n} w_{i,j}I_{j,t}}{\sum_{j=1}^{n} w_{i,j}Y_{j,t}}$$

式中 $L=[L_1L_2\cdots L_n]$ 是各省就业向量，$I_{R_1}=[I_{R_1,1}I_{R_1,2}\cdots I_{R_1,n}]$ 是各省跨国 R & D投资向量。在方程（3.7）和（3.8）中设定空间滞后变量，标明取值时期 t，并允许随机误差在面板数据模型中存在截面同期相关和时间序列相关，即 $S_i+T_t+\varepsilon_{it}$ 和 $S_i+T_t+\xi_{it}$，其中 ε_{it} 和 ξ_{it} 是期望值为零的独立同分布随机变量，（3.7）和（3.8）成为下列方程组：

$$\begin{cases} \ln y_{it} = \ln(Y_{it}/L_{it}) = gt + \ln A_{0,t} + \alpha_1 \ln s_{r_1,it} + \alpha_2 \ln s_{r_2,it} + \alpha_3 \ln s_{h,it} + \alpha_4 \ln s_{k,it} - \\ \quad \alpha_5 \ln(n_{it}+g+\delta) + \rho_1 \ln \overline{y_{it}} + \rho_2 \ln \overline{s_{r_1,it}} + S_i + T_t + \varepsilon_{it} & (3.9) \\ \ln s_{r_1,it} = \ln(I_{r_1,it}/Y_{it}) = \ln C + \beta_1 \ln y_{it} + \beta_2 \ln FDI_{i,t-1} + \beta_3 \ln Export_{it} + \beta_4 \ln Import_{it} + \\ \quad \beta_5 \ln Scientists_{it} + \beta_6 \ln Salary_{it} + \beta_7 \ln Patents_{it} + \beta_8 \ln Highway_{it} + \\ \quad \beta_9 \ln Railway_{it} + \beta_{10} \ln(Phone_{it}) + \gamma_1 \ln \overline{s_{r_1,it}} + S_i + T_t + \xi_{it} & (3.10) \end{cases}$$

方程（3.9）的 $s_{r_1,it}$、$\overline{y_{it}}$和$\overline{s_{r_1,it}}$，（3.10）的 y_{it}和$\overline{s_{r_1,it}}$是内生变量，在选择计量估计方法时须特别注意。

如果跨国研发机构依据经济利益原则选择区位，其区位决定因素必然有利于研发效率，而研发效率也必然反映在地区生产率中。同时，根据已有的技术吸收能力研究（如何洁，2000；赖明勇等，2005），生产率在多大程度上受益于跨国研发投资归根结底有赖于当地的吸收能力或互补条件。所以，跨国研发区位决定因素与地区技术吸收能力或互补条件应趋于一致。如果以 x 表示互补条件，包括跨国研发与互补因素共同作用（$\alpha_x x\ln s_{r_1,t}$）的生产率方程为：

$$\ln y_t = \ln(Y_t/L_t) = gt + \ln A_{0,t} + \alpha_1 \ln s_{r_1,t} + \alpha_x x \ln s_{r_1,t} + \alpha_2 \ln s_{r_2,t} + \alpha_3 \ln s_{h,t} + \alpha_4 \ln s_{k,t} - \alpha_5 \ln(n_t + g + \delta) + \rho_1 \ln \overline{y_t} + \rho_2 \ln \overline{s_{r_1,t}} + \varepsilon_t \quad (3.11)$$

显然，只有当 $\alpha_1 + \alpha_x x > 0$ 时，跨国研发才对生产率有积极作用。本节将在估计式（3.9）和式（3.10）的基础上利用式（3.11）进一步研究跨国研发与地区因素对生产率的共同作用。

3.1.3　指标选取与数据说明

国内学者在生产率和技术溢出研究中多使用各行业或各省的截面或面板数据。郑秀君（2006）对1994—2005年发表在较有影响的国内学术期刊上的五十余篇论文进行了全面的回顾、分类和比较，发现大多数的研究结果是基于未加说明的数据、过小的样本、未通过统计检验的估计、或自相矛盾甚至误导的解释。本节为增强统计检验的可靠性，根据跨国研发投资数据的可得性最大限度地选取了1998—2006年30个省级单位（西藏因数据缺失而未包括）为样本，共计270组数据。所有数据来自《中国统计年鉴》、《中国科技统计年鉴》和《新中国55年统计汇编》。其中，投入和产出数据都以1998年为基期作了平减。根据模型中变量的含义和统计数据，以下是各变量名称和数据说明。

y_t（$=Y_t/L_t$）是有效劳动人均GDP，其中 Y 是GDP，L 是就业量。$s_{r_1,t}$（$=I_{R_1,t}/Y_t$）和 $s_{r2,t}$（$=I_{R_2,t}/Y_t$）分别是跨国公司和国内企业在各省科技活动中固定资产构建费支出与各省GDP之比。$s_{k,t}$（$=I_{K,t}/Y_t$）是扣除科技固定资产构建费后全社会固定资产投资占GDP的比重。s_h 是人力资本，由各省15岁及以上年龄组中具有高中及以上教育程度的人口占同龄人口比重表示。n 是人口增长率。FDI_{-1}是以人民币计算的滞后一年的外商直接投资。*Export* 和 *Import* 分别是出口和进口占GDP的百分比。这两个变量在本节中探测跨国研发来华的目的。*Scientists* 是科学家和工程师数

占地区就业比重。*Salary* 是科技活动人员平均工资，用科技活动劳务费除以从事科技活动人员数衡量。值得注意的是工资水平与生产率具有正相关性，而二者对厂商的区位选择却有相反的作用，因此，下节的计量模型使用名义工资与劳动生产率之比表示使用科技人员的相对成本。*Patents* 是地区申报专利数。*Highways* 和 *Railways* 分别是公路密度和铁路密度（km/km^2）。*Phone* 是每百人电话数。为确保基础设施变量在统计检验中是经济发展的原因而非结果，本节使用 1998 年的路网密度和电话普及率。空间滞后变量$\overline{y_t}$和$\overline{s_{r1,t}}$的构建如上所述，在方程中用变量 *Lag_y* 和 Lag_s_{r1} 表示。表 3.1 列出 2006 年主要变量原始数据的描述统计量。

表 3.1　2006 年我国省级单位主要经济数据的描述统计量

变量	均值	标准差	极小值	极大值
y（万元/职工）	3.44	2.30	0.94	10.94
s_{r1}（元/每万元 GDP）	7.99	9.88	0.04	41.02
s_{r2}（元/每万元 GDP）	40.35	19.92	18.76	101.68
s_k（元/每百元 GDP）	45.45	9.00	27.70	64.33
s_h（人/每一百个同龄人）	23.96	9.68	11.50	56.19
n（增长率，千分数）	5.29	2.74	1.10	10.76
FDI_{-1}（万元）	203.63	260.28	1.41	930.88
Export（元/每 100 元 *GDP*）	20.87	24.72	4.48	92.93
Import（元/每 100 元 *GDP*）	18.18	22.42	2.41	86.71
Scientists（人/每万职工）	50.93	60.16	10.05	301.75
Salary（万元）	24347	8949	16753	48436
Patents（千项）	14837	20539	325	90886
Highways（1998 年，公里/100 公里^2）	28.37	16.85	1.97	74.36
Railways（1998 年，公里/100 公里^2）	1.34	1.17	0.08	4.66
Phone（1998 年，部/100 人）	29.75	12.11	13	63
Lag_y（万元/职工）	2.94	1.00	1.13	4.98
Lag_s_{r1}（元/每 1000 元 *GDP*）	25.48	19.86	0.39	75.57

数据来源：2007 年《中国统计年鉴》、《中国科技统计年鉴》和《新中国 55 年统计汇编》。

全国各省平均劳动生产率为 3.44 万元，最高值 10.94 万元（上海）是最低值 0.94 万元（贵州）的 10 倍多。跨国研发投资（s_{r1}）不及国内企业研发（s_{r2}）的五分之一，以变异系数（标准差 ÷ 均值）衡量的地区集中程度远甚于国内企业研发投

资。科学家和工程师数平均占就业的0.5%，但最高地区（北京）是最低省份的30倍。进、出口占*GDP*比重平均为20.87%和18.18%。

图3.1显示产出与研发投入的时间趋势：左图表明*GDP*和国内研发投入同步增长，但是跨国研发投入在2004年后增长缓慢；右图显示国内研发投入占*GDP*比重与生产率也基本同步，但跨国*R & D*投资相对于*GDP*的比例在2004年后趋向停滞。

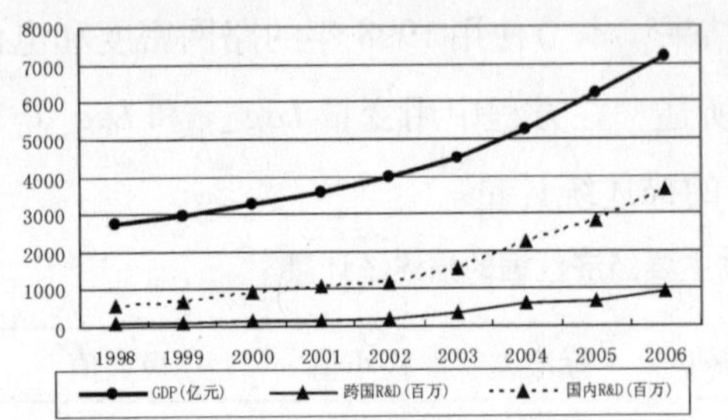

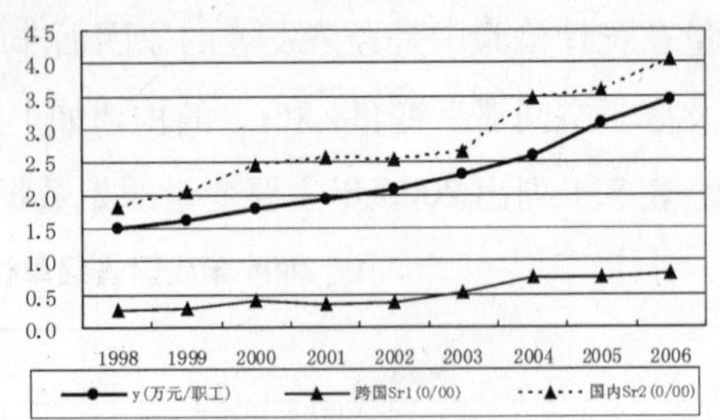

图3.1　1998—2006年中国省级平均总产出与研发投入强度

数据来源：根据1999—2007年《中国统计年鉴》和《中国科技统计年鉴》数据整理而得。

图3.2表示2006年数据的截面特征：左图显示各省研发投资与*GDP*总量明显相关；右图却表明各省生产率与跨国*R & D*投资强度比较吻合，但是中西部地区一些省份（如山西①、安徽、重庆、四川、陕西和宁夏等）的生产率却与国内*R & D*投资强度不符，因此有必要同时检验中西部国内企业*R & D*投入的效益是否与在东部的相同。

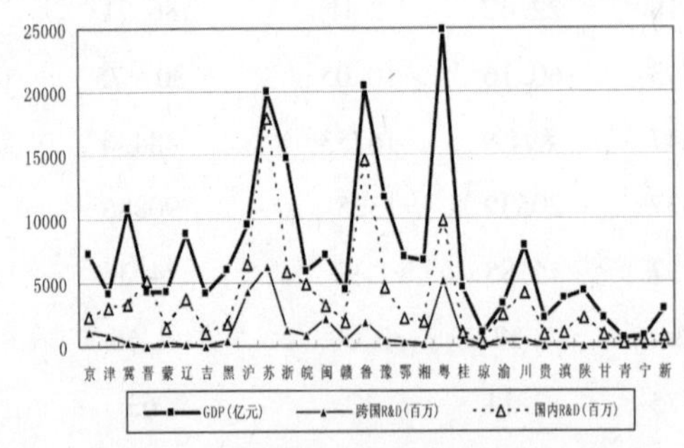

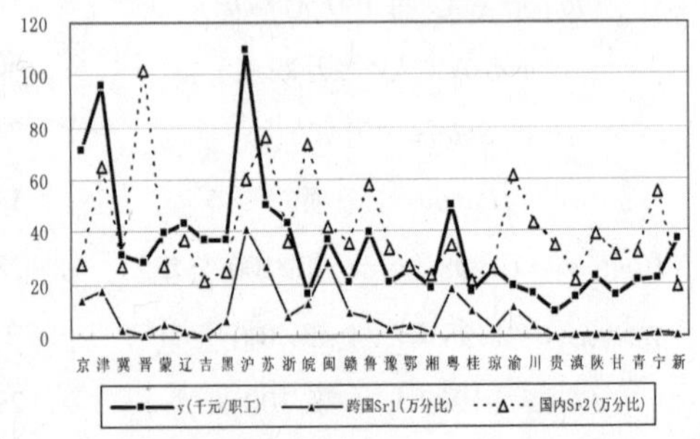

图3.2　2006年中国各省总产出、生产率与研发投入强度

数据来源：根据2007年《中国统计年鉴》和《中国科技统计年鉴》数据整理而得。

---

①《中国科技统计年鉴》和《山西统计年鉴》数据都显示山西省的国内企业研发投资在最近两年增长速度异常。在无法从其他来源获得不同统计数据以证实上述年鉴数据有误的情况下，本节沿用《中国科技统计年鉴》数据。

3.1.4 地区生产率和跨国 *R & D* 的相互影响与地区间溢出

目前，各种统计软件都不具备一次性估计含有空间滞后变量的面板数据联立方程的功能，在相关文献中也未见先例。本节分两阶段用 *SAS* 编程进行分析。

首先，必须对联立方程的内生变量、尤其是空间滞后变量进行处理。易于证实方程（3.9）中的 $s_{r_1,t}$ 和随机项 ε_t 互不独立，（3.10）的 y_t 也和随机项 ξ_t 相关，无法使用普通最小二乘法得到无偏或一致性估计。本节更加关注的是空间滞后变量对参数估计的影响。如，第 i 省各邻省总产出 $W_iY_t = \sum_{j=1}^{n} w_{i,j}Y_{j,t}$ 中必有不为零的项，设其中一项为 $y_{k,t}$，将方程的第 k 个记录代入，因为第 k 和第 i 两省互邻，反过来第 k 省的邻省中必然包含第 i 省，即 $\overline{y_{k,t}} = W_kY_t/W_kL_t$ 中必然有 $w_{k,i}Y_{i,t} = w_{k,i}L_{i,t}y_{i,t}$，使得 $E(y_{k,t}\varepsilon_{i,t}) \neq 0$。直观地讲，本地的邻区的邻区必然包括本地区。Rey & Boarnet（2004）对联立方程的空间滞后变量的工具变量（IV）构建进行了较深入的蒙特卡罗试验和比较，结果显示先建立空间滞后变量再构建该变量 IV 可得到偏差和 RMSE 都较小的估计值。简言之，假如原空间滞后变量向量是 WY，其 IV 为 $\hat{WY} = X(X'X)^{-1}X'WY = X\hat{\beta}_W$，式中 W 是空间权重矩阵，Y 是因变量数据向量，X 是包括所有外生变量的数据矩阵，“∧”表示回归值。本节用这一方法构建两个空间滞后变量 $\bar{y} = WY_t/WL_t$ 和 $\overline{s_{r1}} = WI_{r_1,t}/WY_{r_1,t}$ 的工具变量。

第二阶段是使用 IV 变量检验面板数据的固定效应和随机效应，设定统计模型。模型设定决定着参数估计的偏差程度、一致性以及有效性。本节顺序使用 F－统计量和 m－统计量分别检验模型不具有固定效应和具有随机效应（Hausman 设定检验）的两个零假设。首先，固定效应方程估计显示两方程不具有固定效应假设的 F－统计量都远大于任何可接受的临界值，大于估计值的概率 $Pr<0.0001$。所以，方程中必有省份和年份固定效应。其次，随机效应方程估计表明方程（3.12）的 m－统计量远大于可接受临界值，Hausman 检验拒绝了随机效应原假设，两方程都不宜采用随机效应设置。因此，以下的估计结果和讨论基于固定效应模型。

表 3.2 报告方程（3.9）和（3.10）的估计。式（3.9）中的外生技术变化率 g 和资本折旧率 δ 为常数，在计量估计中被常数项吸收，各省各年的 37 个固定效应系数未在表中列出。方程中内生变量已由上述 *IV* 替换。生产率方程中 $s_{r2} \times Central$ 和 $s_{r2} \times Western$ 分别是国内企业研发投资强度与中部和西部地区虚拟变量的交叉项，用以检验国内企业研发的地区间差别。铁路和公路密度在方程预估计中高度相关，本节使用主成分分析法提取出一个含有两变量 80% 以上贡献的因子（*Accessibility*），代入式（3.10）。

表 3.2 跨国研发投入与中国省域经济增长的固定效应空间计量估计

省级劳动生产率方程（因变量 y）$N=270$，$R^2=0.9403$				跨国研发投入区位方程（因变量 s_{r1}）$N=270$，$R^2=0.9506$			
变量	参数估计	标准误差	t 统计量	变量	参数估计	标准误差	t 统计量
Intercept	1.2790 *	0.7403	1.73	*Intercept*	1.4522 **	0.3999	3.63
s_{r1}	0.2692 **	0.0936	2.88	y	0.1092 *	0.0577	1.89
s_{r2}	0.2565 **	0.0570	4.50	*FDI_1*	−0.0004	0.0012	−0.27
$s_{r2}\times Central$	−0.2250 **	0.0708	−3.18	*Export*	0.0122 **	0.0031	3.98
$s_{r2}\times Western$	−0.2516 **	0.0698	−3.60	*Import*	−0.0008	0.0036	−0.21
s_k	−0.0071	0.0056	−1.26	*Scientists*	0.1194 **	0.0598	2.00
s_h	0.0271 **	0.0135	2.01	*Salary*	−0.0161	0.0708	−0.23
n	−0.0321	0.0304	−1.05	*Patents*	−0.0001 *	7.14*E*−5	−1.86
Lag_y	0.2023	0.1749	1.16	*Accessibility*	0.0862 **	0.0269	3.20
Lag_s_{r1}	0.6438 *	0.3498	1.84	*Phones*	−0.0822 **	0.0327	−2.52
				Lag_s_{r1}	0.1673 *	0.0964	1.74

注：** 和 * 分别表示通过了 5% 和 10% 水平的显著性检验。

数据来源：根据 1999—2007 各年《中国统计年鉴》和《中国科技统计年鉴》数据整理而得。

生产率方程中跨国研发 s_{r1} 的参数估计与理论预期一致，研发强度高的省市生产率较高。同时，Lag_s_{r1} 的参数估计为正。s_{r1} 和 Lag_s_{r1} 两个参数估计共同表明地区生产率不仅因本地区跨国 R & D 投资而获提升，而且受邻省跨国研发技术扩散的促进作用。国内企业研发投入强度 s_{r2} 以及与中、西部的相互作用变量 $s_{r2}\times Central$ 和 $s_{r2}\times Western$ 都有显著的参数估计，但是第一个估计值为正，后两个为负，清楚地表明国内企业研发对东部地区生产率产生了重要贡献，但是国内企业研发投入未在中西部产生同等作用。本节估计结果与李小平等（2006）的关于国内R & D 阻碍生产率增长的结论形成了明显的对比，可以判断研究结果的差异一部分来源于是否区别了国内 R & D 在不同地区的效益。方程中普通固定资产投入强度（s_k）的参数估计为负值，但不甚显著。方程中各地区教育水平（s_h）和人口增长率（n）的参数估计与理论预期一致，可是后者未通过显著性检验。

跨国研发区位方程中生产率 y 的正参数估计表明生产率高的地区可能吸引更多的跨国 R & D 投资。结合生产率方程中 s_{r1} 的参数估计可知，跨国研发投资与地区生产率互为因果、互相强化，这种过程一旦启动，最终的结局必然是跨国研发的高度集聚和地区生产率差距的扩大。本节开篇中列举的跨国 R & D 机构和投资在地理分

布上的高度集中正是迄今为止这种循环积累机制作用的结果。其次，Lag_s_{r1}的参数估计同样为正，也通过了10%的检验，意味着跨国研发投入在邻近省市有正溢出效应，使得其他跨国研发机构乐于在附近落户。这种邻区技术溢出作用使得跨国研发区位分布具有连续性和黏滞性。相反，邻近地区缺少跨国研发的经济欠发达省份在吸引跨国研发投资上则雪上加霜。这种研发集聚现象与工业集聚极为相似（Ke，2009）。此外，以下几个变量检验跨国公司R & D投资目的。*FDI*_1、*Export* 和 *Import* 的三个参数估计中只有出口依赖度 *Export* 有很显著的正参数估计。① 这说明跨国R & D集中在出口经济占主导的地区、来华的跨国R & D中有相当大一部分为全球市场服务，而中国是其重要出口平台。*Scientists* 的参数估计表明跨国R & D也为利用中国的科研人力资源而来，这也和跨国公司利用中国的技术能力和比较优势在全球范围内进行研发布局的假设一致。科研人员工资 *Salary* 的估计不显著。由此看来，来华的跨国R & D机构需要充裕的研究人员，几千甚至上万元人民币的地区工资差别难以影响跨国R & D的区位决定。专利申请量的参数估计与预期不符，但是却与Kumar（2001）的结果相同——即缺乏对专利的严格保护并未影响具有其他良好条件的地区对跨国R & D的吸引。铁路公路密度 *Accessibility* 和电话普及率 *Phones* 估计表明基础设施对跨国R & D区位有显著的影响。但是两变量也存在线性相关，以显著性水平衡量，交通条件对跨国R & D区位的影响大于电话普及率的影响，交通基础设施优越的地区易于吸引跨国R & D。

前述跨国研发区位文献和表3.2的经验估计都指出来华的跨国研发机构视中国各地区的科技人员和经济外向程度为关键因素，这两因素制约着跨国研发活动的效益。现利用 *Scientists* 和 *Export* 构建与跨国研发和国内研发的交叉项 $s_{r1}\times Scientists$、$s_{r1}\times Export$、$s_{r2}\times Scientists$、$s_{r2}\times Export$，代入式（3.11）。最后，为了检验跨国研发和国内研发二者的关系究竟是互补（溢出效应）还是竞争（挤出效应）（张海洋，2005），方程中增加了两类研发的交互作用项 $s_{r1}\times s_{r2}$。扩展方程的估计结果列于表3.3。

扩展方程中跨国研发 s_{r1} 的参数估计由正变负，但不甚显著，而 $s_{r1}\times Export$ 和 $s_{r1}\times Scientists$ 的两个正参数可以通过严格的统计检验（但参数估计值的大小因量纲和单位不同不具有可比性）。这些统计证据告诉我们，一个地区必须有足够的科技人员和足够大的出口经济成分才能使跨国研发起到提升生产率的效用，否则，跨国研发的溢出效应几可忽略。同样，$s_{r2}\times Scientists$ 的参数估计表明科技人员对国内研发效益同样有类似的互补作用。但 $s_{r2}\times Export$ 的显著负参数却意味着在出口比例大的地

①若在方程中单独使用每一变量，可得三个正参数估计，但是Export的估计最为显著。相关系数表明三变量高度相关，若只用一个变量，该变量同时成为其他变量的替代变量。所以，本节在方程中保留用以检验不同目的的三个变量。

区，国内企业研发投资的效率反而较低。由此可见，随着地区出口产业比重的增长，跨国研发在地区技术创新和对生产率的贡献上逐渐取代了国内企业研发，似乎支持挤出效应理论。方程估计还显示两类研发交互作用 $s_{r1} \times s_{r2}$ 也有显著的负参数，如果其他条件相似，其中一类研发（如跨国研发）投入越多的地区，另一类（如国内研发）投入的效率越低。综上所述，两类研发活动在同一地区直接竞争，反映了跨国研发在争夺资源和控制技术方面对国内研发活动具有的挤出效应。其他参数估计与表 3.2 相似。但是，新方程显示地区生产率还受到投资强度 s_k 和邻省生产率溢出 *Lag_y* 的促进作用。跨国研发和地区互补因素的估计结果还意味着若要使某一地区的生产率受益于跨国研发，其科技人员和出口型经济需要满足一定的联合门槛。我国一些欠发达地区可能因缺少技术吸收能力或缺少与国际市场的联系而无法得益于跨国公司的研发活动。

表 3.3　含门槛变量的中国省域经济增长的固定效应空间计量估计

因变量：劳动生产率（y），$N=270$，$R^2=0.9600$				
变量	参数估计	标准误差	t 统计量	$Pr(>\|t\|)$
Intercept	0.30028	0.6198	0.48	0.6285
s_{r1}	−0.13558	0.1163	−1.17	0.1220
$s_{r1} \times Scientists$	0.09472**	0.0294	3.22	0.0015
$s_{r1} \times Export$	0.00824**	0.0012	6.68	<0.0001
$s_{r1} \times S_{r2}$	−0.05225**	0.0202	−2.59	0.0101
s_{r2}	0.11329	0.0847	1.34	0.1826
$s_{r2} \times Scientists$	0.33776**	0.0657	5.14	<0.0001
$s_{r2} \times Export$	−0.00608**	0.0020	−3.01	0.0029
$s_{r2} \times Central$	−0.09711	0.0725	−1.34	0.1820
$s_{r2} \times Western$	−0.13983*	0.0776	−1.80	0.0728
s_k	0.01095**	0.0050	2.19	0.0298
s_h	0.00256	0.0114	0.22	0.8226
n	0.02378	0.0270	0.88	0.3802
Lag_y	0.61029**	0.1497	4.08	<0.0001
Lag_s_{r1}	1.00591**	0.3263	3.08	0.0023

注：** 和 * 分别表示通过了 5% 和 10% 水平的显著性检验。

数据来源：根据 1999—2007 年各年《中国统计年鉴》和《中国科技统计年鉴》数据整理而得。

跨国研发投入对各地区生产率究竟有多大贡献呢？利用跨国研发参数估计和各省每年跨国研发投资密度作粗略估算，可得9年间各省生产率中源自跨国研发投资的收益（表3.4）。跨国研发对我国各省生产率的平均贡献从1998年的0.073万元/人提高到2006年的0.215万元/人，约增长2倍。在9年期间，东部地区平均每就业人员每年的产出中0.293万元来自跨国研发投入，中部地区则获得了0.089万元/人年，而东北和西部地区的劳动生产率中来自跨国研发的贡献仅有0.033和0.038万元/人年。省际差异则更加悬殊，从上海的1.093万元/人年到西部一些省区近乎于零。因东部各省间研发溢出作用大于其他地区内省际溢出作用，东部与中西部的差距事实上可能更甚于上述估计。表3.4还列出了国内企业研发投资对地区生产率的贡献。国内研发对生产率的贡献在东部、东北、中部和西部分别为0.848万元/人年、0.499万元/人年、0.095万元/人年和0.077万元/人年，大于跨国研发的贡献。可是，前者投资额约为后者的五倍（见表3.1均值），国内企业研发的效率低于跨国研发。同时，国内研发的贡献也表现出巨大的地区差异。由此可见，我国东部地区与其他地区在这一期间扩大的经济差距在一定程度上是由于研发投入量和投入效率的双重差异所致，影响投入效率的因素中，科技人员比重以及出口型经济的地区间差异起着至关重要的作用。

表3.4　跨国研发与国内企业研发对劳动生产率的平均贡献（万元/人年）

年份	跨国 R&D	国内 R&D	省区	跨国 R&D	国内 R&D	省区	跨国 R&D	国内 R&D	省区	跨国 R&D	国内 R&D
各省平均			东部地区	0.293	0.848	东北地区	0.033	0.499	西部地区	0.038	0.077
1998	0.073	0.263	上海	1.093	1.553	辽宁	0.044	0.693	重庆	0.084	0.116
1999	0.079	0.280	广东	0.412	0.985	黑龙江	0.035	0.382	宁夏	0.078	0.107
2000	0.108	0.348	福建	0.383	0.648	吉林	0.020	0.423	青海	0.074	0.083
2001	0.094	0.347	北京	0.310	0.626				广西	0.063	0.054
2002	0.100	0.349	江苏	0.292	1.230	中部地区	0.089	0.095	内蒙古	0.061	0.042
2003	0.140	0.391	天津	0.228	1.068	安徽	0.179	0.147	四川	0.034	0.106
2004	0.202	0.455	浙江	0.112	0.588	湖北	0.126	0.081	陕西	0.010	0.121
2005	0.199	0.457	山东	0.080	1.165	江西	0.100	0.065	云南	0.009	0.038
2006	0.215	0.528	河北	0.035	0.421	河南	0.051	0.062	甘肃	0.004	0.069
			海南	0.032	0.197	山西	0.047	0.159	新疆	0.004	0.036
						湖南	0.033	0.058	贵州	0.003	0.072

数据来源：根据1999—2007年各年《中国统计年鉴》和《中国科技统计年鉴》数据整理而得。

3.2 出口贸易与国际研发溢出

在经济全球化不断深入的背景下，企业国际化已经成为当代中国企业成长和经济增长的重要引擎。因此，企业国际化也成为当前理论探讨和实证研究的热点问题。从广义上说，国际化是一个双向过程，包括外向国际化和内向国际化两个方面（鲁桐，2000）。外向国际化的形式主要指直接或间接出口、技术转让、国外各种合同安排、国外合资合营、海外子公司和分公司；内向国际化活动主要包括进口、购买技术专利、三来一补、国内合资合营、成为外国公司的子公司或分公司。改革开放以来我国企业国际化进程取得了长足发展，最直接的表现是进出口贸易额超高速增长，改革开放30年间，贸易总额翻了近90倍，在世界贸易大国排名中稳居世界第三。即使在金融危机席卷全球的2008年，我国进出口总额仍保持17.9%的增长率，达到2.56万亿美元，其中出口贸易占1.429万亿美元，比2007年同期增长17.2%。出口贸易是企业外向国际化最基本的形式，也是目前我国企业实施国际化战略最普遍的方式。出口贸易由于有效市场规模的扩大带来了规模经济效应，无疑加快了企业资本积累的速度，提高了专业化水平和优势资源的效益。除此之外，出口贸易有助于企业技术效率的提高，为出口企业的进一步国际化提供了有利条件。根据世界银行1997年的报告，发展中国家的企业在全球性出口市场当中活动时，将会接触到发达国家最先进的生产制造、科研开发以及管理方式，直接或间接地促进了发展中国家企业生产率的提高。一般来看，出口促进技术进步主要通过三种途径。首先，与国外竞争对手和消费者之间的互动可以为出口企业提供有关降低产品成本、提高产品质量以及改进技术的信息。Rhee等（1984）肯定了出口在技术扩散中的重要作用，认为出口厂商可以通过学习效应和商业联系获得技术外溢，并降低其他厂商参与出口的成本。其次，厂商可以在产品出口过程中得到国外产品购买者的技术支持，从而获得技术水平的提升（Grossman，1991）。Evenson & Westphal（1995）指出产品购买者为出口厂商提供了大量产品信息，甚至共享国外的产品设计和技术支持，而这些外溢效应很可能促进出口厂商的技术进步。最后，国外市场激烈的竞争也会促使企业提高效率，推动产品技术创新。Holmes & Schmitz（2001）通过模型证明，由于提高了创新回报，企业进入出口市场可以加强创新激励。据此，一些学者提出“出口中学”（learning by exporting）的概念，认为厂商通过出口过程中的学习、吸收过程，接收国外研发的技术外溢，厂商在进入出口市场后，竞争加剧、知识积累、

技术转移等因素都有助于企业生产率的进一步提升（柴忠东、施慧家，2008）。本节旨在检验中国企业通过出口贸易参与国际化的进程是否显著促进了其技术水平的提高，即“出口中学”效应是否成立，以进一步深化对企业出口和技术进步之间内在联系的理解，并为深化中国企业国际化进程提供相应的政策建议。

3.2.1 研究进展

众多学者对出口贸易对技术的促进效应进行考察，但实证结果远比理论结论复杂。Feder（1982）通过构造一个两部门模型，将整个经济划分为出口部门和非出口部门，以研究出口贸易影响经济增长的作用渠道。对 19 个国家和地区以及 31 个国家和地区 1964—1973 年的两组样本进行的实证分析表明，出口贸易通过要素生产率差别效应和外部经济效应两条渠道影响经济增长，使得国内资源从相对低效率的非出口部门向高效率的出口部门流动，促使资源配置优化，推动经济增长。Clerides 等（1998）建立包含市场进入沉没成本的理论模型考察企业对出口的动态分离选择行为，并使用哥伦比亚、墨西哥和摩洛哥的数据研究了“出口中学”效应，实证结果发现出口行为并没有显著导致企业成本的下降，出口的学习效应并不存在。Bernard & Jensen（1999）将美国企业按出口行为分为 4 组，分别考察其生产率变化情况，检验结果发现出口组企业的生产率增长仅比非出口组企业高 0.8%，出口行为对生产率的贡献并没有理论预期的那么明显；他们进一步的分析指出，由于生产率较低的非出口厂商较出口企业更容易被市场所淘汰，这很可能造成对“出口中学”效应的低估。另外，Levin & Raut（1999）通过构建新古典经济增长模型分析了出口贸易对经济增长的影响，考察了人力资本在其中所起的作用，以 1965—1984 年 30 个半工业化发展中国家和地区为样本发现，贸易政策与以教育开支代替的人力资本水平之间有高度互补性，从而为出口贸易通过增加规模报酬和与其他部门生产率差异促进经济增长提供了证据。Driemeier & Iarossi（2002）对五个东南亚国家进行实证考察发现，最终成为出口厂商的企业在生产率提高方面投入更多，其产品质量也比其他企业要更好。由于他们的分析没有直接考察出口行为对企业的影响，其结果并不能有效地证实“出口中学”效应的存在，至多只能说明出口学习效应的间接影响（Keller，2004）。

国内对出口贸易的外溢效应大多借鉴以上方法，杨全发（1998）利用 Feder 的两部门模型，对我国 29 个省市 1985—1994 年数据进行了实证研究，发现部门间要素生产率差别和外部经济效应并不显著，从而认为我国各地区的出口扩大不是通过刺激技术进步来促进经济增长的。包群、许和连、赖明勇（2003）运用 Levin & Raut 的模型和方法，对中国 29 个省市 1990—2000 年的数据进行了实证分析，结果

发现，出口部门确实对非出口部门有技术外溢效应，从而间接促进了经济增长。

国内部分学者的经验研究证实了出口贸易对我国技术进步的推动作用，但这些研究主要是分析出口贸易与GDP之间的关系，没有解释出口贸易促进经济增长的内在机制。相比以往文献，本节借鉴Coe & Helpman（1995，1997）国际技术溢出模型的思路，同时引入Falvey等（2004）（下文简称FFG）的出口研发溢出因子构建法，利用中国省际面板数据，对中国通过出口贸易所接收的国际技术外溢效应进行实证检验，以考察中国出口贸易是否通过“出口中学”效应显著促进了其全要素生产率的提高，并进一步考察该效应的主要影响因素，以此为企业深化其国际化战略提供参考依据。

3.2.2　“出口中学”效应与研发溢出对技术进步的作用机制与数据说明

假定产出（Y）取决于劳动力（L）、物质资本（K）以及全要素生产率（A），且满足C－D生产函数形式：

$$Y = AK^{\alpha}L^{\beta} \tag{3.12}$$

在开放经济系统中，全要素生产率A不仅依赖于国内研发投入（S^d），而且还取决于通过出口贸易所获得的国外研发投入的溢出作用（S^f），这种溢出作用表现为国内全要素生产率（A）的提高。假设$A=(S^d)^{\delta}(S^f)^{\theta}$，出口贸易“出口中学”效应模型设定为：

$$\ln A_i = a_1 + a_2 \ln S_i^d + a_3 \ln S_i^f \tag{3.13}$$

如何测度通过出口贸易外溢到国内的国外研发投入（S^f）是（3.13）式的关键，本节参照FFG的出口研发指标构建法。其基本思想是一国经济系统对外贸易量在整个经济活动中的份额越高，其获得的附着于出口贸易的国外技术溢出相应地将越多，贸易伙伴的技术研发活动也将更有效地促进本国全要素生产率的提高。在本节中为进一步细化使用各省数据进行测度，需要计算出各省通过出口贸易所接收到的国外技术研发投入量。根据FFG的方法，以出口比例为权重构造出口研发外溢因子，通过出口贸易获得的国外研发投入溢出可以表示为：

$$S^f = \sum_{j \neq i} \frac{X_{ij}}{X_i} \cdot S_j^d \tag{3.14}$$

其中，X_{ij}表示i省出口到j国的出口产品总额，X_i是i省出口到所有国家的总额，S_j^d表示j国国内的研发投入量。再以各省出口占全国出口的比重得到外溢到各省的国外研发投入量（S_j^f）：

$$S_i^{\ f} = \frac{X_i}{\sum X_i} \sum_{j \neq i} \frac{X_{ij}}{X_i} \cdot S_j^{\ d} \tag{3.15}$$

其中，$\sum X_i$表示同期全国出口总额。

此外，研发溢出效应还取决于国内的技术吸收能力。为了比较我国技术吸收能力对技术溢出效果的影响，本节进一步考察以人力资本度量的技术吸收能力的技术溢出效应，即在（3.13）式中加入人力资本交互项，得到以下计量模型：

$$\ln A_i = b_1 + b_2 \ln S_i^d + b_3 \ln S_i^f + b_4 H + b_5 H \cdot \ln S_i^f \quad (3.16)$$

本节选取1998—2006年我国28个内陆省份、自治区和直辖市（重庆市和四川省合并为一个地区，不包括西藏、青海）的省际面板数据进行实际测算，原始数据来自历年《中国统计年鉴》、各省市统计年鉴和《新中国55年统计资料汇编》，部分数据取自中经专网及科技部网站。由于OECD国家的R & D支出占全球R & D支出的大部分份额，而OECD国家的R & D活动又相对集中在G7国家，且多年来来自G7国家的进口在中国的出口总量中一直保持较高的比例。基于以上考虑，国外R & D存量数据主要使用G7国家的历年R & D数据作为代替，原始数据来自于OECD及NSF网站。以下详细说明各个变量的选取和计算方法：

（1）产出Y。采用国内生产总值（GDP），并用历年各省市的商品零售价格指数进行平减，全部折算成1998年不变价格计算的实际GDP（亿元）。

（2）劳动力L。以各地区年底从业人员数（万人）衡量，数据来源与GDP数据相同。

（3）资本存量K。由于没有现成的固定资产投资和流动资金年末价值数据可供利用，此处采用经验的折旧率和永续盘存法计算固定资产净值：

$$K_t = (1-\delta) K_{t-1} + I_t \quad (3.17)$$

根据张军等（2004）的方法，I_t采用各省市每年的固定资本形成额表示，δ为折旧率，并遵循已有文献将折旧率设定为9.6%。在确定基年固定资产存量时，用基年的固定资本形成额除以10%。相关数据主要来源于中经专网的整理。

（4）全要素生产率$A = Y/K^{\alpha}L^{\beta}$，其中$\alpha$、$\beta$分别代表的资本和劳动产出弹性。通过假设规模报酬不变，以各省市GDP、劳动力和资本存量数据估计得到：

$$\ln A_i = \ln Y_i - \alpha \ln K_i - \beta \ln L_i \quad (3.18)$$

（5）人力资本H。人力资本的度量方法主要有教育经费法、人均受教育年限法和中等教育入学率法等。相比较而言，人均受教育年限法较为可靠，故采用这一方法来度量我国的人力资本存量。

（6）国内R & D存量S^d。计算方法类似于资本存量，1998年的R & D存量使用Griliches（1994）的方法：

$$S_{1998}^d = \frac{\text{R \& D}_{1998}}{g+\delta} \quad (3.19)$$

其中，g 为1998—2006 年每年各地区 $R \& D$ 支出对数形式增长率，即：

$$g = \frac{\ln\ (R \& D_{2006}/R \& D_{1998})}{2006 - 1998} \tag{3.20}$$

δ 为 $R \& D$ 的折旧率，设为5%。1998—2006 年各地区 $R \& D$ 支出原始数据见科技部网站统计。

3.2.3 国外研发通过出口贸易影响我国出口企业技术进步

本节利用中国省际面板数据检验国外研发是否通过出口贸易对我国出口企业技术进步产生积极影响。首先利用逐步回归对方程（3.16）进行计量检验，结果归纳为表3.5。

表3.5 “出口中学”效应检验（全国样本）

$\ln A_i$	1.1	1.2	1.3
Intercept	-1.013 88	-2.752 35	-3.579 11
	(-17.62)	(-26.70)	(-11.28)
$ln\mathrm{S}_{\mathrm{i}}^{\mathrm{d}}$	0.045 42	-0.03158	-0.03040
	(2.26)	(-2.42)	(-2.37)
$ln\mathrm{S}_{\mathrm{i}}^{\mathrm{f}}$	0.167 31	0.151 18	0.331 78
	(9.03)	(13.27)	(4.98)
H		0.260 56	0.368 44
		(17.95)	(8.83)
$Hln\mathrm{S}_{\mathrm{i}}^{\mathrm{f}}$			-0.023 31
			(-2.75)
Adj. R^2			0.836

注：括号内为 t 值。

数据来源：根据1999—2007 年各年《中国统计年鉴》数据整理而得。

回归结果表明国外研发（$\ln S_i^f$）的系数显著为正（1.1、1.2、1.3），国外研发通过出口发挥了比较显著的技术溢出效应，即使增加了人力资本（1.2）和交互项（1.3），这一结果仍十分稳健。可以认为，在国内企业通过出口开拓海外市场、实施企业国际化战略的过程中，其更加激烈的竞争环境以及良好的跨国研发网络都为国内出口企业技术水平的提高起到了促进作用。与此形成对比的是国内研发（$\ln S_i^d$）对技术进步的作用，在（1.1）中系数估计显著为正，而在加入人力资本和交互项后，却为负数。在（1.1）中，由于国内研发和人力资本相关性较高，没有加入人力资本项时，人力资本对技术进步的积极影响可能被归结为国内研发的作用。而加

入人力资本变量后，两变量的共线性使得国内研发出现了负参数，但是其显著性远远低于人力资本参数。

进一步考察（1.3）可以发现，技术进步更多地为国外研发的技术外溢效应和人力资本所解释，二者系数都显著为正；而国内研发以及国外研发与人力资本交互项对技术进步的贡献率均显著为负。这意味着，出口企业的技术进步主要来源于两个渠道，企业自身的人力资本积累和出口行为中所获得的技术外溢。尤其要注意的是，交互项（$H*\ln S_i^f$）的系数为负，表明人力资源和外贸所获的外国技术溢出有替代作用。估计结果显示国外研发间接溢出 $\ln S_i^f$ 和人力资本 H 与间接溢出的交互项（$H*\ln S_i^f$）的两参数的共同作用为（0.331 - 0.023H）$*\ln S_i^f$。经简单计算可知，只要平均受教育年限 H 低于14年，国外研发对国内生产率就有正向溢出作用。2007年人口抽样调查数据显示全国平均受教育年限为8.4年的，《国家教育事业发展“十一五”规划纲要》也指出中国从业人员平均受教育年限低于发达国家平均水平3年以上，所以，在当前人力资本水平上，国外研发对国内生产率有普遍的溢出作用，但是其边际效应随我国人力资本（H）的提高而下降。随着我国平均教育水平趋近发达国家水平，国外技术的溢出作用就会变得微不足道。从上述分析中可知，在当前我国的经济社会发展阶段，国际研发通过出口贸易对技术进步有显著的正向效应。我国企业在国际化过程中可借出口贸易为契机，将国际化重点由内向国际化转向外向国际化，一方面积极实施“走出去”战略，不断拓宽海外市场，获取更大的海外市场份额；另一方面通过出口贸易传导机制吸收更多国外研发溢出中的“养分”，学习国外先进技术和管理经验，以此来提高我国企业的核心竞争力。

为进一步考察国际研发通过出口贸易的技术外溢效应在区域的效果和影响，以下分别对我国东、中、西三大区域进行检验，考察不同区域间“出口中学”效应的特征。分区域检验结果如表3.6所示。

东部地区的估计结果（2.1、2.4、2.7）与全国样本的结果基本类似，国外研发在东部的出口研发溢出效应显著为正。在加入人力资本后（2.4），国内研发的系数发生了变化，且在（2.7）的估计中交互项系数为负数，$\ln S_i^f$ 的边际效应等于（0.814 - 0.079 $*H$）。这些结果都与全国样本相似，不再赘述。中部的结果则大不相同。在三个估计方程中（2.2、2.5、2.8），国内研发对全要素生产率都保持显著的正向影响，这说明中部地区企业自身的研发对技术进步存在显著的积极影响，而“出口中学”则表现为负效应（尽管该系数在2.8中不显著）。人力资本对技术进步有正效应（2.5），但是在（2.8）中人力资本与出口R&D技术外溢的系数都不显著。而西部的国内研发，在3个估计的方程（2.3、2.6、2.9）中始终保持不显著，一种解释是西部本地研发太少以至于无法对技术进步产生显著的促进效果。相比之下，出口获得的国外研发技术溢出效应在西部地区表现明显（2.3、2.6、2.9 中 $\ln S_i^f$ 的系数显著为正），人力资本对西部地区的技术进步也有积极影响。$\ln S_i^f$ 的边际效应也随人力资本的增长而下降（$0.919-0.106*H$）。东部和西部的回归结果都反映了出口企业显著地获得了国际研发的技术外溢；而中部地区并没有从出口获得明显的国际研发溢出。

表 3.6　“出口中学”效应检验（区域样本）

$\ln A_i$	2.1（东）	2.2（中）	2.3（西）	2.4（东）	2.5（中）	2.6（西）	2.7（东）	2.8（中）	2.9（西）
Intercept	-0.6137	0.9779	-0.9704	-2.5091	-2.1109	-2.5993	-6.3242	0.8169	-5.1297
	(-5.07)	(3.87)	(-6.37)	(-11.56)	(-4.37)	(-12.37)	(-5.68)	(0.34)	(-4.48)
$\ln S_i^d$	0.1297	0.2029	-0.0200	-0.0198	0.0684	-0.0341	-0.0526	0.0726	-0.0317
	(4.53)	(5.55)	(-0.56)	(-0.78)	(2.04)	(-1.54)	(-2.06)	(2.17)	(-1.49)
$\ln S_i^f$	0.0498	-0.5186	0.1585	0.1579	-0.1826	0.1620	0.8142	-1.0078	0.9194
	(1.52)	(-5.98)	(2.46)	(6.24)	(-2.26)	(2.52)	(4.29)	(-1.51)	(2.51)
H				0.2220	0.2921	0.2592	0.6981	-0.0792	0.6202
				(9.46)	(6.96)	(8.67)	(5.04)	(-0.26)	(3.79)
$H\ln S_i^f$							-0.0791	0.1044	-0.1161
							(-3.48)	(1.25)	(-2.24)
Adj. R^2	0.5105	0.3865	0.1185	0.7660	0.6572	0.6627	0.7946	0.6604	0.6904
F-test	44.2700	20.5300	4.2300	91.5700	40.6200	32.4300	81.2700	31.1400	27.7600

注：括号内为 t 值。

数据来源：根据 1999—2007 年各年《中国统计年鉴》数据整理而得。

3.3　FDI 在中国的技术溢出效应

3.3.1　研究综述

许多研究者发现流入发达国家的 FDI 对东道国企业存在着技术外溢效应（如 Nadiri，1991；Imbriani & Reganati，1997；Keller，2002 等）。然而，FDI 在发展中国家的技术外溢效应假设检验结果则要复杂得多。Basant & Fikkert（1996）利用印度 1974—1982 年企业数据，估计了 R & D 开支、技术购买、国内和国际的 R & D 溢出对综合要素生产率的影响。结果表明，技术的国际溢出是印度当地厂商 R & D 非常

重要的一种补充。Sjoholm（1999）对印度尼西亚的研究结果表明存在 FDI 的技术外溢。Changshu Park（2003）发现外国 R & D 对韩国行业技术进步的影响竟然要大于国内行业 R & D 的影响。但是也有不少研究者的检验结果却不支持 FDI 技术外溢假设，或者发现 FDI 的技术外溢效应只在一定条件下成立。Haddad & Harrison（1993）采用摩洛哥制造业 1985—1989 年企业层面的面板数据（panel data）考察了 FDI 的技术外溢效应。将企业规模作为控制变量后，发现与当地企业相比，外资企业并没有表现出相对较高的生产率，而且当地企业较高的生产率增长速度也无法用外资比例来加以解释。Kokko（1994）在对墨西哥企业进行分类后分析发现，在外资企业拥有较高生产率以及较大的生产份额的行业，没有证据支持技术外溢效应的显著存在。Blomström（1998）用外资企业雇佣劳动力比例作为外资的替代指标来考察墨西哥制造业的外资企业技术外溢效应时，发现对于国内那些缺乏生产效率的企业来说，外资企业并没有显著影响其劳动生产率。Djankov & Hokeman（1998）对捷克的制造业和非制造业进行了考察，结果认为并不存在技术外溢。Blomström & Sjöholm（1999）对印度尼西亚制造业的研究结果也不支持技术外溢的存在。Aitken & Harrison（1999）同样采用委内瑞拉 1975—1989 年 4000 个企业的平行数据，发现 FDI 的技术外溢效应仅仅存在于委内瑞拉的合资企业，对当地企业而言技术外溢效应并不明显。

正如不少学者所强调的，外商直接投资的技术外溢效应的实证结果在很大程度上依赖于作者所选取的原始数据、数据来源以及估计方法。采用的理论模型、计量经济分析方法、数据选取的差异都必然会影响最后的实证结果。例如，同样是研究印度外商企业的技术外溢效应，Kathak（1989）、Basant & Fikkert（1993）、Haksar（1995）和 Goldar（1994）采用不同的计量分析方法得到了不同结果。如，Kathak（1989）发现 FDI 的技术外溢效应只存在于科技含量高的行业；Basant & Fikkert（1993）发现 FDI 的确促进了本国技术进步；Haksar（1995）的结果表明 FDI 的技术外溢作用远远不及本国研发；考虑到 FDI 对东道国技术外溢的时滞期，Goldar（1994）的研究则表明 FDI 技术外溢的出现有较长的滞后期。

同时，还有不少学者利用我国数据从微观或宏观层面分析了 FDI 对我国的技术外溢效应。微观层面的分析主要集中在对行业或企业间的技术外溢效应考察，通过控制一些其他的变量，分析外资企业对国内企业的技术影响。其中，不少学者得到的实证结果支持外溢效应的存在。姚洋（1998）利用第三次全国工业普查资料，从中随机抽取了 12 个大类行业中的 14607 家企业作为样本，发现国有企业相比三资企业的技术效率要高 39%，港澳台三资企业要高 33%；并且在行业中如果外国三资企业数量比重每增加 1 个百分点，行业的技术效率就会提高 1.1 个百分点。秦晓钟、

胡志宝（1998）采用生产函数模型，利用1995年工业普查数据，对39个行业进行了检验，得出了FDI的行业内外溢效应明显存在的结论；秦晓钟（1998）对9种行业的横截面回归分析发现，就我国工业总体而言，存在着FDI的技术外溢效应，同时外资企业技术水平的相对高低并不影响外资企业的技术外溢效应，但外资企业所处行业销售水平影响了技术外溢效应。Hu & Jefferson（2001）运用1995—1999年期间29个制造业中511家大、中型企业数据，检验了制造业中外资企业对中国国内企业的技术外溢效应，其实证结果显示外资企业由于增加了产品种类数而产生了外溢效应。Li et al.（2001）发现，国有企业（SOEs）主要从与外资企业的竞争效应中获益，而其他当地企业则主要通过模仿效应和传染效应获益。Li et al.（2001），Wei & Liu（2001）检验了外资企业对中国电子制造业劳动生产率的影响，其结果表明技术外溢方式与企业所有制类型紧密相关。Cheung & Lin（2004）运用1995—2000年间的各省面板数据检验了外资企业对中国企业研发、创新活动的外溢影响，结果证实外资企业对中国企业专利申请数目具有显著的正向影响。

然而，也有学者认为外资企业并没有对当地企业产生技术外溢，或者技术外溢现象的存在依赖于一定的前提条件。Young & Lan（1997）在对大连外商投资企业的案例研究后得出结论，外资企业对当地企业技术外溢作用有限，其原因包括很多外商投资者并非技术的真正拥有者，当地合作者技术吸收能力的制约，合资企业中、外方的技术差距并不大，技术模仿空间有限。Fan & Warr（2000）通过计量分析发现低端、中端技术产业的技术外溢效果最为明显，作者解释为外资企业技术外溢效果取决于内、外资企业的技术差距，当技术差距保持在一个适度范围内是外溢效果最为明显。Huang（2001）注意到较长一段时间内中国外商投资者来自港澳台地区的事实，认为外资企业大量涌入的原因是政府对于国内民营企业投资的制约，因此其技术外溢并非普遍现象。Bennett et al.（2001）对欧盟在华20家制造业企业的调查、Zhang & Taylor（2001）对中国自动化产业干中学现象的分析结果均表明，技术外溢往往发生在低、中端生产技术产业。利用84家在华香港服装企业的数据，Thompson（2002）的实证结果发现同时存在行业内、行业间两种类型技术外溢，并且产业聚集效应是影响技术外溢效果的关键变量。

宏观层面的考察则集中于外商直接投资对全国或各省市的生产率的影响。沈坤荣（1999）利用各省的FDI总量与各省的全要素生产率做横截面的相关分析，得出FDI占国内生产总值的比重每增加1个单位，可以带来0.37个单位的综合要素生产率增长。何洁和许罗丹（1999）借鉴Feder（1982）模型，实证得出“FDI带来的技术水平每提高1个百分点，我国内资工业企业的技术外溢作用就提高2.3个百分点”的结论。何洁（2000）进一步发现FDI外溢效应的发挥受当地经济发展水平的

门槛效应的制约，指出单纯提高一个地区的经济开放程度对提高 FDI 的外溢效应是没有意义的，甚至有负面作用。沈坤荣和耿强（2001）借鉴 Borensztein et al.（1998）的理论和计量模型，运用似然不相关回归（SUR）方法对中国 1987—1998 年 29 个省市的面板数据进行了实证分析，认为 FDI 的外溢效应取决于当地人力资本存量，其中对区域的分析发现中西部地区 FDI 的外溢效应甚至为负。王志鹏和李子奈（2004）通过构建准内生增长模型，考虑外商直接投资的外溢效应对经济增长的影响，对 1982—2001 年中国 29 个省市的面板数据进行了检验，同时运用了似然不相关回归（SUR）方法和三阶段最小二乘法（3SLS）以及广义矩估计方法（GMM），检验结果也表明 FDI 的外溢效应在人力资本较高的地区更为显著，越过了“人力资本门槛”的地区才会有 FDI 的外溢效应。

与以往的研究相比，本节进一步区分 FDI 促进技术进步的两种渠道为直接效应和间接效应。一方面，属于国外创新网络的外资企业本身所具有的要素生产率优势，其存在对东道国的技术水平本身就是提高和促进。另外，国外创新网络还通过外资企业对东道国企业的技术水平有技术外溢效应。正如 Findlay（1978）所指出的，一个行业中外资企业所占比重越大，则越有可能发生技术外溢效应。从宏观层面来看，技术外溢效应的大小取决于 FDI 占全国投资的比重。

3.3.2 FDI 的技术溢出效应与技术进步

在实际测算 FDI 的技术外溢效应时，可通过不同的指标来刻画以上两种效应。与 3.2 节相似，可以利用 CD 生产函数 $Y = AL^{\alpha}K^{\beta}$ 的常数项 A 度量全要素生产率（TFP）。为研究 FDI 对我国技术进步的两种效应，本节以内生增长理论为基础假定 FDI 是决定我国经济全要素生产率的影响因素之一，从而建立 FDI 内生化的技术进步表达式如下①：

$$A = Y/L^{\alpha}K^{\beta} = B\left[1 + \eta S\right] FDI^{\theta} \tag{3.21}$$

其中，A 代表某样本时期的全要素生产率，它是劳动和资本投入无法解释的产出增量的残值，同时是由 FDI 流量、FDI 占国内总投资的比重（反映外资企业技术外溢效果）所决定。Y，L，K，S，FDI 分别代表国内生产总值、劳动力投入、资本积累、FDI 占国内总投资的比重和 FDI 的实际金额。B 为全要素生产率的影响因素的残余值，度量了影响技术进步的各种其他因素。η 为 FDI 占总投资比重的系数，度量外资企业的技术外溢效果。关于 FDI 技术外溢的理论研究大多采用了以下假设：

①建模思路主要借鉴了 Levin & Raut（1997）。Levin & Raut（1997）首先采用了相似的方程式考察了出口贸易对东道国技术进步的影响。

外资企业在东道国当地投资份额越高，意味着东道国当地企业具有更多的技术模仿机会，因此可以预期技术外溢作用越为显著（Findlay，1978；Koizumi & Kopecky，1977）。θ 为外资企业与国内企业相比的相对生产率系数，反映了外资企业相对要素生产率优势促进技术进步的直接作用。

η 值的经济涵义是很明显的。如果 η 为 0，则 $A=BFDI^{\theta}$ 表明外资企业对我国当地企业没有产生技术外溢作用，此时 FDI 对我国技术进步的作用仅限于直接效应①。如果 η 取值为正，说明流入我国的 FDI 对国内企业存在正的技术外溢作用；反之，如果计算的 η 值为负，则表明 FDI 对我国国内企业的技术进步还可能存在一定的阻碍效果。

对式（3.21）取自然对数，可以得到：

$$\ln A=\ln B+\ln(1+\eta S)+\theta\ln FDI \tag{3.22}$$

为估计以上方程，必须首先由生产函数来估计 A 所代表的全要素生产率。一般的做法是使用“索洛余值法”，首先对 CD 生产函数两边取自然对数，得 $\ln Y=\ln A+\alpha\ln L+\beta\ln K$ 同时假定规模报酬不变，即 $\alpha+\beta=1$，上式为 $\ln(Y/L)=\ln A+\beta\ln(K/L)$。通过回归估计得到 β 的估计值，代入方程 $\ln A=\ln(Y/L)-\beta\ln(K/L)$ 即求出了 $\ln A$ 的值。再估计方程（3.22），利用近似估计：当 z 很小时，$\ln(1+z)\approx z$，对上式中的第二项作近似估计，则式（3.22）可写成：

$$\ln A=\ln B+\eta S+\theta\ln FDI \tag{3.23}$$

进一步考察人力资本在 FDI 技术外溢中的作用，在计量方程中加入人力资本：

$$\ln A=\ln B+\eta S+\delta H\cdot S+\theta\ln FDI \tag{3.24}$$

方程（3.23）和（3.24）即为计量检验方程。

3.3.3 变量选取与数据处理

选取 1994—2006 年我国 28 个内陆省份、自治区和直辖市（重庆市和四川省合并为一个地区，不包括西藏、青海）的省际面板数据进行实际测算，各类省际面板数据均由历年《中国统计年鉴》、各省市统计年鉴和《新中国 55 年统计资料汇编》整理、计算而得。下面详细说明各个变量的选取和计算方法。

1. 国民生产总值（GDP）。对原始数据采用历年各省市的商品零售价格指数进行平减，全部折算成 1994 年不变价格计算的实际 GDP（亿元）。

---

①η 为 0 可以考虑属于以下两种情况：一是外资企业对东道国既没有技术示范效应，也没有竞争效应；二是外资企业的技术示范效应与负面的竞争效应的综合外溢效应均不显著。相比而言，显然后一种情况更为现实。由于基于总量数据的实证分析无法对技术示范效应和竞争效应进行区分，因此我们集中考察综合外溢效应。

2. 劳动力。用各地区年底从业人员数（万人）衡量。数据来源与 GDP 数据相同。

3. 资本存量。由于没有现成的固定资产投资和流动资金年末价值数据可供利用，此处采用经验的折旧率和永续盘存法计算固定资产净值，详见 3.2 节说明。

4. 外商直接投资。利用历年人民币对美元的年平均汇率换算成亿元。FDI 占国内总投资的比重用换算后的 FDI 数据比上相应的固定资本形成额得到 *FDI/I*。

5. 人力资本。人力资本采用加权的人均受教育年限指标，小学文化程度设为 6 年，初中文化程度设为 9 年，高中文化程度为 12 年，大学及以上文化程度设为16 年。

3.3.4 国外创新网络技术外溢效应检验

本节采用 1994—2006 年的面板数据和 OLS、（一维）固定效应和随机效应、（二维）固定效应和随机效应的估计方法。表 3.7 报告估计结果。

表 3.7 国外创新网络技术外溢效应检验

ln（*TFP*）	OLS	一维固定效应	一维随机效应	二维固定效应	二维随机效应
Intercept	−1.08663	−0.8019	−1.24157	−0.26015	−0.64132
	(−25.52)	(−18.49)	(−16.25)	(−10.31)	(−10.04
FDI/I	−0.76907	−2.99317	−2.8589	−0.61758	−0.63431
	(−4.36)	(−20.64)	(−19.91)	(−7.42)	(−7.39)
ln（*FDI*）	0.18505	0.276407	0.2742	0.063311	0.074717
	(15.78)	(17.47)	(18.87)	(7.33)	(8.62)
Adj. R^2	0.4488	0.8640	0.6402	0.9784	0.1949
N	364	364	364	364	364
Hausman	—	—	37.49	—	201.48
Test			<0.0001（*Pr*>*F*）		<0.0001（*Pr*>*F*）

注：括号内为估计参数对应的 *t* 值。

数据来源：根据 1995—2007 年各年《中国统计年鉴》数据整理而得。

无论是一维还是二维估计方法，Hausman 检验都拒绝了随机效应模型原假设，所以应该采用固定效应模型估计。首先，在所有的模型估计中，ln（*FDI*）的系数都显著为正，这意味着宏观而言，国外创新网络对技术进步的直接效应即相对要素生产率优势是显著存在的。其次，对比 OLS、一维以及二维固定效应的结果可以发现，代表国外研发间接外溢效应的 η 的值与之前预期的符号相反，似乎说明仅从宏观上来考察，国外创新网络并没有对我国的技术进步起到积极的外溢效应。这提醒我们，在看到国外创新网络对国内企业的技术外溢效应的同时，更需要注意的是国外创新网络的外溢效应发挥作用的渠道。

以上分析促使我们对国外创新网络外溢效应的发挥渠道进行进一步的考察，一个显然的变量是人力资本，为此，基于人力资本作进一步的检验。表 3.8 列出了对外溢效应与人力资本的计量检验结果。

表 3.8　人力资本与国外创新外溢效应互补检验

ln（*TFP*）	参数估计	标准差	*t* 值	Pr > | *t* |
Intercept	-0.97320	0.03729	-26.10	<0.0001
FDI/I	-8.56246	0.67524	-12.68	<0.0001
H×（*FDI/I*）	1.08385	0.08993	12.05	<0.0001
ln（*FDI*）	0.14326	0.01062	13.49	<0.0001
N=364，Adj R-Sq 0.6063，F Value 185.31，P<0.0001				

数据来源：根据 1995—2007 年各年《中国统计年鉴》数据整理而得。

首先，注意到 FDI 对技术进步的直接效应估计在所有模型中保持显著为正，这说明 FDI 始终是我国经济增长的促进力量。其次，更值得注意的是在加入人力资本变量后，FDI 占国内总投资的比重的系数仍然显著为负，同时，人力资本和 FDI/I 的交叉项系数显著为正。FDI 的间接溢出效应的边际值为 $-8.56+1.08H$，间接溢出效应随着人力资本的增长而增长。考虑到我国人口平均受教育年限为 8.4 年，可算出目前 FDI 的间接溢出效应平均为 6.2×（FDI/I），今后随着平均教育水平的增长，FDI 的间接溢出效应将更加显著。计量估计结果进一步证实了之前的推测，国外创新网络的技术外溢效应更多的是存在于国内人力资本较高、技术水平较好的企业中，这些企业与 FDI 所代表的国外创新网络之间存在一定的技术差距，同时又在国内的市场竞争中发展了自身的技术创新能力，积累了一定的人力资本和知识存量，从而能够有效地得到国外创新网络的技术信息，并加以吸收和转化，最终形成自身的技术能力，促进了自身的技术进步，提高了产品创新能力。比较“出口中学”的边际效益和 FDI 间接溢出的边际效益可以发现人力资本的增长使得前者下降、后者上升，这是一个值得进一步研究的有趣现象。

3.4　FDI 对我国技术劳动相对就业和相对收入的影响

我国吸收的 FDI 从 20 世纪 80 年代的年均 20 亿美元猛增到 2002 年的 527 亿美元，超过美国居全球之首，到 2010 年更超过了 1000 亿美元。在改革开放之初，沿

海开放城市曾利用免税减税和提供低价土地等特殊优惠政策吸引 FDI，并在国内获得了先发优势。如今，国际资本已普遍认为中国是世界上最具发展潜力的经济体，因而在特殊政策不复存在后仍纷纷涌入中国市场。逐利的 FDI 往往进入增长前景较好的行业，多数外资企业又具有比较先进的技术和管理经验。因此，毫不奇怪，外资企业及其所在部门和地区往往有较高的经济发展水平和速度。在部门分布上，在华 FDI 已逐渐从加工制造向产品研发、生产性服务、房地产服务和金融等其他部门扩散。2010 年，服务业和制造业吸收的 FDI 各占半壁江山。在地区分布上，尽管国家为西部大开发制定了一系列有利于外商投资的政策，可由于区位、经济、技术等相对不利因素，2008 年西部 12 省市实际使用外资 87.63 亿美元，只及东部 10 省市的 10%。沿海发达地区和中西部欠发达地区所吸收的 FDI 无论是数量还是质量都存在着很大的差距，意味着 FDI 在不同地区不仅具有不同的经济总量增长效应，而且可能有不同的就业结构效应和收入效应。与改革开放之初相比，今天的中国早已不是资金极度稀缺的国家。作为一种生产要素，FDI 存量的增长无疑会对所在地经济总量产生显著的贡献。大量研究已经证实了这一点。但是，为了提升地区就业结构、扩大内需、实行发展方式的转变，很有必要就 FDI 对就业结构和收入结构的作用有新的认识。

近年来，我国学术界已经分别分析了 FDI 在我国的就业效应和收入效应，并获得了许多成果（见下节）。然而，已有的研究大部分独立分析 FDI 对总就业的作用或者对平均工资的影响，鲜有针对 FDI 流入部门和地区的技术劳动份额和收入水平变化的深入检验。因为部门和地区就业结构的升级是经济发展方式转变的重要内容，而收入水平的提高又是扩大内需的必要前提，所以，分析 FDI 对技术性就业份额和相对收入的作用是对已有研究的重要补充和深入。其次，已有的研究大多采用省级数据，而非城市数据，可是来华的 FDI 集中在城市非农业部门，而且我国的就业增长问题也主要是解决城市化过程中持续增长（从农业中转移出来）的非农业就业，所以，城市是更恰当的统计分析单位。这一部分研究在国际资本流动与劳动需求理论基础上构建 FDI 存量在中国城市的技术性相对就业和相对收入效应计量模型、分别研究 2004—2008 年 FDI 在全国和在最发达和最不发达地区城市的部门就业效应和收入效应。我们试图回答下述问题：FDI 存量的增长是否有利于提高我国城市就业技术结构？其作用与国内资本有何不同？FDI 是否有利于增加技术劳动相对收入？由于我国制造业是率先引入 FDI 的部门，FDI 对该部门的相对就业和收入影响巨大，大量的文献也以制造业为研究对象，因此，我们也单独分析 FDI 存量对制造业相对就业和劳动收入的作用。检验 FDI 存量对不同地区技术性行业和制造业相对就业和相对收入的作用也有助于我们分析FDI存量对区域经济差别的影响。本节研究的目的和贡献在于构建全国城市主要引进外资行业相对就业和收入的计量模型，系统地检验FDI存量差别对城市就业结构和相对劳动收入变化的影响，揭示FDI在不同发展水平地区所起的不同作用，为在发达和欠发达地区确定城市经济结构调整方向提供一些统计依据。

3.4.1 研究进展

从20世纪90年代开始，发达国家的学者在经济全球化的背景下开始研究资本外流对发达国家就业的影响。Blomstrom等（1997）利用美国和瑞典数据分析外流的FDI对母国就业的影响，发现了矛盾的现象：美国外流的FDI降低了美国蓝领工人就业规模，而瑞典对外投资却在一个期间扩大了瑞典就业规模。Brainard & Riker（1997）发现东道国劳动力对母国劳动力有部分替代作用，FDI在东道国产生的就业部分替代了母国的就业。许多研究结果还表明流入东道国的FDI也对东道国工资水平产生了影响。如Aitken等（1996）、Feliciano & Lipsey（1999）和Conyon等（2002）分别研究了发达国家和发展中国家的数据，发现控制其他因素后，外企的工资水平明显高于国内企业，而且外资对东道国的工资也有推动作用。Lipsey & Sjöholm（2004）对发展中国家的研究还发现外资渗透越多的地区和产业，外资对当地工资的提升作用越明显，而白领阶层比蓝领阶层获益更多。许多学者在理论和经验上研究了FDI作用于就业和收入的机制，成果可归纳为以下几方面。第一，FDI通过产业链效应使国内链接产业扩张，进而影响就业数量、提升行业整体工资水平（Rodriguez - Clare，1996；Meyer 2004；Javorcik，2004）。第二，FDI通过技术外溢、示范效应和竞争效应传递技术和知识，但是，FDI对就业和收入的影响因为引入技术的水平、适用性以及引入国的吸收能力而异（Luiz & de Mello，1999；Mytelka & Barclay，2004）。第三，FDI的竞争效应可能带动东道国的产业发展和投资，产生所谓“挤入效应”，也可能抢夺内资企业的技术劳动力、挤占国内市场，致使国内企业投资萎缩，产生“挤出效应”，FDI对就业和收入的净影响，可正可负（Aitken等，1996；Barry & Strobl，2005；Mišun & Tomsik，2002；Agosin & Machado，2005；Adams，2009）。第四，FDI同时把资本和劳动密集型生产从发达国家转移到发展中国家，同时提高资本流入和流出国生产的平均技术水平，从而增加技术性劳动力在各国的相对需求（Feenstra & Hanson，1996，1997；Slaughter，2000；Almeida，2007）。

随着FDI流入量的迅速增长，在华FDI的就业效应受到许多中国学者的关注。

冉光和与曹跃群（2007）构建了劳动供需协调率模型分析资本投入、技术进步、实际工资对就业的影响，发现资本投入增长和实际工资上涨都能够促进就业，而技术进步对就业有替代效应，因而不利于就业增长。郑月明和董登新（2008）的1988—2005年省级动态面板数据模型估计表明，FDI对我国不同地区就业的影响有显著差异，其中，FDI对就业的替代效应在东部地区十分明显，但在中西部地区不显著。毛日昇（2009）从产出规模、生产效率、劳动需求弹性三个方面考察出口和FDI对国内制造业就业的影响，认为FDI通过国内销售和出口销售的扩张促进了制造业就业增长，其竞争和技术外溢效应能提高制造业的生产效率，外资渗透有助于提高非国有内资制造业的劳动需求弹性。还有一些学者研究了来华FDI的工资效应。Zhao（2001）认为由于国内非技术劳力供应充裕，外商容易以低工资雇佣到低技术劳动力，但是会用比正式部门更高的工资雇佣高素质劳动力；FDI有利于受教育程度高的技术劳动力的就业。杨泽全和杨全发（2004）发现，受引资政策变化的影响，1997年以后外资技术含量的增加推动了国内劳动生产率的提高，此后FDI开始对中国实际工资有提升作用。宣烨和赵曙东（2005）根据赫克歇尔－俄林－萨缪尔逊的要素价格均等化定理（H－O－S定理），通过实证检验发现FDI集中程度越高的地区劳动力价格越高。包群和邵敏（2008）也发现FDI有利于提高我国科技人员的相对报酬。邵敏和包群发现外资企业通过技术外溢促进内资企业产生偏向技术劳动力的技术进步、引起对技术劳动力需求的增加，同时外资企业支付较高报酬造成内资企业技术劳动力的流失、使内资企业技术劳动供给短缺。许和连等（2009）利用企业数据分析了FDI的收入效应，发现外资企业工资越高则其他企业的工资越低。

综上所述，国内外学者对FDI的就业效应和收入效应的研究结果因国家、地区、时期以及方法的差异而不尽相同。其中，国内研究侧重经验分析，主要利用全国或省级序列数据估计FDI对总就业量和平均工资的作用。

3.4.2　国际资本流动与技术劳动力相对需求的理论分析

设每一国家的资源禀赋包括资本 K_i、技术劳动力 H_i 和非技术劳动力 L_i。资本回报率为 r_i，技术和非技术劳动力工资分别为 q_i 和 w_i，$q_i > w_i$。为便于分析，假设有两个国家，一个是发展中国家，另一个是发达国家，分别用下标 $i = S$ 和 $i = N$ 表示。S 国相对于 N 国资本稀缺、非技术劳力充裕。设要素收益与其边际生产率成正比，则有

$$r_S > r_N,\ \frac{q_S}{w_S} > \frac{q_N}{w_N} \tag{3.25}$$

最终产品 Y 是按技术水平由低到高排列的一系列中间投入品（z）的集合，$z\in[0,1]$。技术水平不同的中间投入品对技术和非技术劳动力的相对需求不同，每一单位的 z 都需要 $a_H(z)$ 单位的技术劳动力和 $a_L(z)$ 单位的非技术劳动力，生产 z 的技术和非技术劳动力的相对需求 $a_H(z)/a_L(z)$ 随 z 的序列由低到高单调增长。各国中间品的生产用下述柯布－道格拉斯（$C-D$）函数表示为

$$x(z)=\left[\min\left(\frac{L(z)}{a_L(z)},\frac{H(z)}{a_H(z)}\right)\right]^{\theta}[K(z)]^{1-\theta} \tag{3.26}$$

式中 $\min\left(\frac{L(z)}{a_L(z)},\frac{H(z)}{a_H(z)}\right)$ 表示劳动投入量取决于各国比较稀缺的那类劳动力，而比较富裕的一类劳动力可能会有剩余。设最终产品是所有中间品通过 $C-D$ 生产函数加工装配而成：

$$\ln Y=\int_0^1\beta(z)\ln x(z)\,dz,\ \int_0^1\beta(z)\,dz=1 \tag{3.27}$$

其中的 $\beta(z)$ 是中间产品 z 的权重。如果 z 是非连续的中间品序列，上式的积分（$\int$）则改为累加（$\sum$）。

厂商成本最优化问题可以表示为在给定资本和劳动力价格（r_i，q_i，w_i）以及产量 $x(z)$ 的条件下使成本最小：

$$\min_{K,H,L}C=C(K(z),H(z),L(z),r_i,q_i,w_i)$$

$$s.t.\ x(z)=\left[\min\left\{\frac{L(z)}{a_L(z)},\frac{H(z)}{a_H(z)}\right\}\right]^{\theta}[K(z)]^{1-\theta} \tag{3.28}$$

均衡时每个国家生产每一单位的中间品 z 的最低成本由下式表示

$$c(w_i,q_i,r_i;z)=B[w_ia_L(z)+q_ia_H(z)]^{\theta}r_i^{1-\theta} \tag{3.29}$$

式中的 B 为常数。成本函数不仅是要素价格（即收益）的增函数，而且，因为从低到高排列的中间品 z 的技术含量逐渐增加，所以相应的技术劳动投入和生产成本也随之增加，即成本函数 c 也是中间品序列 z 的增函数。由于 S 国相对 N 国有较充裕的非技术劳动力和较稀缺的技术劳动力，两国成本函数中 $c_S(z)$ 的斜率大于 $c_N(z)$ 的斜率。图 3.3 中的 $c_S(z)$ 和 $c_N(z)$ 分别表示两国各种中间品的相对成本，S 国在非技术劳动密集型产品方面有比较优势，而 N 国在高技术产品生产方面有比较优势，在两线相交的 z^* 点，两国成本相等，即

$$c_S(w_S,q_S,r_S;z^*)=c_N(w_N,q_N,r_N;z^*) \tag{3.30}$$

图3.3 表示 S 国主要从事 $[0,z^*]$ 范围内的专业化生产，而 N 国在 $(z^*,1]$ 范围内实现专业化。

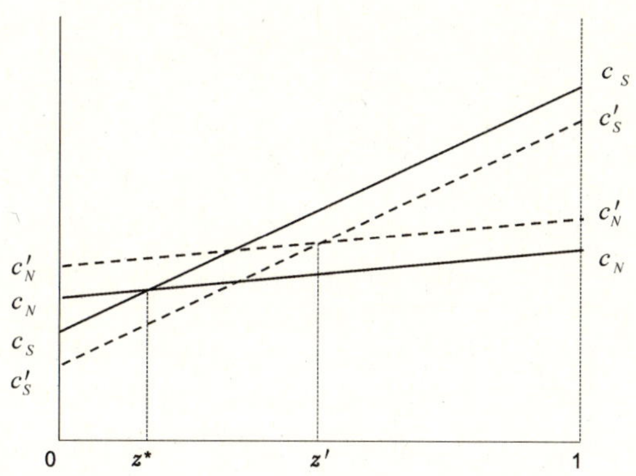

图 3.3　发展中国家和发达国家每单位中间产品成本变化

根据谢泼德引理（Shephard Lemma），对成本函数的要素价格求导，得到市场出清时要素的需求和供给量。表示 S 国非技术和技术劳动力充分就业的劳动量分别为

$$L_S(q_S,w_S,V_S) = \int_0^{z^*} B_S\theta\left[\frac{r_S}{w_S a_L(z) + q_S a_H(z)}\right]^{1-\theta} a_L(z)x_S(z)\mathrm{d}z \qquad (3.31)$$

$$H_S(q_S,w_S,V_S) = \int_0^{z^*} B_S\theta\left[\frac{r_S}{w_S a_L(z) + q_S a_H(z)}\right]^{1-\theta} a_H(z)x_S(z)\mathrm{d}z \qquad (3.32)$$

其中 V_s 是影响劳动力供给的外生的社会经济变量。

非技术劳动力可以通过培训转变成技术劳动力。技术劳动力较高的收入是促使非技术劳动力转变的重要动力，所以两种劳动力供给的变化分别表示为$\partial L_S(q_S/w_S, V_S)/\partial(q_S/w_S)\leqslant 0$ 和 $\partial H_S(q_S/w_S, V_S)/\partial(q_S/w_S)\geqslant 0$。技术劳动力的相对供给（$S=H/L$）是相对收入的增函数，

$$S_S\left(\frac{q_S}{w_S}, V_S\right) = \frac{H_S(q_S/w_S, V_S)}{L_S(q_S/w_S, V_S)}, \frac{\partial S_S(q_S/w_S, V_S)}{\partial(q_S/w_S)}\geqslant 0 \qquad (3.33)$$

均衡时，全国收入可以分成两份，其中，劳动力（$w_SL_S+q_SH_S$）所占比重为 θ，资本（r_SK_S）的比重为 $1-\theta$。θ 为函数（3.26）中的参数。因此，资本收益为

$$r_SK_S = [w_SL_S+q_SH_S](1-\theta)/\theta \qquad (3.34)$$

为了易于识别国际资本流动对各国相对就业和工资的影响，需要定义各国对技术和非技术劳动的相对需求。设两国在最终产品 Y 的总支出为 E，对于中间品 z 的总需求与权重为 $\beta(z)$ 的支出相当，对投入品的需求与其成本成反比。其中，对 S 国生产的中间品 z 的需求为

$$x_S(z) = \beta(z)E/c_S(z),\ z\in(0, z^*) \qquad (3.35)$$

把式（3.29）代入式（3.35），再把结果代入 S 国非技术和技术就业函数（3.31）和（3.32），整理后分别得到

$$L_S(q_S,w_S,V_S) = \int_0^{z^*} \theta\left[\frac{a_L(z)\beta(z)E}{w_S a_L(z) + q_S a_H(z)}\right] \mathrm{d}z \tag{3.36}$$

$$H_S(q_S,w_S,V_S) = \int_0^{z^*} \theta\left[\frac{a_H(z)\beta(z)E}{w_S a_L(z) + q_S a_H(z)}\right] \mathrm{d}z \tag{3.37}$$

根据式（3.30）、（3.34）、（3.36）、（3.37）以及 N 国三种要素的均衡条件［与 S 国的（3.34）（3.36）（3.37）相对应］、总支出 E 等于两国所有要素支出总和的前提，可以得到含有八个内生变量［r_i、w_i、q_i（下标 $i=S$ 和 N）、z^*、E］的八个方程，因此，理论上每一内生变量都可以表示为仅含外生变量的简约方程，各国资本和其他社会经济变量［K_i 和 V_i，$i=S$ 或 N］作为外生变量。其中，中间品产出水平 z^* 由两国资本和社会经济变量决定：

$$z^* = f\ (K_S,\ K_N,\ V_S,\ V_N) \tag{3.38}$$

将技术劳动就业（3.37）除以非技术劳动就业（3.36），整理后得 S 国对于技术劳动的相对需求：

$$D_S(\frac{q_S}{w_S},z^*) = \frac{H_S}{L_S} = \frac{\left(\int_0^{z^*} \frac{a_H(z)\beta(z)}{a_L(z) + (q_S/w_S)a_H(z)}\,\mathrm{d}z\right)}{\left(\int_0^{z^*} \frac{a_L(z)\beta(z)}{a_L(z) + (q_S/w_S)a_H(z)}\,\mathrm{d}z\right)} \tag{3.39}$$

把两国分工均衡点（3.38）代入（3.39）得到技术劳动力相对需求的一般函数：

$$D_S(\frac{q_S}{w_S},z^*) = \frac{H_S}{L_S} = D_s(\frac{q_S}{w_S},K_S,V_S,K_N,V_N),\frac{\partial D_S(q_S/w_S,S_S,V_S,S_N,V_N)}{\partial(q_S/w_S)} \leqslant 0 \tag{3.40}$$

同理可得 N 国对于技术劳动力相对需求，

D_N（q_N/w_N，$z*$）$=D_N$（q_N/w_N，K_S，V_S，K_N，V_N）。

现在考察国际资本流动对相对就业和收入的影响。外资流入 S 国后，S 国固定资本规模增长，资本价格（边际收益）r_S 下降，相反，N 国资本收益 r_N 上升。若工资不变，S 国成本线下移，而 N 国成本上移。两国劳动和工资相对需求变动如图中虚线 c'_S 和 c'_N所示，生产分工点从 z^* 移到 z'点，即$\partial z^*/\partial$（K_S/K_N）>0。S 国产业扩张和技术提高后对技术劳动力需求增加，即$\partial D_S/\partial z^* >0$。

图 3.4 表示国际资本流动前后的相对就业和收入。横坐标表示技术劳动与非技术劳动就业比例 H/L，纵坐标是两类工资比例 q/w，曲线 S 和 D 分别表示技术劳动力的相对供给（3.33）和相对需求（3.40）。资本流入 S 国后，S 国对技术劳动力的相对需求从 D_1（z^*）移到 D_2（z'）。如果劳动力供给不变，相对就业和收入的均衡点从（a_1，b_1）增长到（a_2，b_2）。根据（3.33）和（3.40）所含变量，均衡时的

技术劳动相对就业和收入是两国资本（K_S, K_N）和其他社会经济变量（V_S, V_N）的函数，可以用一般形式的简约方程表示：

$$(H/L) = f_1 (K_S, K_N, V_S, V_N) \tag{3.41}$$

$$(q/w) = f_2 (K_S, K_N, V_S, V_N) \tag{3.42}$$

均衡条件下技术劳动力相对就业和工资都是资本流入量的增函数。

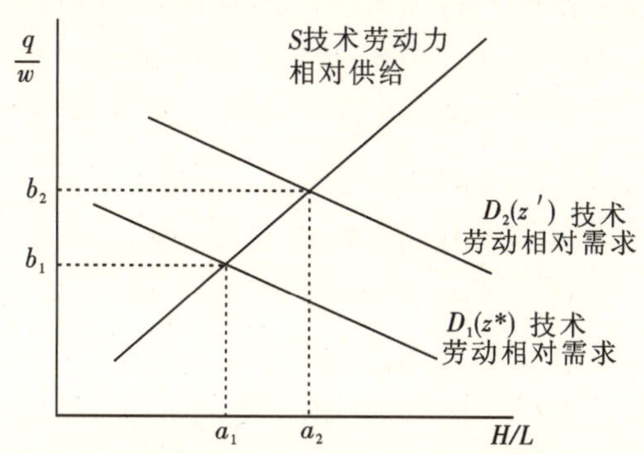

图 3.4　技术、非技术劳动力相对就业和相对收入的变动

上述理论分析说明了 FDI 对发展中国家就业结构和工资水平的作用。随着资本从发达国家流向发展中国家，发展中国家承接了发达国家转移的产业，技术劳动需求上升，而发达国家集中于技术密集型产品生产，需要更多的技术劳动。尽管两类国家的技术劳动标准和水平不同，但各自对技术劳动的相对需求都上升了，技术劳动的就业、收入水平也随之上升。

3.4.3　变量构建与计量模型设定

为了把上述理论分析转换为计量模型，我们把世界上发达国家的总和视为 N 国，把接受外国直接投资的每个地区或城市当作 S 国。对于 FDI 流入地区或城市而言，发达国家总体变量只随时间变化，采用固定效应模型可以控制这些变化。因此，模型中可以忽略 N 国变量 K_N 和 V_N。为了考察 FDI 的独立作用，各地的资本被分为国内资本和国外资本。

上述理论把一国的劳动力分为技术性和非技术性两类，但是现实中很难把两类劳动力截然分开，更难获取统计数据。本节假设技术性较强的行业工资相应较高。同时，为了检验 FDI 的就业效应，必须选择那些吸收了大量 FDI 的行业。在我国 19 个行业中，制造业吸收的 FDI 遥遥领先。可是制造业就业中含有大量非技术劳动，且各城市制造业平均工资只有城市其他各行业均值的 70%。若以人均衡量，房地产业（主要是投资、经营和管理，不含建筑施工）、租赁和商务服务、制造业、信息

传输计算机服务和软件业在 2004—2008 年间平均每年每人吸收 FDI 依次分别为 7606、1860、1355 和 1113 美元，列各行业前 4 位。除制造业以外，其他 3 个行业对就业人员的平均技术和管理能力有更高的要求，平均工资都高于所有行业的均值，属于资金、技术密集型行业，所以，本节将上述 3 个行业归并为技术行业。工资水平高于各行业均值的还有电力、金融、科技（独立于生产部门）、文化体育和公共管理，但是这 4 个行业 5 年期间每年平均人均吸收的 FDI 分别只有 445、104、312 和 289 美元，因此本节不将其作为吸收 FDI 的技术行业。上述 3 个行业就业之和（$Emp_1 + Emp_2 + Emp_3$）与本市市辖区其他非农业行业就业人数（$Emp - Emp_1 - Emp_2 - Emp_3$）之比即 3 个行业的相对就业

$$\frac{H_i}{L_i} = \frac{(Emp_{i1} + Emp_{i2} + Emp_{i3})}{(Emp_i - Emp_{i1} - Emp_{i2} - Emp_{i3})} \tag{3.43}$$

方程（3.41）的被解释变量由上式计算得到。

相对工资可以用上述 3 个行业加权平均工资与其他非农业行业平均工资的比率表示。城市统计中没有分行业工资，必须利用全国各部门工资估算各市相对技术工资。我们采用如下方法。首先，用 3 个行业全国加权平均工资 Q 和所有行业平均工资 W 计算两者比，Q/W；设各市 3 个行业加权平均工资（q_i）与各市平均工资（$\overline{w_i}$）之比与全国相同，即 $q_i/\overline{w_i} = Q/W$；因各市技术劳动力和其他劳动力所占比例分别为 H_i/E_i 和（$E_i - H_i$）$/E_i$，所以各市平均工资是技术劳动工资（q_i）和非技术劳动工资（w_i）的加权平均：$\overline{w_i} = q_iW/Q = q_iH_i/E_i + w_i(E_i - H_i)/E_i$，从该式易于推导出技术劳动工资与非技术劳动工资的比值是

$$\frac{q_i}{w_i} = \frac{Q}{W}\frac{(E_i - H_i)}{(E_i - \frac{Q}{W}H_i)} \tag{3.44}$$

此即方程（3.42）的被解释变量。

因为无论是劳动需求还是劳动供给的变化都会影响到均衡就业和收入，为了减少估计偏误，必须控制影响劳动需求或供给的其他地区变量 V_S。理论和经验都表明影响就业的重要外生变量包括产业结构、贸易开放度、基础设施、城市化水平等。各个产业在一个城市的比例代表着该产业在本地的集聚程度，进而测度了集聚经济以及该产业在本市创造的就业潜力，若不控制这些变量，*FDI* 变量会错误地捕捉集聚经济对就业和工资的影响。对外开放程度代表着地区经济的市场范围，也意味着地区经济在国际市场中的专业化程度和国际市场对地区就业的作用。产业发展和就业水平还受到不同的资源优势、区位条件、地区基础设施的影响，因为条件优越的地区不仅能吸引投资、从而增加对劳动的需求，而且能吸引人口、增加劳动力的供

给。此外，高生活成本可能不利于增加劳动供给。上述地区控制变量构成的向量 V_S 用 $\sum \ln x_j$ 表示。

综上所述，技术劳动相对就业和收入方程（3.41）和（3.42）可用一般 $C-D$ 函数的对数式表示：

$$\ln\left(\frac{H}{L}\right)_{i,t} = \alpha_0 + \alpha_1 \ln K_{di,t} + \alpha_2 \ln K_{fi,t} + \sum \alpha_{xj} \ln x_{j,t} + \sum_{i=1}^{285} \gamma_i S_i + \sum_{t=1}^{4} \varphi_t \tau_t + \varepsilon_{i,t} \tag{3.45}$$

$$\ln\left(\frac{q}{w}\right)_{i,t} = \beta_0 + \beta_1 \ln K_{di,t} + \beta_2 \ln K_{fi,t} + \sum \beta_{xj} \ln x_{j,t} + \sum_{i=1}^{285} \gamma_i S_i + \sum_{t=1}^{4} \varphi_t \tau_t + \xi_{i,t} \tag{3.46}$$

式中的 K_d 和 K_f 分别是国内资本和 FDI；α_2 和 β_2 分别是 FDI 对技术劳动力相对就业和相对工资的作用；S_i 是控制方程中没有包括的、短期内相对稳定的各城市特征（如区位、文化传统、相对规模和经济水平等）的固定效应。本节使用全国 286 个地级及以上城市数据，方程中共有 285 个城市固定效应；τ_i 是时间固定效应，用以控制各年所有城市受到的类似的政策变化、类似的价格上涨、国际经济的冲击等的影响；$\varepsilon_{i,t}$和 ξ_{it}是随机误差。

3.4.4 数据说明

本节使用的数据来自各年《中国城市统计年鉴》和《中国区域经济统计年鉴》。下面扼要说明解释变量及其测度。资本存量是数据处理的难点之一。由于我国没有公开发表的统计数据，本节借鉴文献进行估算（柯善咨，2009）。首先，用 2000 年各城市限额以上工业企业流动资产和固定资产净值估计限额以上工业资本存量。其后，利用限额以上工业增加值占非农业增加值比例估计 2000 年各城市非农业资本存量。比如，假设某城市限额以上工业资本存量是 500 亿，限额以上工业增加值占城市非农业增加值的 50%，则全市资本存量的估计值是 500 亿/0.5 =1000 亿。2000 年以后各年的资本存量根据全市实际投资总额，用永续盘存法计算：$K_{i,t}$ = （$1-\delta$）$K_{i,t-1}+I_t/d_{i,t}$。式中 $K_{i,t}$是资本存量；δ 是年折旧率，假定为 5%；I_t 是实际投资；因为没有公开发表的各城市资本价格指数，$d_{i,t}$是城市所在省的累积资本价格指数。虽然一些城市初始年份（2000 年）的资本存量数据可能误差较大，但是由于我国近年来投资额约占 GDP 一半，初始年份资本存量仅占后续年份存量的很小一部分，因此 2004—2008 年的数据越来越接近实际。FDI 存量也从 2000 年起计，假设该年存量是当年吸收 FDI 的三倍（取值大小对几年后存量影响不大），后续各年 FDI 存量用每年实际使用 FDI 和上述永续盘存法公式累计。以美元计算的 FDI 按当年平均兑换率换算成人民币数

值。由于我国实际利用 FDI 数量每年增长近 20%，2004—2008 年的 FDI 存量数据应与实际累计利用外资数量比较接近。

城市对外交通是产业区位选择和城市经济增长的重要条件，因此需要在城市截面和面板数据分析中加以控制。可是，区域交通变量在计量检验中往往并不显著甚至符号混乱，其中一个原因是铁路、公路、航空以及货运客运方式等变量高度相关。使用因子分析可以发现两个正交的主成分含有铁、公、航三种运输方式的客运、货运六个变量 70% 的变化，所以，方程中使用这两个主成分测度城市对外交通条件。其他变量的意义和构建直接明了。表 3.9 列出变量名、意义、单位和 2008 年我国地级市数据的描述统计量。描述统计量显示各城市就业结构、资本量、工资和其他变量都存在很大差异。其他各年均值小于 2008 年数据，分布与此相似。

表 3.9　中国 286 个地级及以上城市截面数据的描述统计量（2008）

变量，意义，单位	均值	标准差	最小值	最大值
Emp，市辖区单位从业人员，万人	25.13	48.75	1.95	556.84
HL，技术行业就业 ÷ 其余行业 ×100	4.99	3.09	0.95	28.70
ML，制造业就业 ÷ 其余行业 ×100	46.92	41.80	0.45	300.74
Wage，城市市辖区平均工资，元	26672	6679	12141	57026
q3，三行业平均工资，元	34222	8449	15707	71708
MWage，制造业工资，元	22093	5815	9786	47910
qw，三行业相对其余行业工资，倍	1.32	0.01	1.31	1.43
Mw，制造业相对其余行业工资，倍	0.70	0.05	0.46	0.77
KStock，国内资本存量，2000 年价格，亿元	1394.98	2855.84	51.71	30526.95
FDIStock，*FDI* 存量，2000 年价格，人民币亿元	166.12	492.61	0.00	4665.09
GDP，市辖区地区生产总值，亿元	650.93	1377.26	22.44	13560.44
OPEN，进出口额与 *GDP* 之比，%	51.30	81.00	0.17	606.57
SEC，第二产业占 *GDP* 比重，%	51.57	12.86	10.21	90.97
TER，第三产业占 *GDP* 比重，%	40.83	10.89	8.58	73.60
Exp，人均生活消费性支出，元	9956	2634	5699	23208
House，商品房平均售价，元/平方米	2600	1610	845	12823
Transport1，铁、公、航空客货运第一主成分	0.147	1.014	-2.656	3.025
Transport2，铁、公、航空客货运第二主成分	0.011	1.007	-3.713	1.481
PavedStr_person，人均城市路面，平方米	9.47	6.17	0.79	60.29
Doctors，每万人医生数	28.96	15.51	4.65	123.91
Cteacher，每万人口中高校教师数	23.5	21.1	0.0	121.7
Urbanization，城市化人口比例	0.61	0.25	0.13	1.00

数据来源：2009 年《中国城市统计年鉴》和《中国区域经济统计年鉴》。

表 3. 10 是几个重要的相关系数。*FDI* 和国内资本存量的增长似乎都扩大了技术行业和制造业相对就业，意味着其他行业份额相对缩小，城市就业结构倾向于这两大行业。可是，*FDI* 存量和国内资本存量对不同行业相对工资的影响却并不一致，值得关注的是 *FDI* 的增长进一步扩大了行业间工资差别：技术行业相对工资增长，原本已经低于其他行业平均工资的制造业相对工资进一步下降。

表 3. 10　资本存量与相对就业和相对工资的相关系数

变量	三行业相对就业	三行业相对工资	制造业相对就业	制造业相对工资
FDIstock（*FDI* 存量）	0. 34800 ***	0. 05224 **	0. 24503 ***	−0. 23935 ***
Kstock（国内资本存量）	0. 37301 ***	−0. 00553	0. 09828 ***	−0. 15340 ***
FDIstockPC（人均 *FDI* 存量）	0. 21440 ***	0. 00637	0. 51677 ***	−0. 47008 ***
KstockPC（人均国内资本存量）	0. 24011 ***	−0. 20820 ***	0. 28586 ***	−0. 39989 ***

注：***、** 和 * 分别表示参数估计通过了显著性为 $P<0.01$、$P<0.05$ 和 $P<0.10$ 的无相关性检验。

数据来源：2005—2009 年各年《中国城市统计年鉴》和《中国区域经济统计年鉴》。

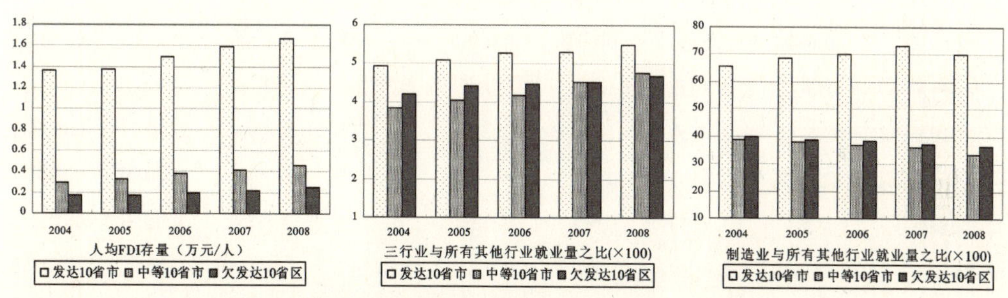

图 3. 5　我国不同发达水平地区城市人均 FDI 与就业结构

数据来源：2005—2009 年各年《中国城市统计年鉴》和《中国区域经济统计年鉴》。

图 3. 5 显示按劳均地区生产总值划分的我国三地区城市人均 FDI 与就业结构。发达地区包括人均水平最高的 10 个省市（上海、北京、天津、广东、江苏、浙江、福建、山东、辽宁和吉林），欠发达地区包括人均水平最低的 10 个省级单位（贵州、云南、甘肃、河南、安徽、四川、湖南、广西、陕西、宁夏），其余 10 省市区为中等地区。显然，发达地区人均 FDI 远高于其他两地区，且五年绝对增长量仍高于其他地区；发达地区 3 个行业和制造业就业在本地就业比例都有增长趋势，而其他两地区制造业就业在本地份额却略有下降，可见，制造业在发达地区的集聚仍在继续。而且，FDI 存量的增长可能促进了 3 个行业和制造业在发达地区的扩张，却没有在其他两地区推动制造业的发展。上述相关分析仅仅提供了一个初步的认识，可靠的结论则有赖于严谨的计量分析。

3.4.5 FDI 就业效应与工资效应的实证检验

3.4.5.1 全国各城市 FDI 存量的就业效应和工资效应方程估计

使用 Hausman 检验确定模型设置，统计检验结果拒绝了解释变量与随机误差不相关的原假设，表明只有固定效应模型才能产生一致性参数估计。检验中发现残差中还存在异方差和序列相关，因而采用了 FGLS 进行异方差和一阶序列相关修正。表 3.11 报告以三行业为代表的技术行业和制造业相对就业和相对工资方程的估计结果。

表 3.11 中国地级及以上城市技术劳动和制造业相对就业和相对工资方程

	技术劳动行业 样本 $n=1430$				制造业 样本 $n=1430$			
	（1）相对就业 ln*HL*		（2）相对工资 ln*qw*		（3）相对就业 ln*ML*		（4）相对工资 ln*Mw*	
变量	参数估计	标准误差	参数估计	标准误差	参数估计	标准误差	参数估计	标准误差
Intercept	10.6823	1.84850	1.34746	0.01090	−26.9955	12.5971	0.78493	0.01510
FDIstock	0.74020***	0.22100	0.00367***	0.00130	0.74236***	0.15058	−0.00805***	0.00180
Kstock	0.15652***	0.04280	0.00084***	0.00025	0.06069	0.29140	−0.00084**	0.00035
SECONDARY	−0.01815	0.01750	0.00003	0.00010	0.32463	0.11910	−0.00022	0.00014
TERTIARY	−0.00487	0.01690	0.00005	0.00010	0.14887	0.11530	0.00003	0.00014
OPEN	0.00403**	0.00172	0.00002*	0.00001	0.02670**	0.01180	−0.00002*	0.00001
ExpShare	0.65312	0.87150	−0.00098	0.00513	−3.62441	5.93930	0.00129	0.00710
House	0.02279***	0.00843	0.00012**	0.00005	−0.04426	0.05740	−0.00003	0.00007
Transport1	0.65380*	0.35030	0.00511**	0.00206	0.09612	2.38750	0.00052	0.00285
Transport2	0.65714*	0.41260	0.00319	0.00243	0.48339*	0.28116	0.00577*	0.00336
PavedStr_Person	0.00196	0.01590	0.00009	0.00009	−0.16787	0.10840	0.00022*	0.00013
Doctors	0.00998*	0.00560	0.00002	0.00003	−0.06222	0.03820	0.00011**	0.00005
Cteacher	−0.00073	0.00933	0.00000	0.00006	−0.17129	0.63600	0.00011	0.00008
Urbanization	3.26616***	0.83280	0.01960***	0.00490	2.54326***	0.56754	−0.0248***	0.00678
面板模型设置	两维固定效应		两维固定效应		两维固定效应		两维固定效应	
R^2	0.86		0.98		0.96		0.97	

注：***、** 和 * 分别表示参数估计通过了显著性为 $P<0.01$、$P<0.05$ 和 $P<0.10$ 的检验。

数据来源：2005—2009 年各年《中国城市统计年鉴》和《中国区域经济统计年鉴》。

首先，检验外商直接投资对技术劳动力相对就业和相对工资的作用。（1）和（2）两列中，ln*FDIstock* 的弹性系数都为正数，说明我国城市 FDI 的增长使得技术劳动需求函数向上移动（见图 3.4），因此，不仅技术劳动就业相对份额扩大了，而且相对工资也有显著增长。对于我国的多数城市来说，FDI 既是就业技术结构上升的一个积极因素，却又是行业间收入差距扩大的一个原因。技术含量较高的 FDI 流入后，外资企业对技术劳动力的需求增加，而我国技术劳动力供给在短期内很难大幅增加，所以技术劳动力工资也随之上涨。国内资本也是推动经济增长、创造就业、增加收入的重要动力。此前某些研究（如李雪辉和许罗丹）发现国内资本对工资水平的影响与外商直接投资相比相差不大。我们的估计显示 ln*Kstock* 在两方程中的系数很显著，但是估计值远小于 ln*FDIstock*，这是因为与外商投资相比，很大一部分国内资本进入了其他行业，而那些行业的非技术劳动需求比例更高。两方程中其他变量都是控制变量。虽然控制了城市固定效应，可是仍有几个显著的参数估计。其中，对外贸易（ln*OPEN*）有利于相对技术就业和相对工资增长；平均房价（ln*House*）越高的城市技术就业相对提高、行业间工资差别扩大；区际交通条件（*Transport*1、*Transport*2）对技术就业、技术工资有积极影响；城市化水平高的城市同样有较高的技术就业份额和工资。

其次，检验 FDI 存量对制造业劳动力相对就业和相对工资的作用。制造业是我国吸收外资累计总量最多、平均工资却相对较低的行业。表 3. 11 中（3）、（4）两列估计结果表明，FDI 对制造业相对就业有非常强劲的推动作用，其结果与以往研究相似（如毛日昇，2009）。可是，令人担忧的是 FDI 存量的增长却使制造业平均工资相对其他行业进一步降低。由于制造业相对工资低于其他各业平均工资，流入制造业的 FDI 提高制造业相对就业份额，意味着 FDI 使得地区平均收入显著减少。国内资本存量对制造业相对就业没有显著影响，但是对制造业相对工资有不利的影响。由于国内资本大约是 FDI 存量的 10 倍，而参数估计所代表的弹性系数约为 FDI 参数的 10%，所以国内资本对制造业劳动相对收入的不利影响大约是 FDI 的 1%，几可忽略。控制城市固定效应后，若干控制变量对制造业的就业份额和相对工资有显著影响。其中，对外开放（ln*OPEN*）有利于制造业就业份额的扩大，却不利于其相对工资的增长；区际交通条件（主成分 *Transport*1 不显著，*Transport*2 显著）对制造业技术就业、技术工资有些许积极作用，但是其大小和显著性明显不及对高收入行业的影响；城市化水平高的城市有更高的制造业就业份额，但是相对工资却更低。其他控制变量的作用则不显著。

3. 4. 5. 2　分地区相对就业和相对工资方程估计

我国的对外开放始于沿海地区，逐步推向内地。经济学理论和典型事实都表明，受地理位置、政策环境、市场力量等因素的影响，FDI 会集中于发达地区、扩大地区经济差距。为了比较 FDI 对不同地区的技术劳动就业和工资的影响，根据前述的地区划分，把劳均地区生产总值最高的十个省市和最低的十个省级单位组成两个样本。同样利用 Hausman 检验结果确定模型设置。表 3. 12 报告估计结果。

表 3.12　发达与欠发达地区三个技术型行业和制造业相对就业和工资方程

三个技术型行业								
	发达地区 样本 n = 480				欠发达地区 样本 n = 590			
	技术劳动相对就业		技术劳动相对工资		技术劳动相对就业		技术劳动相对工资	
变量	参数估计	标准误差	参数估计	标准误差	参数估计	标准误差	参数估计	标准误差
Intercept	11.6246	4.96410	1.34974	0.02790	10.9275	3.17480	1.34564	0.01940
FDIstockPC	0.61153 **	0.24450	0.00369 **	0.00137	0.08443	1.41930	0.00057	0.00866
KstockPC	0.11133 *	0.06190	0.00076 **	0.00035	0.11933	0.12470	0.00054	0.00076
SEC	-0.01289	0.05350	-0.00053 *	0.00030	-0.00755	0.03120	0.00011	0.00019
TER	-0.01173	0.05610	0.00054 *	0.00032	0.00719	0.02660	0.00011	0.00016
OPEN	-0.00378	0.00279	-0.00003 *	0.00002	-0.01632 *	0.00909	-0.00008	0.00006
ExpShare	0.259207	1.59120	0.01421	0.00894	-0.73530	1.60080	-0.01114	0.00977
House	0.03113 **	0.01040	0.00017 **	0.00006	0.01718	0.02210	0.00002	0.00014
Transport1	0.87909 *	0.51030	0.00940 **	0.00287	0.98161	0.64470	0.00628	0.00394
Transport2	-0.05847	0.67660	-0.00123	0.00380	1.10082 *	0.65450	0.00547	0.00399
PavedStr_Person	-0.00596	0.02150	0.00006	0.00012	0.08259 *	0.04300	0.00043	0.00026
Doctors	0.02423 *	0.01280	0.00013 *	0.00007	-0.00417	0.01220	-0.00005	0.00008
Cteacher	0.01775	0.01620	0.00018 *	0.00009	-0.00586	0.01660	-0.00007	0.00010
Urbanization	3,4100 ***	1.13870	0.02380 ***	0.00640	3.86574 **	1.74260	0.02315 **	0.01060
面板模型设置	两维固定效应		两维固定效应		两维固定效应		两维固定效应	
制造业								
	发达地区 样本 n = 480				欠发达地区 样本 n = 590			
	制造业相对就业 *lnML*		制造业相对工资 *lnMw*		制造业相对就业 *lnML*		制造业相对工资 *lnMw*	
变量	参数估计	标准误差	参数估计	标准误差	参数估计	标准误差	参数估计	标准误差
Intercept	-112.84	51.1801	0.87629	0.05790	-1.21645	12.9350	0.75993	0.01580
FDIstockPC	0.83848 ***	2.52090	-0.00801 ***	0.00285	0.11113 *	0.05782	0.01873 ***	0.00707
KstockPC	0.29809	0.63860	-0.00074	0.00072	0.52860	0.50800	-0.00216 ***	0.00062
SEC	0.20017 ***	0.0552	-0.00229 ***	0.00063	0.11583	0.12700	0.00000	0.00016
TER	0.16248 ***	0.05784	-0.00166 ***	0.00065	0.11620	0.10860	0.00010	0.00013
OPEN	0.09164 ***	0.02880	-0.00010 ***	0.00003	0.07145 *	0.03700	-0.00014 ***	0.00005
ExpShare	-10.369	16.405	0.01978	0.01860	2.53262	6.52220	-0.00695	0.00798
House	-0.0099	0.10760	-0.00011	0.00012	-0.17439 *	0.08990	0.00021 *	0.00011
Transport1	-4.70007	5.26140	0.00344	0.00595	3.65822	2.62680	-0.00429	0.00321
Transport2	-7.23861	6.97560	0.00592	0.00789	-3.65617	2.66680	0.00618	0.00326
PavedStr_Person	-0.04328	0.22210	0.00003	0.00025	0.21314	0.17520	-0.00047 **	0.00021
Doctors	-0.12405	0.13240	0.00014	0.00015	0.04417	0.04980	-0.00001	0.00006
Cteacher	-0.40420 **	0.16730	0.00018	0.00019	-0.05299	0.06770	0.00005	0.00008
Urbanization	4.8634 ***	11.7402	0.04567 ***	0.01330	4.53638	7.10000	0.00377	0.00868
面板模型设置	两维固定效应		两维固定效应		两维固定效应		两维固定效应	

注：***，** 和 * 分别表示参数估计通过了显著性为 $P<0.01$、$P<0.05$ 和 $P<0.10$ 的检验。

数据来源：2005—2009 年各年《中国城市统计年鉴》和《中国区域经济统计年鉴》。

FDI和国内两类资本存量在发达地区技术劳动相对就业和工资方程中的参数与全国方程的估计基本一致，但是在欠发达地区的两方程中的参数都不显著。两类地区技术劳动相对就业和工资方程中的FDI都有正参数估计，可是只有发达地区的估计通过了显著性检验。以往一些经验研究也曾显示只有当外资技术含量提高后，FDI才开始对中国的工资有提升作用（杨泽全和杨全发，2004）。我国沿海发达省份最早引入外资，近年来引入的外资技术含量越来越高，相应的生产率也越来越高。因此，发达省市FDI的增长支持了就业结构和技术工资的增长。相比之下，我国最不发达的十个省区在某种意义上正经历着发达地区的早期引资过程，吸收的FDI总量较小、平均技术水平较低，对技术性就业和收入的作用与其他行业的作用没有显著差别。与FDI参数估计相似，国内资本参数估计在发达地区显著，在欠发达地区未通过显著性检验。但是，与FDI参数相比，国内资本参数值和显著性水平都较低，可能是因为国内资本没有像FDI那样向上述3个高收入行业过度倾斜，而是比较均匀地进入了所有行业。方程中其余的都是控制变量，发达地区两个方程参数估计与全国方程估计大同小异，欠发达地区的参数估计显著性更低。

FDI和国内两类资本存量对制造业就业份额和相对劳动收入的作用在两个地区也明显不同。FDI存量的增长使得两地区城市制造业就业份额增加，但是对制造业相对工资的影响却因地区而异。发达地区制造业相对于其他行业的工资因FDI的增长而明显下降，这表明即使制造业的绝对工资有所增长，但是因其他行业收入增长较快，制造业员工的收入仍出现相对下降。随着发达地区生活成本的上升，制造业份额的增长和制造业劳动收入的相对下降对于发达地区扩大内需有不利影响，这表明了地区经济结构升级的需要和可能。与此形成对照的是FDI在欠发达地区对制造业相对收入的显著提升作用，其原因或许是多方面的：FDI可能提高了欠发达地区制造业的生产率，或者欠发达地区其他许多行业收入增长缓慢。国内资本在发达地区的制造业相对就业和工资方程中都没有显著的估计值，国内资本增长没有表现出特别偏向制造业或其他行业的倾向。但是，在欠发达地区，国内资本存量却降低了制造业相对收入水平。

3.5 小结

本章主要研究了我国获得国际技术溢出的渠道：跨国公司R & D、出口和外商直接投资等。

首先，研究跨国公司在华 R & D 投入与地区生产率的相互影响、地区生产率和跨国 R & D 的地区间溢出作用以及地区技术吸收能力或互补条件对跨国 R & D 效率的影响。使用 1996—2006 年 30 个省级单位面板数据的空间计量联立方程估计显示：跨国 R & D 在特定地区的投入与当地生产率互为因果、互相促进；各地的生产率不仅取决于本地区的要素投入和跨国 R & D 投入，而且受到邻省区跨国 R & D 的溢出作用；跨国 R & D 的区位选择既看重本地经济效益和其他投资条件——尤其是科研人力资源、出口经济和交通设施，也受邻省区跨国 R & D 溢出的积极影响，致使跨国 R & D 在发达地区高度集聚；跨国 R & D 对地区生产率的促进作用几乎完全取决于当地是否有足够的科技人员以及当地生产融入世界产品市场的程度。研究还发现国内 R & D 也对生产率有显著促进作用，其作用也取决于本地区科技人员比例，并且国内研发与跨国研发互相竞争。

上述结果为具体的政策研究提供了一些思路。其一，在华跨国研发投资的高速增长以及我国科技人员和国际产品市场对跨国研发的区位决定作用表明中国在国际分工体系中的比较优势已开始体现在研发领域。跨国研发投资对生产率的贡献也表明我国地区经济发展对技术创新的依赖正逐年增强。我国在深化和优化对外开放中需要进一步研究如何引导跨国研发与本国技术创新合作、提高我国的技术吸收能力。其二，跨国研发在地域上集中、与地区生产率因果循环扩大了地区经济差距。与生产部门相比，本质上活跃多变的研发活动对区位条件要求更高。欠发达地区若想吸引跨国 R & D 落户并使其有助于提升地区生产率，必须从培养和吸引科技人才、提升地方科技力量、改善交通条件以及与国际产品市场接轨几方面入手。其三，位于同一地区的跨国研发和国内研发相互竞争。两种研发的竞争和替代作用表明各地政府可以利用国内国外两种资源。当跨国研发在沿海省市集聚的同时，中央和地方政府应考虑提供优惠政策把国内研发吸引到已有一定基础的内陆省份，促进西部开发和中部崛起。

其次，借鉴 Coe & Helpman 国际研发溢出模型的思路，引入“出口中学”因子，采用 1998—2006 年我国 28 个省的面板数据分析“出口中学”对我国全要素生产率的影响。结果表明，“出口中学”效应在国家层面是成立的，而在区域之间则存在着差异。进一步考察发现，通过出口获得的国外研发的技术外溢效应与国内的人力资本共同对全要素生产率产生作用。值得注意的是，出口所获得的国外技术溢出效应取决于我国与外国水平的差距，具体表现为来自国外的技术外溢的边际效应随国内人力资本的增长而下降。目前，中国的平均受教育水平是 8.4 年，比发达国家低三年多，因此，国外的技术外溢对我国——尤其是东部和西部地区——的企业生产率有普遍的促进作用。但是，根据计量估计，如果我国平均受教育水平超过发达国

家平均水平，达到人均 14 年，来自外国产品市场的技术溢出边际效应将趋于零。Helpman（2006）认为多数情形下“出口中学”效应仅表现为发展中国家企业生产工艺流程与组织管理方式的学习与改进、先进生产设备的引进等成本降低型生产效率的提升，并不必然导致发展中国家企业自主技术创新型生产效率的提高。本研究的结果表明只要当我国和发达国家技术和人力资源上还存在差距，“出口中学”仍会对我国企业的生产率产生积极作用。

再次，研究了外商直接投资（FDI）的技术溢出效应。结果表明，计量方程设置对实证检验的结果影响很大。虽然 FDI 对全生产率的直接贡献始终显著，但是，如果忽视了人力资源的互补作用，国外创新网络通过 FDI 对我国的间接技术外溢效应在统计上表现为负值。然而，考虑到人力资本与国外技术外溢的互补作用后，国外创新网络的技术外溢效应在结果中得到了充分地呈现。由此可以看出，吸引外商直接投资是参与国外创新网络的一种重要方式，改革开放 30 多年来，我国已经成为世界利用 FDI 最多的国家。然而，实证的结果要求我们对利用 FDI 的方式进行深层次的反思。一方面，FDI 大量的流入缓解了国内企业投资不足的早期困扰，对提高我国生产率有直接的作用。另一方面，国外创新网络本身的技术优势为我国的技术进步提供了前所未有的机遇和平台。国外创新技术外溢一旦与我国人力资本结合，就能显著提高我国企业的生产率。因此，在国外创新网络的技术外溢过程中，人力资本发挥着重要的互补作用。

最后，本章根据国际资本流动与技术劳动力相对需求的理论构建计量方程对我国 286 个地级市 2004—2008 年人均 FDI 存量最高的四个行业的数据进行了分析。研究结果表明我国发达地区城市的 FDI 存量增长推动了技术性劳动就业份额的增长，可是这种作用在欠发达地区尚未显现。同时，FDI 存量对发达地区和欠发达地区制造业就业份额都有扩大效应，其中，在发达地区的就业效应更大，说明我国制造业继续在发达地区城市集聚。FDI 对不同行业的收入影响也因地而异，其中，在发达地区对技术性劳动收入增长有利，在欠发达地区对制造业劳动收入增长有利。可是由于 FDI 存量在发达地区对制造业劳动相对收入的不利影响，发达地区制造业的进一步集聚已经对本地区平均收入增长造成不利影响，这也是制造业在我国东部地区集聚或将出现逆转的一个迹象。相反，FDI 对欠发达地区的制造业相对收入有显著贡献，FDI 进入欠发达地区将有利于这些地区收入的增长。可见，FDI 存量的增长对提高我国城市就业技术结构同时有正负相反的两种作用，这两种作用在发达地区表现得更加明显。与 FDI 相比，国内资本的技术性劳动相对就业和收入效应较小，无明显行业偏向。

研究结果为评价各地吸引外资、提升就业技术结构和增加劳动收入的政策及其

效果提供了一些统计证据。首先，国际资本对提高我国城市的就业结构和收入有积极作用，发达地区应有选择、积极地引进技术含量较高的国际资本、创造更多的知识性技术性就业、增加收入，实现地区就业技术结构的升级。其次，FDI有利于欠发达地区制造业相对收入的增长；同时，在我国东部集聚的制造业有可能在要素收益均等化作用下逐渐向中西部转移。在调整各地区经济结构、加速欠发达地区发展的规划中，这是两个值得关注和利用的经济力量。欠发达地区应积极引进制造业，既包括直接引进外资工业，也包括承接发达地区的制造业。再次，虽然发达地区就业结构升级和欠发达地区承接制造业后都会获得新的发展动力和较高的收入，但是，和发达地区的新兴行业相比，制造业收入相对较低。因此，要素收益均等化的趋势总是落后于技术进步和集聚经济产生的地区间差距。我国政府在引导成熟产业西进的同时，仍需在能源、原材料和加工、特色农牧业和加工等相对优势行业提供扶持以及转移支付项目的设计实施方面为欠发达地区提供支持。

4 城市工业集聚的空间效应和生产性服务业-制造业的协同效应

本章研究我国非农业生产的集聚经济效应。第一部分在集聚经济理论基础上检验我国地级及以上城市工业集聚与劳动生产率的因果关系和空间溢出效应。第二部分根据新经济地理学关于城市产业关联效应和协同定位的理论，研究我国城市生产性服务业与制造业的协同效应和内生集聚。

4.1 中国城市工业集聚与劳动生产率的因果关系和决定因素①

改革开放以来，中国经济实现了迅速发展。与此同时我国东部地区与中西部地区的经济差距明显扩大。东部 11 省市占全国 GDP 的比重由 1978 年的 48.0% 上升到了 2005 年的 64.4%。随后，国家在欠发达地区的发展战略显示了成效，但截至 2010 年，东部 11 省市占全国 GDP 的比重仍超过 59%。地区经济差距不仅表现在总量方面，更反映在效率上。2005 年东部地区的人均劳动生产率是中西部地区的 1.79 倍（《新中国五十年统计资料汇编》和 2006 年《中国统计年鉴》）。不断扩大的中国区域经济差距引起了社会各界的广泛关注。中国“十五”、“十一五”和“十二五”规划都把实现中国区域经济合理布局，实现区域协调发展作为重要内容。探究造成中国地区经济差距的原因，提出有效缩小地区经济差距的政策建议也早已成为我国经济研究中的一个热点。

在今后一段时间内，除了沿海少数地区处于工业化稳定发展阶段外，中国绝大部分地区仍将处于工业化快速推进时期。目前，中国各地经济普遍以第二产业为主

①本节的主要内容曾以《工业集聚与城市劳动生产率的因果关系和决定因素——中国城市的空间计量经济联立方程分析》为题发表在《数量经济技术经济研究》2008 年第 12 期。

导，中西部地区同样希冀以工业为突破口，实现自身经济的快速发展，缩小与东部地区的经济差距。但是，在市场力量的推动下，中国工业布局已经在优势地区集中，形成了一批制造业集聚带，如长江三角洲制造业带、珠江三角洲制造业带、京津制造业带、山东半岛制造业带、闽东南制造业带等。工业企业在规模做大后，往往把总部、研发机构、营运中心甚至部分生产制造环节搬迁到主要中心城市。生产要素和工业企业在东部沿海中心城市的集聚表现得尤为突出。由于我国的能源、矿产资源和剩余劳动力主要集中在中西部地区，工业生产高度集中既扩大了区域经济差距，也加剧了工业化地区与能源、原材料和劳动力丰富地区之间的脱节以及大规模的民工流动和运力紧张。因此，如何处理好工业集聚与区域协调之间的关系，是亟待研究和解决的问题。由于我国工业集聚的地区和城市正是我国经济发展水平和效率最高的地区，有理由认为工业集聚和地区经济效益存在着相关性。然而，对我国工业集聚与城市生产率的系统研究仍比较薄弱，尚不能很好地解释两者相互作用的机制，更无法准确解释相邻城市之间工业集聚和生产率是如何相互影响的。

本节主旨是研究中国地级及以上城市工业集聚与城市劳动生产率的相互关系，并且从工业集聚和邻近城市溢出效应的角度解释城市间生产率的差异和工业集聚的原因。在实证分析中，本节使用中国所有地级及以上城市的数据检验城市经济效率和产业集聚的决定因素。

4.1.1 研究进展：城市集聚经济的机制和实证研究

早在一个世纪前，马歇尔用中间投入品的规模经济、劳动力共享和知识溢出三原理描述了工业集聚的微观基础。然而，对其理论的正规化却是近20年城市经济学的成就。Duranton & Puga（2004）根据马歇尔的思路对集聚的微观基础进行了深入的理论研究，将城市经济集聚的3个微观机制——共享（sharing）、匹配（matching）和学习（learning）分别模型化。更多学者则采用各国数据对集聚经济进行了实证研究，重点是检验集聚经济的存在以及集聚对经济增长的作用。Sveikauskas（1975）对美国城市研究的结果表明城市规模增加1倍，生产率将上升6%～7%。Glaeser等（1992）检验了产业集聚中技术溢出对城市经济增长的三个主要假说，发现技术溢出作用存在于美国城市产业部门之间而非产业内部。Ciccone & Hall（1996）使用美国各州的数据分析了劳动生产率和就业密度之间的关系，结果表明一个地区的就业密度提高1倍，劳动生产率提高6%。其他学者（如Henderson，2003；Braunerhjelm & Borgman，2006）使用了不同国家或部门的数据检验了集聚对于劳动生产率的影响，发现经济集聚与劳动生产率之间呈显著正相关。Ellison等（2007）在最近一项研究中使用1972—1997年美国制造业面板数据对马歇尔提出的集聚经济三原理进行

了检验，发现导致集聚的最重要的因素是投入和产出之间的依赖关系，其次是劳动力市场共享。

自新经济地理学问世后，许多学者（如 Krugman，1991；Krugman & Venables，1995；Fujita & Thisse，1996）在传统主流经济学基础上从稍稍不同的角度对影响经济集聚的因素展开了研究。新经济地理学强调经济集聚的决定因素是收益递增和垄断竞争、交易成本、劳动力蓄水池共享和产业的前后向链接效应。Palivos & Ping（1996）认为人力资本的外部性是集聚的向心力，而交通成本则是阻止城市规模扩大的主要离心力。Ellison & Glaeser（1997）对美国的制造业集聚进行了研究，发现具体行业的地方化外溢、自然条件方面的优势和纯粹的随机事件都会影响集聚。随着交通和通讯技术的创新、发展，以货物运输为主要形式的有形交易成本显著下降、似乎不再是经济集聚的主要原因。而 Porter（1998）和 Glaeser（1998）等的研究结果却强调了知识的传递成本在经济集聚中所起的关键作用：因为信息技术发展使得经济系统中的信息日益复杂、信息量剧增，所以信息技术不仅不能替代面对面交流，相反却促成了更多的近距离交流，以便获得默知（tacit）知识和迅速变化的技术。面对面交流和默知知识传递在地域上的局限性决定了只有空间上集聚的厂商才能获得知识外溢的利益，这成为解释信息时代经济继续集聚的重要原因。

一些学者特别研究了经济集聚与经济增长互为因果的关系。Fujita & Krugman（1995）的研究表明企业利润随着市场潜力上升，企业将向市场潜力较大的地区集中，企业的集中又将提高这些地区的市场潜力，所以经济集聚与经济增长之间存在互相强化的内生性关系。Martin & Ottaviano（2001）构造了纯理论模型试图解释集聚和经济增长之间的内生关系。他们认为，由于贸易成本和规模报酬递增的作用，厂商会在最终需求强劲、技术创新活跃的增长地区集聚。同时，经济集聚的规模效应和技术外溢会降低集聚地区的创新成本，提高经济效益。其他的理论研究（如 Fujita & Thisse，2002；Yamamoto，2003）也通过构建多地区或多部门理论模型得出了经济集聚与经济增长两者互相强化的结论。在实证研究中，越来越多的学者注意到了经济集聚与经济增长的内生性关系。Ciccone（2002）在研究西欧五国就业密度效应对劳动生产率的影响时，意识到经济集聚与生产效率两者的内生性，在实证研究中使用了测度经济集聚的工具变量。最近，Brülhart & Mathys（2007）对 Ciccone（2002）的研究进行了扩展，使用欧洲各地区 1920—2003 年面板数据分析了就业密度对经济增长的效应，结果表明经济增长相对于经济集聚的弹性为 13%。值得注意的是，上述研究者在分析经济集聚与生产率增长的内生关系时，意识到经济外部性不仅存在于区域内部，而且还超越区域边界。在开放经济条件下，不仅无形的知识和技术会在城市间流动，而且一个城市的中间生产部门和设施也会为邻市服务，甚

至本市居民也可能到邻市就业。因此，城市之间在一定程度上相互影响、相互依赖。

空间计量经济方法使研究者对聚集经济外部性的考察有了更准确的结果。以Anselin（2004）为代表的空间计量经济学家们认为，几乎所有的空间数据都具有空间依赖或空间自相关的特征，在空间截面或面板分析中必须考虑空间依赖性以减少分析误差。Fingleton（1999）使用空间误差自相关模型和178个欧盟地区的数据分析了欧洲区域生产率的决定因素，发现资本积累带来的技术外溢导致了显著的跨区域外部性。Elisabet（2004）运用空间计量方法研究了西班牙城市的集聚经济和工业分布情况，结果表明在一些部门，邻近城市的人口规模或就业水平对城市集聚经济有显著的强化作用。Van Oort（2007）在研究荷兰集聚经济在不同空间范围的作用和在行业内部以及行业间作用时，使用空间滞后模型得到了更加稳健和准确的分析结果。

近年来，我国一些学者对经济集聚和经济增长分别进行了分析。例如，文玫（2004）使用工业普查数据考察中国工业在区域上的集中程度，证实自改革以来，中国制造业在地域上变得更为集中。金煜、陈钊和陆铭（2006）使用新经济地理学的分析框架讨论了经济地理和经济政策因素对工业集聚的影响，发现经济地理和经济政策都是导致工业集聚的重要因素。张妍云（2005）运用省级工业数据分析了我国工业发展路径，结果表明工业集聚促进了集聚地区劳动生产率的提高。范剑勇（2006）从产业集聚、劳动生产率、地区差距相互联系出发，分析了中国2004年地级城市和副省级城市的数据，发现非农产业劳动生产率对就业密度的弹性系数高于现阶段欧美国家的水平。张艳和刘亮（2007）基于中国161个城市的面板数据检验了经济集聚对城市经济增长有显著的促进作用。

总之，已有的文献表明集聚经济产生的重要原因是规模经济和经济外部性，相邻区域之间的经济发展的外部性是不容忽视的，在研究集聚经济与经济效益关系中引入空间计量经济学的方法是非常必要的。可是，现有的关于中国产业集聚与经济效益的文献明显缺少三方面内容：首先，对工业集聚的测度过于简单，无法区分集聚产生的外部经济和非经济。其次，同时检验产业集聚与经济效益二者内生关系的研究仍难以觅寻。再次，研究经济集聚与经济效益时，以往文献大都未考虑区域之间外部性的影响。本节意在加强这三方面研究，以弥补文献的不足。

4.1.2 工业集聚及其空间溢出机制

集聚经济分为地域化经济和都市化经济。前者因集聚经济的三个机制（中间部门规模经济、劳动市场规模与共享、知识技术外溢）存在于同一产业内而得名；后者因三个机制跨越部门界限而被命名。以往研究（如Glaeser等，1992）表明要在

实证中准确区分它们是困难的。本小节研究第二产业集聚与城市经济效率的因果关系，所研究的集聚经济包含了所有工业部门地域化经济和部分都市化经济。集聚经济的主要测度包括经济活动的分布密度和集聚规模。这两个集聚经济的测度对地区生产率的影响一直为城市经济学所关注，但是除了 Ciccone& Hall（1996）的模型外，普遍认同、具有严密理论基础且可用于实证研究的应用模型仍鲜见于文献中。Ciccone & Hall 认为集聚经济的外部性来自经济活动的密度，其简约型方程如下：

$$q_i=\theta_i\left[(n_iH_i)^{\beta}\kappa_i^{1-\beta}\right]^{\alpha}(Q_i/A_i)^{(\lambda-1)/\lambda} \tag{4.1}$$

式中，q_i 是城市 i 单位面积的产出，θ_i 为城市全要素生产率，n_i 为城市单位面积就业人数，H_i 是平均人力资本水平，κ_i 为单位面积物质资本投入。α 是单位面积资本与劳动的规模报酬，$0<\alpha\leqslant 1$，表示边际生产率递减，即“拥挤效应”。β 是要素贡献率，$0<\beta\leqslant 1$。Q_i 和 A_i 是该城市的总产出和总面积。Q_i/A_i 是空间产出密度，增加的这一因子是该模型与通常生产函数的主要区别。λ 是产出密度的参数。当$\lambda>1$时，工业的地域化经济表现出外部性，工业集聚对城市经济效益产生贡献。

上述模型中测量聚集经济的只有产出密度，没有集聚规模，而集聚经济的 3 个微观基础却有赖于集聚规模。为了更全面地分析工业集聚的影响，本节在沿用生产密度测度的同时，引入工业集聚指数 s_i 和工业占全市经济比重 g_i 两个新的工业集聚变量。工业集聚指数 s_i 是每一城市工业部门在全国工业部门中所占的比重，而 g_iQ_i/A_i 共同测度工业部门的空间产出密度。包含工业集聚指数 s_i 和工业比重 g_i 的生产函数可用下式刻画：

$$q_i=\theta_i\left((n_iH_i)^{\beta}\kappa_i^{1-\beta}\right)^{\alpha}(s_i^{\gamma}g_iQ_i/A_i)^{(\lambda-1)/\lambda} \tag{4.2}$$

式中 γ 是未知参数。用上述函数乘以城市面积 A_i，并对其他因子作适当变换，得总产出为：

$$Q_i=A_i\theta_i\left((N_iH_i/A_i)^{\beta}(K_i/A_i)^{1-\beta}\right)^{\alpha}(s_i^{\gamma}g_iQ_i/A_i)^{(\lambda-1)/\lambda} \tag{4.3}$$

N_i 是城市非农业总就业人数，H_i 为该城市平均人力资本水平，K_i 是该城市资本投入。对（4.3）变换可得以下非农业劳动生产率函数。

$$Q_i/N_i=\theta_i^{\lambda}(H_i^{\beta}(K_i/N_i)^{1-\beta})^{\alpha\lambda}(N_i/A_i)^{\alpha\lambda-1}s_i^{\gamma(\lambda-1)}g_i^{\lambda-1} \tag{4.4}$$

式（4.4）可用简洁符号表达。令劳动生产率为 $y_i=Q_i/N_i$，人均资本 $k_i=K_i/N_i$。取对数后

$$\ln y_i=\lambda\ln\theta_i+\beta_1\ln H_i+\beta_2\ln k_i+\beta_3\ln n_i+\beta_4\ln s_i+\beta_5\ln g_i \tag{4.5}$$

式中参数分别为 $\beta_1=\alpha\beta\lambda$，$\beta_2=\alpha\lambda(1-\beta)$，$\beta_3=\alpha\lambda-1$，$\beta_4=\gamma(\lambda-1)$，$\beta_5=\lambda-1$。根据生产理论和内生增长理论，知识和技术是产出的直接投入（Romer，1990）或溢出效应的来源（Lucas，1988），因此，人力资本 H 的参数具有正号，$\beta_1>0$；而资本是生产中最基本的要素之一，所以，k 的参数 β_2 必然为正。前述文献

(Ciccone & Hall, 1996; Ciccone, 2002; Brülhart & Mathys, 2007; 范剑勇, 2006) 使用劳动力的空间密度测量集聚经济，其参数估计 $\beta_3=\alpha\lambda-1$ 的正负号代表集聚经济与拥挤造成的非经济相抵后剩下的净效益。扩展后的方程（4.5）则有两个测量集聚规模、但不测量劳动力空间密度的新变量 s_i 和 g_i。三个不同变量的参数 β_3、β_4 和 β_5 可将劳动力拥挤的非经济性和集聚的外部经济在一定程度上区分开来。由于 n_i 是城市单位面积就业人数，β_3 测量拥挤造成的效率下降。而且因为 $0<\alpha\leqslant 1$，从 $\beta_3=\alpha\lambda-1$、$\beta_4=\gamma(\lambda-1)$ 和 $\beta_5=\lambda-1$ 三个表达式可以判断 $\alpha\lambda-1$ 最可能出现负值。此外，除了工业集聚外，传统的全要素生产率 θ_i 包含着诸多城市变量。这些变量可综合为代表地区固定效应的虚拟变量。

由于知识外溢、生产过程上下游链接、人员流动和其他经济活动的外部性都可能超越城市边界，邻近城市的效益互相影响。如果以相邻城市平均生产率 Ly_i 测度第 i 个城市劳动生产率所受的邻市工业集聚和产出效益的影响，同时假设其他随机影响是 ε_i，上式可扩展为下述空间滞后模型

$$\ln y_i=\alpha_0+\alpha_1 C+\alpha_2 W+\beta_1\ln H_i+\beta_2\ln k_i+\beta_3\ln n_i \\ +\beta_4\ln s_i+\beta_5\ln g_i+\beta_6\ln Ly_i+\varepsilon_i \tag{4.6}$$

式中 C 和 W 分别是中部和西部地区虚拟变量。因为东北地区城市样本较小，不再单设虚拟变量。统计模型中把辽宁并入东部、黑龙江和吉林并入中部地区。

构建邻市平均生产率 Ly_i 的前提是定义城市间关系。城市间相互关系由空间权重矩阵 W_{nxn} 表示

$$W_{nxn}=\begin{pmatrix} w_{11} & w_{12} & \cdots & w_{1n} \\ w_{21} & w_{22} & \cdots & w_{2n} \\ . & . & \cdots & . \\ w_{n1} & w_{n2} & \cdots & w_{nn} \end{pmatrix}=\begin{pmatrix} 0 & w_{12} & \cdots & w_{1n} \\ w_{21} & 0 & \cdots & w_{2n} \\ . & . & \cdots & . \\ w_{n1} & w_{n2} & \cdots & 0 \end{pmatrix}$$

对角线元素 $w_{ii}=0$，非对角线元素 w_{ij}（$i\neq j$）表示按一定规则定义的两城市间关系，这种规则通常是给定的距离或共同边界。由于多数城市没有共同边界，本节用空间距离定义城市间联系。如果第 i 和第 j 个城市相互距离在定义的范围内，则 $w_{ij}>0$，否则 $w_{ij}=0$，$i=1,\cdots,n$ 表示所包括的 1 至 n 个被研究城市。非农业产出和就业以纵向量 $Q=(Q_1,Q_2,\cdots,Q_n)'$ 和 $N=(N_1,N_2,\cdots,N_n)'$ 表示，第 i 个城市的所有邻市产出总量和就业量是 W_{nxn} 的第 i 行分别与 Q 和 N 的乘积，即 $LQ_i=W_iQ$ 和 $LN_i=W_iN$。由此可以构造相邻城市的平均劳动生产率 $Ly_i=W_iQ/W_iN$。

如文献中反复证实，城市的劳动生产率和工业集聚相互作用，而且，工业是否在某一地区集聚还受所在地的人力资本、区域交通以及其他区位条件影响。城市间的经济联系和技术外溢使得邻近城市的集聚水平 Ls_i 也影响到企业、尤其是长链产

业企业的区位选择。采用 $C-D$ 函数形式并取对数，工业集聚水平可以用以下空间滞后模型表示

$$\ln s_i = a_0 + a_1 C + a_2 W + b_1 \ln y_i + b_2 \ln H_i + b_3 \ln Ls_i + b_4 T_i + \xi_i \tag{4.7}$$

式中 $Ls_i = W_i s$，$s=(s_1, s_2, \cdots, s_n)'$ 是 n 个城市的工业占全国份额的向量。T_i 是交通条件。本节用三个变量——高速公路、铁路和航空条件——测度交通条件。其他变量的意义与式（4.6）中的相同。

式（4.6）和（4.7）构成了联立方程组。除了通常的内生变量 s_i 和 y_i 外，邻市平均生产率 Ly_i 和集聚水平 Ls_i 也在方程右边。本节采用 3.1.4 节中说明的方法构建空间滞后工具变量，即先对相关变量的空间滞后城市的数值相加，再将累加值对外生变量回归，把回归预测值作为空间滞后工具变量。

4.1.3 城市工业集聚与劳动生产率的描述统计分析

本节数据大多取自 2006 年《中国城市统计年鉴》。通过城市的高速公路数、铁路站场和民航机场规模等交通数据从地图和有关民航网站上收集。下面对有关变量和测度做一简要说明。

城市劳动生产率 y_i：城市非农业就业人均 GDP。第二产业占 GDP 的份额 g_i：统计资料中没有工业增加值占城市 GDP 数据，因而用第二产业占城市 GDP 替代，我国工业增加值约占第二产业的 90%，在解释方程估计时需加以注意。城市第二产业在全国所占的比重 s_i：城市第二产业产值占全国的比重。邻近所有城市的平均劳动生产率 Ly_i：所有邻市非农 GDP 总和除以所有邻市非农就业数。邻近所有城市的第二产业在全国所占的比重 Ls_i：所有邻市第二产业总产值占全国的比重。城市非农业就业人均国内资本投入 k_i：统计资料中没有所有工业企业的国内资本投入，所以用城市限额以上工业年均固定资产与流动资产总和，除以城市非农就业数。限额以上工业增加值约占工业 GDP 的 90%，由于限额以下企业大多是劳动更密集的小企业，上述的资本投入应相当于所有工业企业的 90% 以上，所以方程的参数会被稍稍高估。人均外商资本投入 fdi_i：2000—2005 累计使用外资，换算成人民币，假设 5% 的年折旧率，再除以城市非农业就业数。由于 2000 年前的 FDI 没有计入，方程的参数会被高估。城市单位面积就业密度 n_i：城市非农业就业数除以城市建成区面积。城市平均人力资本：因为没有理想的测度，本节用四个变量，（1）信息计算机服务和软件业以及科研技术人数占城市就业百分比 *IT_Science*、（2）城市万人大学教师数 *Prof_10kPop*、（3）城市万人大学生数 *Student_10kPop* 和（4）平均受教育年限（五普数据）*Schooling*。高速公路数 *ExpHiways*：经过城市的高速公路数，数据从各省市地图上收集。铁路站场 *RRCenter*：按铁路客流量将便利程度分为 1（1 ~ 100 万人

次)、2（100 万 ~ 200 万)、3（200 万 ~ 400 万)、4（400 万 ~ 800 万)、5（800 万 ~ 1500 万）和6（大于1500 万人次)，若本市虽没有车站，但最近的车站在50 公里以内，则为1，否则为0。民航机场 AirPort：如机场距市中心 100 公里以内，按每日航班到发对数设四等：1（1 ~ 200 对)、2（201 ~ 300 对)、3（301 ~ 500 对）和4（超过 500 对)，若 100 公里内无机场，则为 0。

构建空间权重矩阵 $W_{288\times288}$是数据准备的关键。我们使用 *SAS IML* 编程、利用国家基础地理信息系统中城市中心经纬度坐标数据和公式 $R\times\arccos(\cos(\alpha_i-\alpha_j)\cos\beta_i\cos\beta_j+\sin\beta_i\sin\beta_j)$ 计算所有城市间距离，式中 R 为6378 公里，α_i、α_j 为 i，j 两点的经度，β_i、β_j 为两点纬度。若两市距离在 100 公里内，$w_{ij}=w_{ji}=1$；否则，$w_{ij}=w_{ji}=0$。某城市 100 公里内所有邻近城市非农 GDP 占全国比重的总和即邻近城市的集聚规模，$Ls_i=W_is=\sum_{j=1}^{N}w_{ij}s_j$ 。Ly_i 的计算需要对邻近城市的 GDP 和就业分别相加，然后计算 $Ly_i=(W_iQ)/(W_iN)$。本节在方程估计中还检验了不同距离城市间相互作用，发现100 公里内的空间滞后变量统计显著性最高。如理论所指出的，集聚经济的三个微观机制有地域局限性。以下的空间滞后变量都是在100 公里距离内建立的。

表4.1　列出了各省域的地级及以上城市和周边城市的生产率和第二产业集聚的样本均值，按各省平均劳动生产率 y 排列。

表4.1　各省域地级及以上城市和周边城市平均劳动生产率和第二产业集聚程度

省域	y	s(%)	g(%)	Ly	Ls(%)	省域	Y	s(%)	g(%)	Ly	Ls(%)	省域	y	s(%)	g(%)	Ly	Ls(%)
东部	19.02	0.47	52.72	17.95	1.37	东北	11.51	0.21	50.47	10.11	0.38	西部	11.74	0.10	44.55	8.91	0.12
江苏	24.07	0.48	57.82	22.44	1.72	辽宁	13.43	0.26	55.16	14.10	0.81	新疆	20.09	0.32	62.93	5.00	0.00
广东	23.35	0.53	51.24	22.82	2.85	吉林	11.32	0.16	55.41	9.70	0.14	内蒙古	15.15	0.11	42.33	6.49	0.01
上海	20.94	5.06	48.67	34.29	1.17	黑龙江	9.39	0.19	41.70	5.73	0.03	云南	14.12	0.08	41.44	10.99	0.08
浙江	20.88	0.34	49.39	22.81	1.13							广西	12.23	0.07	39.89	9.40	0.03
天津	18.26	2.19	56.09	12.57	0.16	中部	11.35	0.11	48.97	11.04	0.36	重庆	12.02	0.92	46.15	5.00	0.00
山东	17.31	0.36	57.93	14.39	0.62	安徽	14.58	0.10	46.44	16.49	0.54	甘肃	10.44	0.06	45.44	9.89	0.04
北京	13.64	2.28	29.3	11.17	0.18	湖南	12.99	0.10	43.10	9.13	0.24	青海	10.40	0.07	35.89	5.00	0.00
福建	13.11	0.19	49.12	13.13	0.36	湖北	11.48	0.19	48.77	11.69	0.62	陕西	10.36	0.11	49.86	7.31	0.26
河北	12.32	0.19	54.68	9.88	0.88	江西	10.75	0.09	47.09	9.47	0.12	四川	10.33	0.10	46.78	10.01	0.25
海南	10.51	0.06	26.56	5.00	0.00	山西	8.98	0.10	50.20	8.05	0.26	宁夏	9.71	0.04	41.35	10.00	0.12
						河南	8.71	0.12	56.55	9.36	0.32	贵州	8.78	0.09	44.33	5.86	0.06

数据来源：2006 年《中国城市统计年鉴》。

东部地区的平均生产率（19 万元/职工）比其他三地区的高 70% 以上，东部地区平均每城市第二产业占全国的比例（0.47%）则是其他三地区的 2.2 ~4.7 倍。由于城市在各地区分布密度的差别，邻近城市第二产业的集聚（*Ls*%）表现出更大的地区差异。东部每一城市的邻市第二产业集聚量平均为全国总量的 1.37%，而西部地区的平均值只有 0.12%。如果邻近城市第二产业的集聚有溢出效应，当前的产业集聚分布显然不利于东部以外地区，特别是西部地区的发展。

表 4.2 是各变量的描述统计量。城市劳动生产率最低为每个职工 4.22 万元，最高为 109 万元，平均值为 13 万元。第二产业规模最小和最大的城市分别占全国 0% 和 5.06%，平均为 0.23%。各城市第二产业在各城市经济中从 8% 到 89%，平均为 49%。人均资本、人力资本等的城市间差别也很悬殊。

表 4.2 中国地级以及以上城市的描述统计量

变量	N	均值	标准偏差	最小值	最大值
y（万元/职工）	288	13.80	8.80	4.22	109.58
s（%）	288	0.23	0.47	0.00	5.06
g（%）	288	48.96	13.46	8.05	88.99
k（万元/职工）	288	32.04	23.07	3.35	264.40
fdi（万元/职工）	288	1.70	2.79	0.00	28.48
n（职工/建成区公里^2）	288	2382.20	1060.20	407.12	7250.00
Schooling（年）	285	8.55	0.98	4.75	10.63
IT_Science（%）	286	3.52	2.01	0.00	12.29
Prof_10kPop（人/万人）	288	31.67	25.52	0.00	198.09
Student_10kPop（同上）	288	532.89	424.69	0.00	2366.55
Ly（万元/职工）	273	12.56	7.72	5.00	45.90
Ls（%）	273	0.62	1.35	0.00	9.29
高速公路（条）	273	1.80	1.36	0.00	9.00
铁路站场（指数）	273	2.45	1.62	0.00	6.00
机场（指数）	273	0.80	1.31	0.00	5.00

数据来源：2006 年《中国城市统计年鉴》及各省地图集。

4.1.4 中国城市非农业劳均产出和产业集聚联立方程估计

除了地区虚拟变量和三个交通变量外，其他变量都取对数。双对数函数形式在计量估计中还有助于消除统计异方差。分析表明四个测量人力资本的变量存在严重的多重共线性。使用因子分析法发现第一个主成分解释了四个变量三分之二的样本变化。所以，方程中使用了第一个因子，标明为 HK。内生变量用前述工具变量方法处理。由于个别记录有缺失值，方程估计实际使用了 268 个记录。由于 3SLS 利用了 2SLS 估计的误差信息，其参数估计在效益和一致性上都优于 2SLS。所以本节使用了 3SLS 法。表 4. 3 报告联立方程的估计结果，其系统加权 R^2 为 0. 66。

非农业劳动生产率方程参数估计基本验证了理论预期。三个要素投入变量都为正值，国内资本和外商投资都是我国城市劳动生产率的重要决定因素。非农产业劳动生产率相对于国内资本的弹性系数是 0. 28。由于 k 只包括了限额以上工业企业，弹性系数大约被高估 10% （0. 028）。*k* 的参数估计约为 *fdi* 系数 0. 75 的 3 ~4 倍。但是，由于 *k* 的样本均值（32）是 *fdi* 均值（1. 7）的 19 倍（见表 4. 2），外资的边际效率是国内资本的 4 倍以上。虽然因数据原因（2000 年以前的 FDI 未计入）对 FDI 参数有所高估，但是从定性上看，这一结果与目前学术界对 FDI 的认识是一致的：FDI 不仅带来了先进的技术和管理，而且通过技术外溢和前后向链接提高了整个城市的经济效益。人力资本综合变量 *HK* 的回归系数为正，但是在统计检验中尚不够显著（$p = 0.13$）。人力资本在实证研究中较难测度。这在一定程度上降低了统计显著性。这一估计结果也许还反映了许多城市的发展仍依赖于资本和廉价的劳动投入、高校教师对城市生产率的贡献有限、大量高校学生异地就业等现实。

表 4. 3　中国地级以及以上城市非农业劳均产出和第二产业集聚联立方程的 3SLS 估计

生产率方程，因变量 *y*（万元/职工）					产业集聚方程，因变量 *s*（%）				
变量	参数估计	标准差	*t* 值	*Pr* > | *t* |	变量	参数估计	标准差	*t* 值	*Pr* > | *t* |
截距	2. 4108	0. 6216	3. 88	0. 0001	截距	-4. 8418	0. 5967	-8. 11	<0. 0001
k（万元/职工）	0. 2784	0. 0586	4. 75	<. 0001	*y*	1. 0193	0. 1896	5. 38	<0. 0001
fdi（万元/职工）	0. 0754	0. 0143	5. 29	<. 0001	*Ls*（%）	0. 3235	0. 0817	3. 96	<0. 0001
HK（人力资本）	0. 0291	0. 0194	1. 50	0. 1342	*HK*（人力资本）	0. 0986	0. 0602	1. 64	0. 1025
s（%）	0. 0968	0. 0296	3. 27	0. 0012	高速公路	0. 0740	0. 0513	1. 44	0. 1505
g（%）	0. 2035	0. 0655	3. 11	0. 0021	铁路站场	0. 2058	0. 0383	5. 37	<0. 0001
n（职工/城区 km^2）	-0. 2375	0. 0517	-4. 60	<. 0001	机场	0. 2924	0. 0576	5. 07	<0. 0001
Ly	0. 2158	0. 0958	2. 25	0. 0251	*Central*（中部）	-0. 2967	0. 1210	-2. 45	0. 0149
Central（中部）	-0. 0803	0. 0453	-1. 77	0. 0774	*Western*（西部）	-0. 4630	0. 1782	-2. 60	0. 0099
Western（西部）	0. 0525	0. 0696	0. 75	0. 4512					

数据来源：2006 年《中国城市统计年鉴》及各省地图集。

本小节的一个重点是分析工业集聚对城市劳动生产率 y 的作用。方程中有三个分别测量集聚经济和空间拥挤的变量，模型估计提供了比以往文献中更为丰富和明确的结果。3SLS 估计显示，非农业劳动生产率对于第二产业集聚指数 s 和城市工业比重 g 的弹性系数分别为0.097 和0.204。因为 s 和 g 两个参数估计值有相似的 t-统计量，标准化后的工业集聚指数和城市工业比重对城市生产率有相似的贡献。统计结果意味着中国城市生产率对工业集聚的依赖，工业繁荣的城市有能力支撑第三产业的发展、提高城市综合效率。然而，与前述文献有所不同，在控制了集聚经济的相对规模的情况下城市单位面积劳动密度 n 的回归系数为负，这表明我国工业在城市内部已经分布过密，产生了拥挤效应，致使城市效率下降。这是以往使用单一工业集聚变量的文献没有揭示的，但是这与我国大多数城市日益拥挤的现状相吻合。比如，据不完全统计，北京市每年仅因交通堵塞造成的直接经济损失即达60 亿元（《中国环境报》2006 年9 月27 日）（2010 年12 月10 日 CCTV《朝闻天下》报导全国每天10 亿元）。本节的另一个重点是考察城市间的溢出效应。邻近城市劳动生产率 Ly 的正回归系数表明相邻城市的劳动生产率存在着互相促进的作用，而处于发达地区的城市显著受惠于邻近城市的外部性。此外，中部地区虚拟变量具有比较显著的负参数，反映了中部地区城市还存在其他一些不利于提高经济效益的因素。

第二产业集聚方程的参数估计也与理论预期一致。首先，劳动生产率 y 的系数为正，且通过了0.01% 水平的显著性检验，显示了城市劳动生产率是影响工业集聚的重要决定因素。其次，邻近城市的第二产业在全国所占的比重 Ls 也有显著的正系数0.3235。该系数是工业集聚相对于邻近城市工业集聚的弹性系数 $d\ln s/d\ln Ls = (ds/s)/(dLs/Ls) = 0.32$，所以 $(ds/s) = 0.32 \times (dLs/Ls)$ 可以用来定量估计邻近城市产业集聚相互作用的地区差异。比如，即使其他条件相似，由于东部地区城市 Ls 的均值1.37 比所有样本城市均值0.62 高一倍多（见表4.1 和表4.2），东部地区城市工业集聚 s 的均值因此会比所有城市的均值高0.3 倍多。这说明在以往研究中常被忽视的区间联系和区间外部性对城市工业集聚程度有直接影响：周边城市第二产业占全国的比重越大，该城市与周边城市第二产业的前向与后向联系也就越紧密，而且也越容易形成城市之间的区域性劳动力市场，并产生城市间的技术外溢。邻近城市产业集聚的相互促进是集聚经济在空间上连续、时间上黏滞的重要机制。这种市场机制对发达地区是个福音，但是对目前比较落后、试图崛起的广大中西部地区却是严峻的挑战。人力资本的参数估计为正，具有接近10% 水平的显著性。由此判断，企业具有在人力资本水平高的城市集聚的倾向性。城市对外交通条件是影响工业集聚的重要因素。三个交通变量参数估计表明高速公路分布状况基本满足了第二产业在大中城市的当前需要，因而高速公路数量对城市集聚的影响不够显著，而铁路站场和机场仍然是影响第二产业在特定城市集聚的重要因素。最后，中部和西部地区虚拟变量都有显著的负参数估计，意味着与东部地区相比，中西部地区的城市除了在劳动生产率、城市间溢出效应、人力资本和交通条件等方面不具优势外，还存在其他未明确控制、但显然不利于工业集聚的因素，如自然地理条件不利、与国际市场联系不够密切、对外开放程度和市场化程度较低等。

4.2 中国城市生产性服务业和制造业的协同效应和内生集聚①

改革开放 30 年，是中国制造业和生产性服务业高速发展的 30 年。从 1978 年到 2008 年制造业就业占全国总就业的比重由 13.28% 上升到 28.16%，生产性服务业②就业比重则由 8.41% 猛增到 32.97%。宏观数据表明，具有内在联系的生产性服务业和制造业经历了一个基本同步的发展时期。但是，产业分布和发展水平很不平衡。2008 年我国东中西部地区生产性服务业人数占本地城市就业的比例基本相等，约为 32%；东部地区的制造业就业人数占本地城市就业 36%，而中西部制造业就业人数仅占本地区城市就业 20% 左右；地区生产率差异更为明显，其中东部地区城市人均国内生产总值为 3.65 万元，而中部和西部地区分别为 1.85 万元和 1.60 万元(《中国统计年鉴》)。各地区制造业和生产性服务业协同发展问题已经引起了社会各界的密切关注。

近十多年来，受益于新经济地理的兴起，集聚经济来源和机制得到了比较全面的研究和拓展。其中，中间品生产的规模收益递增和上下游产业联系的经济性成为解释经济活动集聚和发展的重要原因。下游厂商在同一或相邻地区的集聚会产生和扩大对上游生产性服务业的需求，为上游非完全竞争产业实现规模经济提供基础。因此，制造业的集聚地成为生产性服务业成长的肥沃土壤；上游厂商被吸引到制造业厂商集聚地区，继而形成了上游产业在该地区的集聚；中间投入品的规模经济使得下游产业投入成本下降，从而吸引更多的下游厂商。旺盛的市场需求和低廉的生产成本是分别吸引上游和下游产业在同一地区愈益集聚的动力。此外，上游产业还

---

①Ke et al. Synergy and Co-agglomeration of Producer Services and Manufacturing—A Panel Data Analysis of Chinese Cities［J］. Regional Studies，2012（10）：1080.

②我国统计部门没有关于生产性服务业的具体定义。本节根据我国城市分行业就业统计口径，把 19 个行业中的电力煤气供水、建筑、交通运输仓储邮政、信息传输计算机服务和软件、批发零售、金融、租赁和商业服务、科技服务和地质勘查、水利环境和公共设施管理九个行业合并代表生产性服务业。

通过供求联系从制造业获得下游产品的特征和需求的种种知识，下游厂商也从上游产业的中间品中得到相关的技术，产业间技术外溢也成为上下游产业在同一地区集聚和协同发展的一个原因。

虽然内生集聚理论合乎逻辑，但是，国内现有的经验研究仍存在若干薄弱环节。首先，本节开篇提出的统计数据表明我国的生产性服务业和制造业在总体上取得了长足的发展，可是现有的研究却不能充分描述制造业和生产性服务业在我国城市集聚和协同发展的关系。其次，虽然国内已有一些学者研究了我国产业集聚现象和原因，但是除了个别例外，多数没有对集聚经济测度范围给予认真的考虑。集聚经济三个机制（中间投入部门在本地市场实现的规模经济、技术劳动力市场的蓄水池和本地技术劳动供求匹配、默知或不成文知识的外溢）的作用范围决定了集聚经济的分析单位只能是城市，以往实证研究中凡是使用其他地域单位（如省域）都有违集聚经济原理。其三，我国经济发达地区城市密集，中间投入部门、技术劳动市场以及技术人员非正式交往产生的非成文知识的外溢都可能在邻近城市间产生影响。前节的研究也证实集聚效应促进了邻近城市经济的发展。然而，至今仍未出现邻近城市间是否存在上下游产业协同效应的研究。本节将针对文献中存在的这些不足，借鉴上下游产业内生集聚的理论构建联立方程模型、利用2003—2009年286个地级及以上城市的面板数据检验生产性服务业和制造业内生集聚发展机制以及其他影响因素。

4.2.1 国内外对生产性服务业与制造业关系的研究进展

国际学术界一直存在着生产性服务业与制造业两部门间因果关系的研究。研究结果因因果方向的差异而分为三类。第一类结论认为制造业是生产性服务业的母体，随着社会分工的发展，服务业逐渐从制造业中分离出来，因此生产性服务业遵从制造业的需求（如，Walker，1985；Zysman & Cohen，1987；Klodt，2000）。研究结果还表明制造业选择外部的服务业而不愿自己从事中间服务是因为内部劳动成本更高、对中间服务需求的时间和规模不确定以及缺少专业化服务业所具有的专门技能（Abraham & Taylor，1996）。第二类研究认为生产性服务业是制造业生产效率增长的一个源泉，没有发达的生产性服务业，就不可能形成制造业在产业价值链上的高端地位（Karaomerlioglu & Carlsson，1999）。Hansen（1990）对美国各地区的实证研究结果表明，无论是附属于制造业的还是独立的生产性服务，都对劳动分工的深化、生产力的提高和国民收入的增长起着至关重要的作用。Francois（1990）利用包括中国在内的多国数据也证实了迅速发展的生产性服务业导致制造业效率的上升和成本的下降。第三类研究结果则认为生产性服务业和制造业互动融合、互为因果。这类

研究成果反映了区域经济学的最新发展，它们往往将包括生产性服务在内的中间产品部门与制造业关系作为城市集聚经济模型的重要组成部分（如，Rivera-Bratiz，1988；Venable，1996；Fujita & Thisse，2002）。其中，一个早期内生集聚模型强调城市服务部门的多样化被城市集聚经济所决定、并进而产生更大的集聚经济：在消费方面，最终消费市场的集聚促成了本地服务业的多样化，多样化的服务提升了消费者福利；在生产方面，厂商的集聚又产生了对厂商和生产性服务业的更大需求，从而扩大了专业化和劳动分工的范围，最终全面提高城市生产率（Rivera-Bratiz，1988）。后续研究假设在垄断竞争条件下有上下游两个产业，具有规模收益递增的生产性服务业和制造业具有内生性、且产业间的需求链和成本联系使得上下游产业聚集在同一地区（Venable，1996），但是，Andersson（2004）根据上述理论所进行的经验分析却显示，虽然瑞典各地区服务业的发展促进了制造业的发展，但是反向因果关系却并不明显。

近年来，国内研究者也对生产性服务业和制造业之间的关系进行了探讨，主要结论也可分为以下三类：第一类认为服务业并没有明显地促进经济的发展。魏峰（2007）等用协整检验和误差修正模型对我国东、中、西部地区服务业与经济发展的关系进行了检验，发现服务业对经济发展并没有明显的促进作用。徐全勇（2010）利用VAR模型检验了1980—2008年上海工业与服务业的动态关系，指出服务业的发展并没有提高制造业的效率和促进工业发展，相反，产业之间存在资源争夺效应。第二类结论认为生产性服务业的发展提升了制造业效率和经济发展水平。江小娟等（2004）通过对跨国公司在华投资企业进行的一项调研表明，服务业（特别是分销、物流、融资和其他生产性服务业）发展明显滞后，成为影响中国企业竞争力的一个主要原因。顾乃华等（2006）用数据包络方法分析了中国省级单位2000—2002年数据，认为在我国发展生产性服务业有利于提升制造业的竞争力，这种作用在东部地区表现得最为充分，而各服务业中的金融保险业最能提升制造业竞争力。江静等（2007）运用1998—2004年地区面板数据以及1993—2003年的细分行业面板数据估计了柯布－道格拉斯（C－D）生产函数，结果表明生产性服务业的扩张促进了制造业整体效率的提高。冯泰文（2009）用中国28个细分行业1999—2006年面板数据分析生产性服务业提升制造业效率的机制，发现降低交易成本有利于制造业效率的提升，而生产成本对制造业效率没有显著影响，其中，生产性服务业中的金融业对制造业效率的影响最为明显。第三类观点认为生产性服务业和制造业的相互作用和融合趋势不断加强，在地域分布上可能有协同定位的效应。周振华（2002）和朱瑞博（2003）曾尝试构建产业融合的理论模型。吕征等（2006）将生产性服务业的发展分为种子期、成长期和成熟期三个阶段，经济活动由以制造业为

中心逐步转向以服务业为中心。生产性服务业在为下游企业提供中间产品的同时，自身技能提高、专业分工细化，推动了制造业将更多的业务外包以便专注于提高核心竞争能力。申玉铭等（2007）用投入产出法分析中国 1997 年和 2002 年生产性服务业的产业关联效应，指出生产性服务业对国民经济的促进作用大于各行业自身需求的拉动作用。江静、刘志彪（2006）对长三角生产性服务业和制造业分布的分析表明，随着要素成本和交易成本的提高，对交易成本反应敏感的生产性服务业主要集聚在中心城市，而对要素比较敏感的制造业主要集中在大城市的外围地区，形成区域内生产性服务业和制造业的协同定位效应。陈建军等（2009）分析了 2006 年 222 个城市生产性服务业集聚，发现知识密集度、信息技术水平、城市和政府规模对生产性服务业集聚都有显著影响。但是，与制造业集聚相比，生产性服务业集聚受地理因素和累积循环因果关系的影响较弱，而且制造业不是影响生产性服务业区位选择的显著因素。邱灵等（2008）用投入产出模型研究了北京市制造业和生产性服务业的空间分布，结果认为制造业与配套的生产性服务业就业空间分布并不一致。

综上所述，国内外学者对生产性服务业和制造业之间的因果关系以及上下游两大产业的融合趋势和协同布局进行了大量的理论和经验研究。其中，许多经验研究因依据的理论、设计的检验模型以及选用的行业和样本规模不同而得到了不同的结果。严谨的学术研究需要有相关的理论基础和框架，由于生产性服务业和制造业是典型的上下游相关产业，新经济地理的中间品经济和上下游产业链接理论为经验研究提供了逻辑上比较严密的理论框架和相关假设。事实上，生产性服务与制造业集中在各个城市而不是均匀地分布在城市和农村，这两大行业是除了消费以外的城市非农业经济的主要组成部分，所以城市是研究这两大产业关系的自然单位，采用省级单位或全国行业数据的经验分析很难清楚地揭示两大产业是否有协同定位、集聚发展的效应。

4.2.2 上下游产业集聚理论与模型

4.2.2.1 上下游产业集聚的理论分析

根据新经济地理学理论（Krugman 等，1995；Venables，1996），制造业在一个地区的集聚规模决定着生产性服务业市场需求的规模，而生产性服务业的规模经济又决定着该地区制造业的投入成本。假设投入－产出链条分三部分，即服务业—制造业—居民（最终消费者）；整个经济体系分为两个区域；每个产业（制造业或服务业）在两区域各有 n_1 和 n_2 家厂商；每一厂商都生产与其他厂商稍有不同的产品，构成非完全竞争市场，并且可向两地区提供产品；下游部门和居民都喜好多样化产品，并且可购买任一地区的产品，但是外来产品在本地的价格由于运输成本而高于

该产品在原产地的价格。

首先，分析最终消费者的优化问题。如果用 x_{ijk} 表示区域 i 生产的第 k 种产品在区域 j 的消费量，p_{ik} 为该产品的产地价格，$p_{ik}t_k$（$t_k>1$）是该产品在另一区域的价格，E_i 是区域 i 的消费预算约束——即区域的需求，则地区 1（$i=1$）消费者优化问题可用不变替代弹性（CES）效用函数和预算约束刻画：

$$\max_{\{x_{11k},x_{21k}\geqslant 0\}} U_1 = \left(\sum_{k=1}^{n_1} x_{11k}^{\frac{\sigma-1}{\sigma}} + \sum_{k=1}^{n_2} x_{21k}^{\frac{\sigma-1}{\sigma}}\right)^{\frac{\sigma}{\sigma-1}} \ s.t.\ E_1 = \sum_{k=1}^{n_1} p_{1k}x_{11k} + \sum_{k=1}^{n_2} p_{2k}t_k x_{21k} \tag{4.8}$$

式中 $\sigma>1$ 是替代弹性（若 $\sigma=1$，则成为 CES 的特例，C－D 函数）。地区 2（$i=2$）的代表性消费者的效用优化问题与此对称，只需改变下标即可。

上述优化问题的一阶条件定义了用产品价格和预算所表示的消费者均衡条件下的需求函数。因为所有产品在方程中有完全对称的形式，所以不同产品的下标 k 可以略去。地区 1 最终消费对本地产品 x_{11} 和外地产品 x_{21} 的需求以及本地价格指数分别为

$$x_{11} = E_1 p_1^{-\sigma} q_1^{\sigma-1},\ x_{21} = E_1 (p_2 t)^{-\sigma} q_1^{\sigma-1},\ q_1^{\sigma-1} = \frac{p_1^{\sigma-1}}{n_1} + \frac{(p_2 t)^{\sigma-1}}{n_2} \tag{4.9}$$

式中 q_1 是 *Dixit & Stiglitz*（1977）定义的本地价格指数。显然，$\frac{\partial\ \ln x}{\partial\ \ln p} = -\sigma$ 也是需求的价格弹性。同理可得地区 2（即下标 $i=2$）的需求和价格指数分别为

$$x_{12} = E_2 (p_1 t)^{-\sigma} q_2^{\sigma-1},\ x_{22} = E_2 p_2^{-\sigma} q_2^{\sigma-1},\ q_2^{\sigma-1} = \frac{(p_1 t)^{\sigma-1}}{n_1} + \frac{p_2^{\sigma-1}}{n_2} \tag{4.10}$$

其次，分析一个部门（制造业或生产性服务业）厂商的优化问题。同样，产品的下标 k 可以略去。若 c_1 是边际成本，$c_1 f$ 是固定成本，地区 1 的企业利润为：

$$\pi_1 = (p_1 - c_1)(x_{11} + x_{12}) - c_1 f \tag{4.11}$$

垄断竞争厂商利润最大化的条件为边际成本等于边际收益 $c_1 = p_1(1-\sigma^{-1})$，且利润为零，$\pi_1 = 0$。把边际条件代入（4.11）并令上式等于零，整理后得

$$x_{11} + x_{12} = f(\sigma - 1) \tag{4.12}$$

该产业在两地区的规模为 $n_i p_i(x_{ii} + x_{ij})$，$(i,j) = (1,2)$，$i \neq j$。地区 2 相对于地区 1 的产业相对规模 v 即表示该产业如何在两个区域分布。同时，用两地区相对消费预算（即相对的市场需求）η 和相对成本 ρ 分别表示厂商选址在市场需求和生产成本两方面受到的作用。

$$v \equiv \frac{n_2 p_2 (x_{22} + x_{21})}{n_1 p_1 (x_{11} + x_{12})},\ \eta \equiv \frac{E_2}{E_1},\ \rho \equiv \frac{c_2}{c_1} = \frac{p_2}{p_1} \tag{4.13}$$

式（4.13）中的 $\rho \equiv c_2/c_1 = p_2/p_1$ 是缘于两地厂商各自的边际成本等于边际收益。

厂商在两个地区的分布 v 可以表达为两地区相对成本和相对市场规模的函数。为此，首先用 ρ 和 v 表示相对价格指数 p_2/p_1，将式（4.10）和式（4.9）的本地价格指数相除，q_2/q_1，整理后得到

$$\left(\frac{q_2}{q_1}\right)^{\sigma-1}=\frac{1+t^{1-\sigma}\rho^{-\sigma}v}{t^{1-\sigma}+\rho^{-\sigma}v} \tag{4.14}$$

再把式（4.9）（4.10）中的 x_{11}，x_{21}，x_{21}，x_{22} 代入（$x_{22}+x_{21}$）/（$x_{11}+x_{12}$）并利用式（4.13）中的 $\eta\equiv E_2/E_1$，整理得到

$$\frac{x_{22}+x_{21}}{x_{11}+x_{12}}=\frac{p_2^{-\sigma}(q_2^{\sigma-1}E_2+t^{-\sigma}q_1^{\sigma-1}E_1)}{p_1^{-\sigma}(q_1^{\sigma-1}E_1+t^{-\sigma}q_2^{\sigma-1}E_2)}=\rho^{-\sigma}\frac{\eta\ (q_2/q_1)^{\sigma-1}+t^{-\sigma}}{1+t^{-\sigma}\eta\ (q_2/q_1)^{\sigma-1}} \tag{4.15}$$

式（4.12）意味着（$x_{22}+x_{21}$）/（$x_{11}+x_{12}$）$=1$（即上式等于1）。把（4.14）代入（4.15）消去 q_2/q_1，整理得到

$$v=\frac{\eta(t^{\sigma}-\rho^{\sigma})-t(\rho^{\sigma}-t^{-\sigma})}{(t^{\sigma}-\rho^{-\sigma})-\eta t(\rho^{-\sigma}-t^{-\sigma})} \tag{4.16}$$

上式表明厂商在两地区的分布是相对成本 ρ、相对市场规模 η 和运输成本 t 的函数。地区 2 相对于地区 1 的相对产业规模 v 随成本下降和市场扩大而增长。用一般函数形式可以表示为

$$v=f(\rho,\ \eta,\ t) \tag{4.16'}$$

下面分析生产性服务业和制造业的链接。为区别两部门，用下标 m 表示制造业，s 表示服务业。假定服务业仅使用劳动作为投入，其成本是工资 w，制造业的成本是工资和服务业提供的中间产品。对最终产品的需求来自每个地区的消费者，对生产性服务业的需求来自于制造业，用 η_s 表示制造业对服务业的相对需求。制造业的成本依赖于生产性服务业，用 ρ_m 表示制造业在两地区的相对成本。在服务业—制造业这一投入－产出链中，显然 η_s 和 ρ_m 是内生变量。为避免模型过于复杂，处于这一链接以外的工资成本和居民对最终产品的需求则被当作外生变量处理。两个地区的劳动价格比为 $\omega=w_2/w_1$，由于仅使用劳动作为投入，服务业相对成本和价格都为 ω。

在供给方面，假设生产性服务业的产品通过 CES 生产函数投入到制造业，制造业本身是使用劳动和服务业产品的 C－D 生产函数，其成本函数为 $c_{mi}=w_i^{1-\gamma}q_{si}^{\gamma}$，下标 i 表示地区 1 和 2，γ 是生产性服务业产品在制造业成本中的份额。两地制造业相对成本（即两成本函数之比）：

$$\rho_m=\left(\frac{c_{m2}}{c_{m1}}\right)=\omega^{1-\gamma}\left(\frac{q_{s2}}{q_{s1}}\right)^{\gamma} \tag{4.17}$$

把式（4.14）表示的价格指数比(q_2/q_1)代入（4.17），并标明部门，得到：

$$\rho_m = \omega^{1-\gamma}\left(\frac{1 + t_s^{\ 1-\sigma}\omega^{-\sigma}v_s}{t_s^{\ 1-\sigma} + \omega^{-\sigma}v_s}\right)^{\frac{\gamma}{\sigma-1}} \tag{4.18}$$

上式意味着制造业在本地区的相对成本是相对工资 ω、服务业相对集聚区位 v_s 和生产性服务业运输成本 t_s 的函数，相对工资越低、服务业规模越大、服务业运输成本越低，制造业成本也越低，用一般函数可以表示为

$$\rho_m = g(\omega,\ v_s,\ t_s) \tag{4.18′}$$

对制造业的相对需求即最终消费相对支出，$\eta_m = \dfrac{E_{m2}}{E_{m1}}$。对服务业的需求是中间品在制造业成本中的份额，由 γ 决定，$E_{si} = \gamma n_{mi} c_{mi}(x_{mii} + x_{mij})$，$i = 1,\ 2$。利用 $c_1 = p_1\ (1 - \sigma^{-1})$ 容易发现对服务业的相对需求正是制造业的相对分布

$$\eta_s = \frac{E_{s2}}{E_{s1}} = \frac{n_{m2}p_{m2}(x_{m22} + x_{m21})}{n_{m1}p_{m1}(x_{m11} + x_{m12})} \equiv v_m \tag{4.19}$$

式（4.19）即生产性服务业和制造业协同定位中的需求链接。

式（4.16）分别加下标 s 和 m 表示两部门的区位分布，代入服务业的相对成本和相对价格 $\rho_s = \omega$，再把制造业对服务业的需求 $\eta_s = v_m$代入服务业方程f_s，把制造业相对成本 $\rho_m = g\ (\omega,\ v_s,\ t_s)$ 代入制造业区位方程f_m，得联立方程：

$$\begin{cases} v_s = f_s(\rho_s,\ \eta_s,\ t_s) = f_s(\omega,\ v_m,\ t_s) & (4.20) \\ v_m = f_m(\rho_m,\ \eta_m,\ t_m) = f_m(g\ (\omega,\ v_s,\ t_s),\ \eta_m,\ t_m) & (4.21) \end{cases}$$

方程（4.20）说明生产性服务业区位和发展依赖于制造业的需求。方程（4.21）指出制造业受低成本（较小的 ρ_m）的吸引，而低成本和高度专业化的中间投入品只有在服务业集聚的地区（较大的 v_s）才易于实现，所以，制造业的分布和发展依赖于服务业的分布和发展。

4.2.2.2 生产性服务业与制造业集聚互动影响的计量模型设定

上述理论分析表明制造业和服务业集聚规模间存在内生关系。上下游产业的协同分布和相互作用可能主要发生在同一城市。但是，地域相邻的产业也可能产生协作关系：某一城市的生产性服务业相对规模（v_s）不仅取决于本市的制造业相对规模（v_m），而且还可能依赖于邻市的市场；同样，每一城市的制造业厂商不仅受益于本市生产性服务业的集聚，而且可能因邻市生产性服务业的集聚而降低成本。城市间距离越近，协作（或竞争）的可能性越大。如果忽视邻近城市上下游产业间的相互作用，计量检验就会高估同一城市内产业间的协同效应。以往研究还表明我国经济集聚在邻近地域上有明显的连续性，无视经济活动的空间相关性将导致计量方程参数估计的系统偏误。因此，结构方程中的变量 v_s 和 v_m 在计量模型中除了有本城市的测度外还应有空间滞后变量（以 Lv_s 和 Lv_m 表示）。空间滞后变量的定义和构建

取决于对相邻城市的定义和对距离不等的各个城市所赋予的权重。以往经验研究显示相距较近的城市间有显著的相互作用，距离增大后城市间相互作用显著下降。为了刻画空间相互作用随距离增加连续递减的特征，分别使用距离平方的倒数为权重，构建空间滞后变量。以 D 表示 n 个城市的空间权重矩阵，其元素为 $1/d_{ij}{}^2$。以 Emp_m 和 Emp_s 分别表示全国 n 个城市的制造业和服务业集聚向量，城市 i 的生产性服务业和制造业空间滞后变量分别是

$$Lv_{si} = \sum_{i \neq j, j=1}^{n} \left(\frac{Emp_{sj}}{d_{ij}^2} \right), \quad Lv_{mi} = \sum_{i \neq j, j=1}^{n} \left(\frac{Emp_{mj}}{d_{ij}^2} \right) \tag{4.22}$$

生产性服务业和制造业集聚本身的测度如下。首先，由于我国统计部门没有关于生产性服务业的具体定义，根据我国城市分行业就业统计口径，把19个行业中的电力煤气供水、建筑、交通运输仓储邮政、信息传输计算机服务和软件、批发零售、金融、租赁和商业服务、科技服务和地质勘查、水利环境和公共设施管理九个行业合并代表生产性服务业。其次，理论模型中的制造业和生产性服务业相对规模（v_m 和 v_s）都是相对产出价值，而我国城市统计中只有第二产业增加值，没有生产性服务业产值和制造业产值统计数据。我们使用各城市制造业就业和生产性服务业就业量占全国同行业份额表示两个产业的相对规模。

理论模型表明相对工资、市场规模和运输成本等外生变量也对产业的区位集聚产生影响。计量模型中，相对工资 w 以各市平均工资表示。本地市场规模 η_m 用城市非农业人口测度。生产性服务业运输成本 t_s 和制造业运输成本 t_m 用时间上滞后的铁路、公路、水运、航空的运输能力（T）表示。根据方程（4.20）和（4.21），生产性服务业所需的运输条件也是制造业所需要的，而后者所需的运输条件（特别是大量原料和成品的运输）未必都是前者所需的。因此，我们在制造业集聚方程中引入城市间货运和客运变量，在生产性服务业方程中仅使用客运变量。计量方程中还控制了若干城市变量：用人均城市路面和公交车数以及城市路灯表示市内基础设施水平（R），用万人高校在校生和成人受大专以上教育程度的人数占人口比例测度人力资本（Hu），每万人医生数代表卫生医疗条件（He）。包括上述变量后，方程（4.20）和（4.21）的计量模型用对数形式的一般 $C-D$ 函数表示为

$$\ln v_s = \alpha_0 + \alpha_1 \ln Lv_s + \alpha_2 \ln v_m + \alpha_3 \ln Lv_m + \alpha_4 \ln w + \alpha_5 \ln T + \alpha_6 \ln R + \alpha_7 \ln Hu + \alpha_8 \ln He + \varepsilon \tag{4.23}$$

$$\ln v_m = \beta_0 + \beta_1 \ln Lv_m + \beta_2 \ln v_s + \beta_3 \ln Lv_s + \beta_4 \ln w + \beta_5 \eta_m + \beta_6 \ln T + \beta_7 \ln R + \beta_8 \ln Hu + \beta_9 \ln He + \xi \tag{4.24}$$

设 ε 和 ξ 是符合通常假设的随机误差。

4.2.3 数据的描述统计分析

所有数据来自 2004—2009 年《中国城市统计年鉴》、《中国区域经济统计年鉴》和《中国城市建设统计年报》。构造空间矩阵需要编写计算全国城市空间权重矩阵程序，其关键是准确计算两城市间的距离。利用城市中心经纬度坐标和大弧地表距离计算距离，$d_{ij} = R \times arccos\ (\cos\ (\alpha_i - \alpha_j)\ \cos\beta_i \cos\beta_j + \sin\beta_i \sin\beta_j)$，其中，$R$ 等于 6，378 公里，α_i 和 α_j 是两城市中心经度，β_i 和 β_j 是两点纬度。两个空间滞后变量根据式（4.15）计算。

在区域经济理论上，运输成本是厂商区位选择和各城市产业集聚程度的重要影响因素。由于很难得到可靠的运输成本数据，以往研究根据数据的可得性大多采用地区交通运输条件或各城市实际运输量来表示运输成本。值得注意的是，交通条件或运输量都因地区经济发展而发展，具有显著的内生性。基于上述原因，使用滞后三年的各城市铁路、公路和航空三种方式的客运量和货运量以及船舶货运量测度各城市运输条件，并作为区际运输成本的替代变量。使用因子分析可以发现两个主成分解释了铁、公、航三种运输方式的客运、货运六个变量的 70% 的变化，所以，我们使用这两个主成分测度城市对外交通条件。其他变量的意义和构建直接明了。表 4.4 列出主要变量、单位和全国地级市数据的描述统计量。描述统计量表明，制造业就业规模最小和最大的城市分别占全国 0.0017% 和 6.167%，平均为 0.3497%；生产性服务业的就业规模最小和最大的城市分别占全国的 0.0115% 和 11.2971%；各城市的平均工资从 12141 元到 57026 元，相差 4 倍以上，平均为 26582 元。所有其他变量也都表明我国城市发展很不平衡。

表 4.4 中国地级及以上城市截面数据的描述统计量

变量	均值	标准差	最小值	最大值
制造业就业占全国份额，%	0.3497	0.6629	0.0017	6.1670
空间滞后的制造业就业	0.8698	1.7280	0.0000	12.8965
生产性服务业就业占全国份额，%	0.3497	0.8510	0.0115	11.2971
空间滞后的生产性服务业就业	0.7607	1.4786	0.0000	13.7515
城市平均工资，万元	26582	6498	12141	57026
铁路客运量，万人	582.26	1165.39	0.00	10948.21
公路客运量，万人	7788.3	10369.8	403.0	102680
水运客运量，万人	73.00	223.87	0.00	2698.01
民用航空客运量，万人	100.05	419.01	0.00	4396.78
公路货运量，万吨	6388.9	6740.5	393.0	54589
民用航空货运量，吨	25915	195206	0.00	3050000

续表 4.4

变量	均值	标准差	最小值	最大值
三类货运（主成分）	0.2044	1.0149	-2.4371	2.861
三类客运（主成分）	0.1602	1.0096	-2.6986	3.1544
城市非农业人口，万人	85.16	127.04	5.70	1192.24
城市化人口比例,%	61.54	24.70	13.22	100.00
公交车数，辆/万人	7.05	6.43	0.32	91.40
人均城市道路面积，平方米	9.61	6.44	0.79	60.29
城市路灯盏数，盏	41342	53300	0	372369
高校在校生占人口比例，人/万人	687	525	0	2826
每万人成人大专以上学生数，人	48.61	21.47	3.37	253.85
每万人病床数，张/万人	94.9	49.4	16.9	689.5
每万人医生数，人/万人	49.6	23.3	8.6	228.7

数据来源：2004—2009 年《中国城市统计年鉴》、《中国区域经济统计年鉴》和《中国城市建设统计年报》。

4.2.4 联立方程的回归估计与结果说明

4.2.4.1 我国城市制造业和生产性服务业协同效应的总体估计

式（4.23）（4.24）的解释变量中，不仅右边的 v_s 和 v_m 是内生变量，而且不难证明 Lv_s 和 Lv_m 也是内生变量。使用与 3.14 相似方法——$\hat{W}y = X(X'X)^{-1}X'Wy = X\hat{\beta}_W$——构建空间变量的Ⅳ，式中 X 表示模型中所有外生变量的矩阵，“∧”表示回归估计值。由于两个结构方程有四个内生变量，所以必须使用工具变量法单独估计每一方程。Ⅳ本身必须通过两个检验：Ⅳ与其所替代的内生变量相关性（或弱工具变量）的检验和Ⅳ与随机误差项 ε 无关的检验。后者可转换为过度识别的检验（Stock & Watson，2003）。我们对两条件分别进行了检验。首先构建四个内生变量的Ⅳ。由于制造业和生产者服务业的影响因素不尽相同，例如，制造业需要运输大量原材料和产品，而服务业货运较少而人员来往较多，两个产业对货运和客运有不同依赖性，同时为了确保联立方程的可识别性，两个联立方程使用稍有不同的控制变量。我们使用四个内生变量作为四个回归方程的被解释变量，所有外生变量作为解释变量，用 OLS 的被解释变量拟合值构建四个Ⅳ。四个回归方程的 F 统计量在 14 到 101 之间（通常的门槛值取 10），在给定自由度下弃真概率 P 小于 0.0001，调整后的 R^2 在 0.43 ~ 0.85 之间，表明它们都不是弱工具变量。

如果结构方程参数恰好被识别（即每个结构方程不含的外生变量数等于式右内生变量数），Ⅳ的外生性是无从检验的，研究者只能靠主观判断。如果结构方程过度识别，Ⅳ的外生性则可用统计方法检验。检验的基本原理如下：同个内生变量的

各Ⅳ在第二阶段回归中都必须与随机误差 ε 无关，且都应产生相似的参数估计，否则，其中某些或全部工具变量都不符合外生性要求。因此，适当增添个别外生控制变量有利于实证检验。检验中将所有内生变量和外生变量带入第二阶段回归所得到的参数估计，以残差作为被解释变量、外生变量和Ⅳ作为解释变量，检验所有Ⅳ与 ε 不相关的零假设，被择假设为至少某些Ⅳ与随机误差 ε 相关，检验统计量 F 在大样本时近似卡方分布，即 J－统计量或 Basmann 检验。使用 SAS 估计两方程，得到 Basmann 统计量分别为 1.07 和 1.22，弃真概率是 P＝0.385 和 0.296，可以认为构建的Ⅳ都是外生变量。表 4.5 报告Ⅳ回归结果。方程中所有变量都取对数，因此，参数估计是被解释变量相对于解释变量的弹性系数。

表 4.5　中国地级以及以上城市生产性服务业和制造业联立方程的Ⅳ回归估计

制造业方程 $n=286$, Adj. $R^2=0.723$			生产性服务业方程 $n=286$, Adj. $R^2=0.720$		
变量	参数估计	标准误差	变量	参数估计	标准误差
截距	－0.9879	5.0742	截距	－2.3089	1.9668
主要解释变量			主要解释变量		
生产性服务就业	0.9849***	0.4748	制造业就业	0.7560***	0.1011
滞后的制造业就业	0.7964**	0.4061	滞后的制造业就业	0.3775	0.4065
滞后的生产性服务	0.3982	0.4901	滞后的生产性服务	0.3829*	0.2969
城市工资	－0.1413	0.2316	城市工资	－0.1384	0.1817
三类货运	0.1889*	0.1073	三类客运	0.1392***	0.0507
三类客运	0.1787*	0.1060	城市控制变量		
城市非农业人口	0.1039**	0.0476	人均铺装路面	0.1479*	0.0854
城市控制变量			人均公交车	－0.0908	0.0822
人均铺装路面	0.2494**	0.1130	人均出租车	0.1714**	0.0706
人均公交车	0.1158	0.0988	城市路灯数	0.0003	0.0297
城市路灯数	0.0131	0.0383	每万人大学生	0.0218*	0.0127
每万人大学生	－0.0280	0.0259	每万人大专学历	0.0550	0.1048
每万人大专学历	－0.0446	0.1374	每万人病床数	－0.0237	0.1663
每万人医生数	0.1684	0.3211	每万人医生数	0.2147*	0.1341
Basmann 检验：$F_{7,265}=1.07$，P（>F）＝0.385			Basmann 检验：$F_{6,266}=1.22$，P（>F）＝0.296		

注："*"、"**"和"***"分别表示参数估计在 10%、5%和 1%的水平下通过了统计显著性检验。

数据来源：2004—2009 年各年《中国城市统计年鉴》和《中国城市建设统计年报》。

主要解释变量参数估计结果与上述理论模型预期一致。在制造业就业方程中，生产性服务业就业的系数为0.985，且高度显著，意味着上游的生产性服务业集聚促进了下游的制造业集聚和增长。制造业空间滞后变量的参数估计为0.796，由于相邻城市间同行业的技术溢出和人员交流，相邻城市制造业集聚的总规模越大，本市也越可能成为制造业厂商的选择地和增长点，相反，若邻市没有制造业集聚，本市发展制造业的可能性也较小。但是生产性服务业的空间滞后变量毫不显著，可见生产性服务业对于制造业的协同作用局限在同城市范围内。生产性服务业集聚方程参数显示了类似的特征：制造业的参数估计为0.756，表明下游的制造业对上游的生产性服务业有非常显著的协同集聚作用；生产性服务业的空间滞后变量参数在$P=0.1$的显著性水平上通过了检验，意味着生产性服务业集聚也具有空间溢出作用。制造业空间滞后变量则没有通过显著性检验，表明下游制造业对上游生产服务业的协同作用也没有超越本市范围。与简单相关系数不同，平均工资在两方程中都有负参数估计，但未通过检验。货运和客运的参数显示了区域运输条件差异对制造业和生产性服务业集聚和发展的作用，其中客运对生产性服务业的集聚有更显著的促进作用。非农业市辖区人口的参数估计说明本地市场规模对制造业有一定的吸引力。其余变量是城市控制变量，并非主要研究对象，多数参数显著性也较低，不再一一赘述。

4.2.4.2 分地区的城市制造业和生产性服务业协同效应估计

我国各地区经济发展水平和城市密度差异明显。为了检验各地区生产性服务业和制造业协同效应和内生集聚，我们根据人均GDP高低把全国省级单位分为3组。位于前10名的上海、北京、天津、广东、江苏、浙江、福建、山东、辽宁、吉林为第一组，位于倒数10名的贵州、云南、甘肃、河南、安徽、四川、湖南、广西、陕西、宁夏为第三组，位居中间的10个省级单位为第二组。表4.6报告三个样本的估计结果，表中略去了其他控制变量。生产性服务业和制造业就业集聚变量及其空间滞后变量参数估计显著性具有明显的区域差异。其中，两个产业在相同城市内的协同效应在发达地区最为显著，在中等发达地区次之，在欠发达地区最弱。值得指出的是在欠发达地区，虽然制造业集聚规模的扩大有利于服务业规模增长，但是服务业的集聚对制造业规模却毫无影响。空间滞后变量参数估计显示超越本城市的协同效应和空间溢出作用基本都不显著。

表 4.6　中国地级以及以上城市制造业和生产性服务业联立方程Ⅳ回归估计

制造业方程						
	10 个发达省市		10 个中等省		10 个欠发达省	
	$n=96$，Adj. $R^2=0.84$		$n=72$，Adj. $R^2=0.83$		$n=118$，Adj. $R^2=0.55$	
变量	参数估计	标准误差	参数估计	标准误差	参数估计	标准误差
截距	13.227	9.922	−2.662	7.847	−10.96	7.526
生产性服务就业	1.244**	0.625	1.049*	0.596	0.133	0.540
滞后的制造业就业	1.705***	0.590	0.842	1.004	0.134	0.920
滞后的生产性服务	0.534	0.691	1.129	1.062	−0.048	1.209
Basmann 检验	$F_{7,75}=0.80$，$P=0.593$		$F_{7,51}=2.28$，$P=0.042$		$F_{7,97}=1.34$，$P=0.239$	

生产性服务业方程						
	10 个发达省市		10 个中等省		10 个欠发达省	
	$n=96$，Adj. $R^2=0.75$		$n=72$，Adj. $R^2=0.72$		$n=118$，Adj. $R^2=0.72$	
变量	参数估计	标准误差	参数估计	标准误差	参数估计	标准误差
截距	−9.250	2.901	−8.126	3.166	0.912	5.209
制造业就业	0.509***	0.079	0.450*	0.266	1.016*	0.590
滞后的制造业就业	0.421	0.558	−0.033	0.765	0.567	1.308
滞后的生产性服务	0.414*	0.258	0.216	0.579	0.992	1.753
Basmann 检验	$F_{6,76}=1.60$，$P=0.24$		$F_{6,52}=1.91$，$P=0.097$		$F_{6,98}=0.84$，$P=0.546$	

注：“*”、“**”和“***”分别表示参数估计在10%、5%和1%的水平下通过了统计显著性检验。

数据来源：2004—2009 年各年《中国城市统计年鉴》和《中国城市建设统计年报》。

4.2.4.3　制造业和细分的生产性服务业协同效应估计

上述模型中的生产性服务业是 9 个服务行业的总合，以往研究（如顾乃华等，2006；冯泰文，2009）曾发现细分的各个服务业对制造业有不同的促进作用，其中金融业对制造业的影响最为明显。但是，迄今为止的文献中尚无各个服务行业与制造业相互影响和内生集聚的研究，而这些认识对有的放矢地制定政策、调整地区经济结构有更明确的参考价值。我们以下分别估计 9 个服务业与制造业就业联立方程。9 组方程的估计方法和控制变量完全相同，表 4.7 汇总 9 组方程的服务业和制造业就业参数估计和标准误差，省略了控制变量的参数估计。表中自上而下 9 个生产性

服务业方程依次为：①电力煤气供水、②建筑、③交通运输仓储邮政、④信息传输计算机服务和软件、⑤批发零售、⑥金融保险、⑦租赁和商业服务、⑧科技服务和地质勘查、⑨水利环境和公共设施管理。首先，比较9个制造业就业方程可以发现各个服务业对制造业集聚的影响迥异，其中，在本城市范围对制造业影响最为显著的依次为金融、批发零售和建筑业，而其他6个行业对制造业的单独作用都没有通过显著性检验。其次，9个服务业就业方程中的制造业参数估计都非常显著，表明在本城市范围内制造业的集聚对所有9个细分服务行业都提供了市场拉动作用，有力地促进了各个服务业就业的扩大。此外，制造业方程中的制造业空间滞后变量估计显示制造业集聚具有空间溢出作用，有利于邻近城市的制造业集聚。但是所有其他空间滞后变量都未能通过显著性检验，表明各细分行业的协同效应和溢出效应主要局限在本地范围。

表4.7　中国地级以及以上城市制造业和九个服务业联立方程Ⅳ回归估计

	制造业就业方程 $n=286$，Adj R－Sq 0.69～0.75		生产性服务业就业方程 $n=286$，Adj R－Sq 0.57～0.75	
变量	参数估计	标准误差	参数估计	标准误差
制造业	—	—	0.3311***	0.0717
电力煤气供水	0.0644	0.3144	—	—
滞后的制造业	0.3441*	0.2034	0.1334	0.1421
滞后的电力煤气供水	－0.2842	0.2235	0.4651***	0.1556
制造业	—	—	0.8099***	0.1024
建筑业	0.7440**	0.2533	—	—
滞后的制造业	－0.0583	0.1901	－0.0753	0.2110
滞后的建筑业	0.2015	0.2059	0.4898**	0.2294
制造业	—	—	0.5876***	0.0812
交通运输仓储邮政	0.1831	0.2274	—	—
滞后的制造业	0.5299**	0.2432	0.0519	0.2490
滞后的交通运输仓储邮政	－0.3985	0.2528	－0.1520	0.2534
制造业	—	—	0.4762***	0.0760
信息计算机服务和软件	0.3056	0.3065	—	—
滞后的制造业	0.5415**	0.1896	－0.0459	0.1772
滞后的信息计算机服务和软件	－0.1399	0.1828	－0.0062	0.1672
制造业	—	—	0.6847***	0.0735
批发零售	0.8171**	0.3261	—	—
滞后的制造业	0.4890**	0.2477	－0.3242	0.2229
滞后的批发零售	－0.3649	0.2474	0.3441	0.2210

续表 4.7

	制造业就业方程 $n=286$，Adj R－Sq 0.69～0.75		生产性服务业就业方程 $n=286$，Adj R－Sq 0.57～0.75	
变量	参数估计	标准误差	参数估计	标准误差
制造业	—	—	0.6388***	0.0612
金融保险	0.8116***	0.2957	—	—
滞后的制造业	0.4412	0.2982	－0.2754	0.2375
滞后的金融保险	－0.3177	0.3073	0.3002	0.2423
制造业	—	—	0.7086***	0.1130
租赁和商业服务	0.2475	0.2128	—	—
滞后的制造业	0.2861	0.1830	－0.1668	0.2393
滞后的租赁和商业服务	－0.1290	0.1585	0.1638	0.2014
制造业	—	—	0.4702***	0.0812
科技服务和地质勘查	0.0482	0.2579	—	—
滞后的制造业	0.3271**	0.1532	0.0040	0.1604
滞后的科技服务和地质勘查	－0.2101	0.1501	－0.1072	0.1597
制造业	—	—	0.3924***	0.0701
水利环境和公共设施管理	0.3523	0.3287	—	—
滞后的制造业	0.7167**	0.2293	－0.1538	0.1847
滞后的水利环境公共设施管理	－0.1692	0.2389	0.6365**	0.1972

注："*"、"**"和"***"分别表示参数估计在10%、5%和1%的水平下通过了统计显著性检验。

数据来源：2004—2009年各年《中国城市统计年鉴》和《中国城市建设统计年报》。

综上所述，计量模型估计显示我国城市生产性服务业和制造业分布总体上存在着协同效应和互相吸引的内生集聚趋势，这种趋势在发达地区表现得尤为显著。制造业在特定城市的集聚为上游的生产性服务业在这些城市创造了市场需求，使生产性服务业得以实现规模经济。反之，生产性服务业的规模经济又为下游制造业提供了高效低价的中间投入。两大部门的协同效应使得其中任一部门的增长都可能成为城市持续增长的起点。这种内生集聚机制有利于具备了先发优势的城市而不利于欠发达城市。如果这种集聚经济效益递增的作用大于要素成本上升的不利影响，区域间经济发展水平的趋同是难以实现的。此外，被解释变量的空间滞后变量参数估计表明制造业和生产性服务业都存在空间溢出效应，致使两个产业的集聚在地理空间都具有连续性，即，一个产业集聚的地区内多数城市都受益于本市和邻近城市的集聚经济的外部性。在欠发达地区内，多数城市不仅自身缺少集聚经济效益，而且难以得到邻近城市本部门的外部效应。如果仅仅遵从经济效益原则，经济发展在空间分布上是很难跨越梯度发展格局的。九个细分服务行业和制造业的协同定位检验结果表明并非每一个细分行业都与制造业有同样的互为因果的双向促进作用。制造业和各个细分服务行业相互作用的不完全对称反映了当前我国城市经济对制造业仍然有很大的依赖性，而物流（交通运输）、信息传输计算机服务和软件业、租赁和商业服务、科学研究技术服务等细分行业对本地和邻近城市的制造业集聚发展却无明显影响。

4.3 小结

本章首先根据工业集聚和城市经济效率二者在经济发展中的内生性以及城市间经济活动相互作用的原理构建了工业集聚和城市经济效率的空间计量经济联立方程，并对工业集聚的测度从单变量扩展到多变量。对中国地级及以上城市的截面分析显示，现阶段我国工业集聚和城市经济效率互为因果、互相强化，工业集聚和劳动生产率在邻近地域上有明显的连续性和黏滞性。工业集聚的多变量估计结果还揭示了我国城市内部的拥挤效应已使城市劳动生产率明显降低。研究结果为如何缩小地区经济差异和实现区域协调发展提供了一些启示。首先，工业集聚程度不同是城市劳动生产率区间差异的重要原因，城市生产率的差异也导致工业集聚程度的区间差异。相对落后的地区要打破这种循环的因果关系、缩小与发达地区经济的差距，似应在原有经济基础较好的城市，集中打造几个经济增长极。本节的结果支持当前中西部省（区）普遍选择的增长极战略。研究结果还表明，在规划建设中应适当降低城市内生产的布局密度。可是值得深思的是，经济活动向中心城市的集聚可能影响中小城市和广大乡镇的发展机遇。对此尚需作全面深入的研究，以便各地统筹规划。第五章将对此做深入研究。其二，相邻城市间的经济效益和工业集聚程度有溢出效应。我国城市在发展中应充分利用这种外部经济、加强城市间的合作、实现市场和人才共享、推动城市群的崛起和共同发展。其三，交通条件是促进经济集聚的重要因素，中西部地区应继续交通基础设施建设，创造更有利的经济集聚环境。最后，分析结果在总体上显示市场的力量很有可能使我国工业继续向生产率高的地区集中，所有缩小地区差异的政府干预都意味着在要在效率和平等之间做出选择。

本章进一步根据新经济地理关于上下游产业内生集聚原理构建了生产性服务业和制造业就业协同定位和集聚增长的空间计量联立方程，采用与集聚经济测度相吻合的城市作为分析单位，使用工具变量回归固定效应模型对 2008 年全国 286 个地级

及以上城市数据进行了检验。结果表明，九个行业合并的生产性服务业促进了制造业在相同城市的集聚，符合成本优势假说，而制造业对本市的生产性服务业有显著的市场规模效应，符合协同定位的需求优势假设。空间计量检验结果表明，我国制造业和生产性服务业的集聚效应并非局限在各个城市范围内，各城市的制造业和服务业还受到本部门在邻近城市集聚的溢出作用。可是，分地区的计量模型检验指出上述结果主要反映了发达地区两大产业在城市中和城市间的协同作用，欠发达地区的两大产业关联性很弱，特别是生产性服务业的集聚并未吸引制造业在同一城市或附近城市相应的集聚。9 个细分行业的联立方程估计表明制造业的集聚对所有 9 个细分服务行业都有显著的促进作用，反之，金融、批发零售和建筑 3 个行业各自对制造业集聚同样有非常显著的作用，但是其他 6 个行业则没有显著的单独作用。研究结果为分析城市和区域经济发展存在的问题和制定相应的发展策略提供了一些启示。第一，我国各城市生产性服务业和制造业总体上具有相互协同效应，反映了“成本优势”和“需求优势”的作用。各城市上下游产业规模协调是实现上述优势的必要条件。发达地区的城市明显具有这些优势。我国中西部经济欠发达地区的服务业在本地的就业份额与东部发达地区的份额相似，而制造业在本地的相对规模却远低于东部地区。为了协调第二、三产业规模、提高产业关联度，欠发达地区应通过各种途径承接和发展制造业，从而扩大本地生产性服务业市场、提升专业化水平和质量。第二，空间计量检验结果表明，当前两大产业的协同效应大多局限于城市内部。跨市协同效应的缺失必然制约相邻城市的专业化分工和规模经济。在制定和实施区域和城市群发展规划中，一方面，应争取通过结构调整实现各城市一定程度的专业分工；另一方面，对第三产业跨市服务的成本和可行性要具体研究，即使在明确需要发展区域性第三产业中心的发达地区也要充分估计上下游产业跨市协同中的各种困难，减少决策失误。第三，空间计量结果还显示，无论是制造业还是生产性服务业在相邻城市的集聚都有部门内溢出效应，表明我国许多相邻城市已经在一定程度上形成了同行业共享的劳动市场。各地区城市应利用这种外部经济、加强邻市间合作、完善市场和人才共享、推动城市群发展。最后，运输仓储、信息传输计算机服务和软件业、租赁和商业服务、科学研究技术服务等生产性服务行业本应为制造业提供低价高效的中间投入，但是这些行业目前的集聚和发展水平并未明显促进各地城市制造业发展，各地应在经济调整中提高这些行业服务的针对性和效率，从而提高其与制造业的关联性，使这些行业对制造业和城市经济发展有更大贡献。

5 我国地方经济一体化与各级城市间相互作用

本章在增长极和中心地理论基础上，运用空间计量经济方法研究我国不同城市之间的空间作用，考察各地区实行城市群、城市圈发展战略的有效性和值得进一步考虑的区域发展统筹问题。本章分为三个相辅相成的部分：第一部分根据我国中部各省打造城市经济圈的规划实践检验城市增长极对本地区域经济的带动作用；第二部分依据我国多数城市同时具有市场中心功能的实际，检验我国城市体系中增长极的扩散回流作用和市场区对中心地的需求拉动作用；最后一部分以中原城市群为案例研究中原城市群的规划和建设在带动河南全省经济增长中的作用。

5.1 城市增长极——中部崛起的战略选择①

改革开放以来中国东部与中部地区经济水平的差距不断扩大，东部 11 省（直辖市）与中部地区 6 省 GDP 总量的比值从 1978 年的 1.7 倍扩大到了 2010 年的 2.996 倍(《新中国五十年统计资料汇编》和《中国统计年鉴》)。为破解中部崛起的难题，中部地区各省市纷纷选择将本地区优质资源集中配置的发展战略，希冀以打造地区经济增长极的模式实现中心城市和城市圈的迅速发展、并将经济发展扩散到广大腹地。如以武汉为中心包括 8 个城市的武汉经济圈、以郑州为中心包括 9 市 48 县的中原城市群、以太原为中心包括十几个市县的太原都市圈、马鞍山 - 芜湖 - 铜陵 - 池州 - 安庆等市的沿江城市群、长株潭一体化以及昌九工业走廊等都代表了中部地区政府的区域战略规划。此外，各省还出现了以其他城市为中心的大大小小的地区经济增长极。

---

①本节的主要内容曾以“扩散与回流：城市在中部崛起中的主导作用”为题发表在《管理世界》2009 年第 1 期上。

虽然中部地区是中国最重要的农业基地，可是由于农业产出价值在现代经济中的比重日益下降，更由于城市经济集聚的特点，中部崛起必然要依赖城市经济的发展。具备有利区位的中心城市自身至少有几大优势：较大的市场、等级较高的产业、比较齐全的专业人才、配套的试验和服务部门、劳动力共享和中间投入部门的规模经济等。在与腹地的关系上，经济发达的中心城市往往可将标准产品的生产或产业链中一些环节、尤其是初加工环节转移到经济欠发达的邻近城市，从而带动周围地区的发展。但是各国各地区的非平衡发展过程也显示了中心城市本身的增长也可能以牺牲其他地区的发展为代价，中心城市对周围地区发展的积极作用可能需要很长时间才能显现。这一经验规律不仅仅反映在中国东部和中部地区差距的扩大，也同时表现在地区内非平衡发展。譬如，我国东部地区的地级及以上城市人均 GDP 是县级市非农业人口人均 GDP 的 2.5 倍、其他县级单位的 4.7 倍，远高于中部地区的 1.9 倍和 3.0 倍（根据 2006 年《中国统计年鉴》计算）。可见，有助于缩小地区间差距的增长极策略很可能扩大地区内部差距。可是，迄今为止，我们对城市与区域间相互作用、尤其是中心城市带动地区经济发展的研究仍落后于现实的需要。

本节的目的是研究中国中部地区不同等级城市（镇）非农业经济增长的相互作用、揭示各级市县经济增长的决定因素、检验增长极的效应，从而估计和预测城市增长极战略在中部崛起中所能起到的历史作用。

5.1.1 扩散与回流的理论和实证研究综述

虽然增长极理论创始人佩鲁（Perroux，1955）并未明确提出经济增长的扩散与回流的理论模型，该理论的发展却使增长极与其溢出效应在理论上逐渐结为一体。增长极理论在半个世纪中经历了产生、发展、淡化的过程。依据增长极理论制定的经济发展规划曾在美国、巴西、意大利等近 30 个国家盛行，因成败参半，也逐渐失去了先前的光环。尽管如此，增长极理论和增长极发展战略的价值始终未被世人遗忘。自 20 世纪 70 年代末被引入中国以来，随着中国地区经济发展重点和格局的演变，增长极理论和发展战略时断时续地被推到理论探讨和经济发展决策的前台。50 多年前，佩鲁（Perroux，1955）创建的是比较抽象的经济空间中的增长极概念。经其他学者（Boudeville，1966）改造后，具有明确地理含义的增长极理论认为，重要的经济增长从推进型产业的创新开始，经上下游经济链推动产业综合体的增长、进而推动本城市的经济增长，通过对原材料和农产品需求的增长带动外围地区的发展。增长极理论把各城市和地区视为处于不同地位的经济单元，其中，增长极扮演着主导角色，是经济发展的动力，而其他城市和地区则处于被带动的地位，并且强调地区间的经济差距和增长中心的主导不仅不是坏事，相反可能是经济发展所必需的。

在同一时期，缪尔达尔（Myrdal，1957）和赫希曼（Hirschman，1958）创建了概念上与增长极相似、但具有更一般形式的非均衡增长理论，并且首次明确提出了经济增长的扩散与回流概念。缪尔达尔认为历史的偶然性成就了先发地区，发达地区的发展会吸收落后地区的高层次人力资源和资本，产生回流效应，使得发达地区愈益发达，落后地区愈加落后；虽然发达地区通过向落后地区输出技术和产品会对落后地区经济发展产生扩散效应，但是回流效应总是远大于扩散效应，因果循环的积累会继续扩大先发地区和落后地区的差距。缪尔达尔明确提出只有政府干预方能缓和贫富地区两极分化。赫希曼的学说与缪尔达尔的相似，但其结论却非常乐观。他强调发达地区的发展是否带动或阻碍落后地区的发展取决于地区间是否存在互补性。赫希曼认为涓滴效应在远期终将大于极化效应。可是，由于上述理论都是描述性、非正规的，无法用数学语言表达，也无法进行统计检验，因而长期以来是合乎逻辑却又不易验证的理论。许多研究者在增长极和非均衡增长的理论和研究方法的正规化上作了很大的努力，这包括中心与边缘的定义、扩散与回流过程和决定要素的确定、扩散与回流作用的时间－空间测度等（如 Friedmann，1972；Casetti et al.，1971；Richardson，1976）。可是，由于技术手段和数据的局限，研究者们对扩散与回流作用的测度比较粗糙，所能处理的地区样本很小。尽管个别案例研究有些结果，对区间相互作用的统计规律仍了解甚少。Gaile（1980）在比较了 21 项当时最新研究后总结道，研究者们倾向于认为增长极的扩散作用非常微小，且小于回流作用，区间相互作用仅仅局限于很小的地域范围。

空间计量经济方法的出现首先使 Boarnet（1994）和 Henry 等（1999）在对城市经济增长扩散－回流的研究方法上有所突破。Boarnet 以人口自由流动的市场经济为背景、从区域人口和就业增长模型出发，将空间计量经济方法应用到实证检验中，在控制交通条件、劳动供给、土地利用、聚集经济等地方性变量后，发现邻区经济增长对本区有一定的影响。Henry 等的实证模型把相对落后的乡村地区设为本区、把经济比较发达的邻区进一步分解为都市区和都市边缘区，基本解决了测定扩散－回流作用的技术难点。他们对美国和欧洲若干地区的统计估计显示，经济中心地区人口和就业的增长对非中心具有显著的扩散或回流作用，在多数情况下扩散作用大于回流作用。Feser & Isserman（2008）在最近一项研究中改善了扩散－回流的测度、扩展了研究范围，在模型中构建了都市、都市－近郊混合区和乡村三类地区相互作用的若干变量，测定每类地区增长对另一特定地区的扩散或回流作用，在统计上证实了美国全国范围内存在着的显著的、复杂的溢出效应。

近年来一些学者使用空间计量经济方法对中国区域经济外溢和区间相互作用开展了实证研究。应龙根（Ying，2000）和李小建等（2006）使用同样的局部空间自

相关指标，分别分析了1978—1994年广东省GDP对其他各省的外溢作用和1990—2000年期间河南省县域经济增长的溢出效应。Ying（2000）的研究结果显示其他省区受广东产出水平的外溢作用有正有负，而李小建等（2006）发现只有在高水平县域集聚区，经济增长才表现出溢出效应。Brun等（2002）使用中国各省1981—1998年人均GDP增长数据和一组包括地区变量的省区增长模型检验东部地区对中西部地区的经济溢出效应，发现东部的增长对中部有显著的扩散作用，但是对西部却没有明显作用。Fu（2004）研究了中国沿海省份FDI驱动的劳动密集型出口产业增长对内陆省份经济增长的作用，检验结果没有发现明显的扩散作用。此外，一些地区经济发展趋同研究（如林光平等，2006；吴玉鸣，2006）也涉及地区间相互作用，结果都表明，在分析经济增长时必须考虑区域间相互作用，而传统的各地区或城市的截面数据模型估计往往产生系统性偏误。

尽管增长极和扩散效应等术语频频出现在政府文件和大众媒介中，然而，在对我国地区间经济发展扩散效应研究的梳理中不难发现，在理论基础上研究者们多数未从增长极和非均衡增长的视角研究扩散与回流效应，在分析方法上，除了个别城市案例外，研究者们或是仅仅使用了简单的自相关指标、对其他影响地区经济增长的关键变量未加控制（如Ying，2000；李小建等，2006），或使用了地域范围很大的省级数据（如Ying，2000；Brun等，2002；Fu，2004；林光平等，2006）、无法揭示城市增长极对同级和下级市（县）经济增长的扩散与回流效应。正规文献中尚未出现明确建立在增长极和非均衡增长理论基础上、同时使用比较严格的空间计量经济模型和市（县）级数据估计城市增长极的扩散与回流效应的研究成果，因而难以从中得到地区发展规划所需要的有关城市增长极效应的启示。本节通过建立比较完整的市县经济增长模型对中部地区所有市县的经济增长进行空间计量经济分析，这不仅有助于填补现有研究的空白，更重要的在于本节的研究结果可用于评价和预测城市增长极在中部崛起进程中可能扮演的重要角色。

5.1.2 非农业经济增长空间计量联立方程模型

在完全市场经济中，包括劳动力在内的要素可自由流动，人口和就业的增长代表了地区经济的增长。所以上述国际文献多以Carlino & Mills（1987）劳动市场模型为基础，以人口和就业增长表示地区经济增长，估计两个联立方程。中国人口众多，且存在着城乡户籍制度，人口数量不能代表城市或区域经济发展水平，在国内文献中GDP或人均GDP成为最常用的测度，一般用单方程分析GDP增长。事实上，中国虽然存在着户籍制，劳动市场也在不断发育。上亿农民工辗转于各城市间，许多农民工为寻找更合适的工作而经历过“二次流动”（梁雄军等，2007）。同时，厂商

的行为也更趋市场化，他们根据产出和市场的状况调整劳动投入。因而，城市总就业量及其增长都是内生变量。在城市经济学理论中，衡量地区经济水平和增长的主要标志是就业和产出，在实践中，各级政府和广大民众最关注的也是非农业就业和总产出的增长。所以，本节使用非农业就业和非农业 GDP 构建联立方程分析市县经济增长。

假设非农业生产单位按优化原则安排经济活动、决定劳动投入 L 和最终产出 Y，则全市县非农业就业和总产出是所有非农业生产单位劳动投入和产出的总和。同时，如文献中所指出，若两地区经济互补，邻区的产出和就业应对本地的产出和就业有扩散作用，反之，若两地经济竞争，发达的邻区对本区有回流作用。在此，用 WY 和 WL 表示邻区市县的产出和就业。城市的产出和就业可用如下生产函数和均衡劳动（就业）函数来描述：

$$\begin{cases} Y^* = F_1\ (A_1,\ L^*,\ K^*,\ WY^*) & (5.1) \\ L^* = F_2\ (A_2,\ Y^*,\ K^*,\ WL^*) & (5.2) \end{cases}$$

结构方程中 Y、L 和 K 分别是地方非农业总产出、非农业就业和资本。变量带“＊”表示均衡水平。A_1 是由资源禀赋和区位条件所决定的全要素生产率，可具体分解为若干变量，$A_1 = \sum_i \delta_i x_i$。文献中已有普遍共识的重要变量包括城市和区域间的交通条件、各种生产性基础设施、人力资本、产业的规模经济和聚集经济等（Henderson，1986；Glaeser 等，1992；Fujita 等，1999）。同理，A_2 可以分解为影响劳动需求和劳动供给的各变量，$A_2 = \sum_j \rho_j x_j$。由于厂商对劳动的需求主要取决于产出规模 Y 和生产技术，方程（5.2）中的产出 Y 和资本 K 包含了生产规模和技术的测度，所以 A_2 所包括的主要是影响劳动供给的变量，包括生活服务设施、教育和卫生设施、自然环境和社会人文环境等（Greenwood，1985；Topel，1986；Knapp，1989；Kohler，1997；Green，2001）。这些因素不仅影响劳动效率，而且吸引区外人才。式中 WY 和 WL 是被解释变量 Y 和 L 的空间滞后变量，用以测度邻区城市经济对本市县的影响，其值由所有市县的产出向量 $Y = [Y_1 Y_2 \cdots Y_n]'$ 和就业向量 $L = [L_1 L_2 \cdots L_n]'$ 以及空间权重矩阵 $W_{n \times n}$ 所决定。$W_{n \times n}$ 的对角线元素 $w_{ii} = 0$，非对角线元素 $w_{ij} (i \neq j)$ 表示按一定规则定义的两区间相邻关系，这种规则可以是一定的距离或共同边界等，如果城市 i 与城市 j 相邻，则 $w_{ij} > 0$，否则 $w_{ij} = 0$。以第 i 个市（县）为例，其空间滞后变量值是空间权重矩阵的第 i 行 W_i 与所有市县的产出向量 Y 的乘积，$W_i Y = \sum w_{ij} Y_j$。可以看出，虽然向量 Y 中有 n 个市县的产出，只有当 i 和 j 两市县相邻时，因 $w_{ij} > 0$，城市 j 的产出才包含在 $W_i Y$ 中。在下面我们还将详细说明所有市县的产出和就业的空间滞后变量。

为使本节与现有文献有可比性，同时也为简化分析过程，着重分析扩散与回流

的性质，现把（5.1）（5.2）写成线性形式：

$$\begin{cases} Y^* = A_1 + \beta_{11} L^* + \beta_{12} K^* + \beta_{13} WY^* & (5.3) \\ L^* = A_2 + \beta_{21} Y^* + \beta_{22} K^* + \beta_{23} WL^* & (5.4) \end{cases}$$

与标准空间滞后模型（Spatial Lag Model）相似，上述每一方程式右边有各自被解释变量的空间滞后变量（WY 和 WL）。但是，由于两方程联立，它们具有新的性质，更重要的在于本节的研究目的决定了这一方程形式无法测度扩散与回流。

理论上存在着均衡产出和就业水平，但是实际水平是增长的、或处于从前期水平向新水平调整之中。这种过程可描述为 $Y_t = \lambda_Y Y_t^* + (1 - \lambda_Y) Y_{t-1}$，$0 < \lambda_Y < 1$，式中下标 t 表示时期。移项整理后得下述两式：

$$\Delta Y_t = Y_t - Y_{t-1} = \lambda_Y (Y_t^* - Y_{t-1}) \quad (5.5)$$

$$Y_t^* = Y_{t-1} + (1/\lambda_Y)(Y_t - Y_{t-1}) = Y_{t-1} + (1/\lambda_Y)\Delta Y_t \quad (5.6)$$

把式（5.3）代入式（5.5）得

$$\begin{aligned} \Delta Y_t &= \lambda_Y (A_1 + \beta_{11} L^* + \beta_{12} K^* + \beta_{13} WY^*) - \lambda_Y Y_{t-1} \\ &= \lambda_Y A_1 + b_{11} L^* + b_{12} K^* + b_{13} WY^* - \lambda_Y Y_{t-1} \quad (5.7) \end{aligned}$$

式中 $b_{1i} = \lambda_Y \beta_{1i}$，$i = 1, 2, 3$。如同 λ_Y，设 λ_L、λ_K 和 $\lambda_{\bar{Y}}$分别为劳动、资本和邻区城市产出从前期水平向新水平调整的参数，并把 L^*、K^* 和 WY^* 写成和（5.6）相似的表达式代入（5.7）。此外，若存在对经济有影响却未包括在方程中的变量，其非零部分将被常数项吸收，残余部分成为随机误差 ε，按惯例设其为正态独立同分布，$\varepsilon_i \sim N(0, \sigma^2)$，$i = 1, 2, \cdots, N$，$E(\varepsilon_i \varepsilon_j) = 0$，方程（5.7）成为

$$\begin{aligned} \Delta Y_t = {} & \lambda_Y A_1 + b_{11} L_{t-1} + (b_{11}/\lambda_L)\Delta L_t + b_{12} K_{t-1} + (b_{12}/\lambda_K)\Delta K_t + b_{13} WY_{t-1} + \\ & (b_{13}/\lambda_{WY}) W\Delta Y_t - \lambda_Y Y_{t-1} + \varepsilon_t \quad (5.8) \end{aligned}$$

与 WY 相似，式中第 i 个市县（$i = 1, 2, \cdots, n$）产出增长 ΔY_{it}的空间滞后变量是空间权重矩阵第 i 行 W_i 与 n 个市县在 $t-1$ 到 t 期间产出增量向量 $\Delta Y_t = [\Delta Y_{1t} \Delta Y_{2t} \cdots \Delta Y_{nt}]'$的乘积，$W_i \Delta Y = \sum w_{ij} \Delta Y_{jt}$。

同理可得非农业就业的增长方程：

$$\begin{aligned} \Delta L_t = {} & \lambda_L A_2 + b_{21} Y_{t-1} + (b_{21}/\lambda_L)\Delta Y_t + b_2 K_{t-1} + (b_{22}/\lambda_K)\Delta K_t + b_{23} WL_{t-1} + \\ & (b_{23}/\lambda_{WL}) W\Delta L_t - \lambda_L L_{t-1} + \xi_t \quad (5.9) \end{aligned}$$

方程（5.8）和（5.9）并非通常的联立方程。除了市县自身的增长 ΔL 和 ΔY 分别在（5.8）和（5.9）右边外，邻区的产出和就业增长 $W\Delta Y$ 和 $W\Delta L$ 也出现在方程右边。此即 3.1.4 节中讨论的空间滞后及联立方程中的空间自回归共生性，这种自回归共生性决定了模型估计不可使用普通二乘法。

增长极理论指出，溢出效应是由增长中心或发达地区的经济活动引起的，边缘地区或落后地区处于被动地位。我们必须在方程（5.8）和（5.9）中分解出源自不同等级城市的扩散或回流影响。由于历史原因，我国城市的经济实力和行政权力多

数是重合的。中国市县可分成四个等级——省会、地级市、县级市和其他县级单位。本节研究中只有6个省会，无法得到有统计意义的实证结果，因此与地级市合为一类。得到的三个等级市县分别用虚拟变量 U、M 和 R 表示。若某一记录是一省会或地级市，则 $U=1$、$M=0$、$R=0$；若是县级市，则 $U=0$、$M=1$、$R=0$；若是一个不设市的县，则 $U=0$、$M=0$、$R=1$。由此，空间滞后产出和就业可按市县等级分解成三份

$$WY_{t-1}=WUY_{t-1}+WMY_{t-1}+WRY_{t-1},\ WL_{t-1}=WUL_{t-1}+WML_{t-1}+WRL_{t-1} \quad (5.10)$$

同理，空间滞后地区产出和就业本期比前期的增长量也同样可以分解为类似的三个成分。

$$W\Delta Y_t=W\Delta UY_t+W\Delta MY_t+W\Delta RY_t,\ W\Delta L_t=W\Delta UL_t+W\Delta ML_t+W\Delta RL_t \quad (5.11)$$

把空间滞后地区的经济增长分解为三份尚未完全达到估计城市增长极的扩散和回流作用的目的。如图5.1所示，我们还须把受到扩散和回流作用影响的市县分解为三类。

在建立变量中，由于受溢出效益影响的每一市县只属三类市县中的一类，用代表受溢出效益影响的市县类型的虚拟变量（U、M 和 R）乘以式（5.11）中有关各项，保留一组同时确定溢出效应来源地和接受体的测度，如式（5.12）：

$$\begin{aligned}&W\Delta UY\times U,\ W\Delta UY\times M,\ W\Delta UY\times R,\ W\Delta MY\times M,\ W\Delta MY\times R,\\&W\Delta UL\times U,\ W\Delta UL\times M,\ W\Delta UL\times R,\ W\Delta ML\times M,\ W\Delta MLY\times R\end{aligned} \quad (5.12)$$

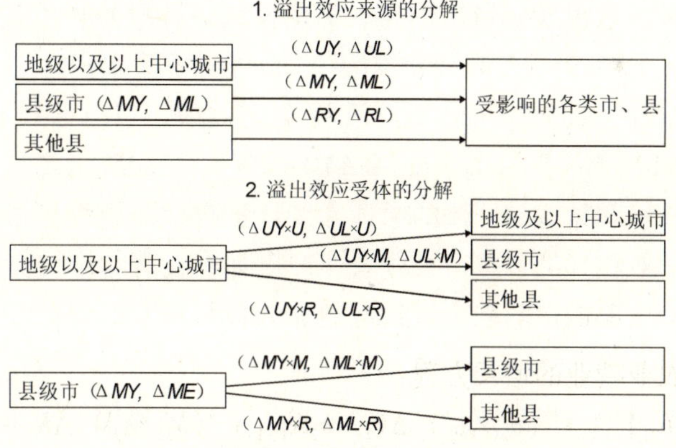

图5.1 各等级市县间相互作用的分解

式（5.12）中的空间权重矩阵 W 表示每一市县所受到的扩散或回流作用是所有邻近城市的溢出作用的累加。第一行中的前三项 $W\Delta UY\times U$、$W\Delta UY\times M$ 和 $W\Delta UY\times R$ 分别表示地级及以上城市产出增长对邻区同级城市、县级市和未设市的其他县的溢出作用，后两项 $W\Delta MY\times M$ 和 $W\Delta MY\times R$ 分别表示县级市产出增长对邻区县级市和未设市的其他县的溢出作用。类似地，不难看出（5.12）第二行中的五项分别表示地级及以上城市就业增长对邻区同级城市、县级市和未设市的其他县的溢出作用，

以及县级市就业增长对邻区县级市和未设市的其他县的溢出作用。因为每项测度的是每一特定等级市县所受到的邻区每一特定等级市县的溢出作用，所以，只有当受溢出作用影响市县的经济增长因溢出源城市的增长而变化时，扩散或回波效应才得到证实。把（5.10）和（5.12）中有关项代入（5.8）和（5.9）并加入 $A_1 = \sum_i \delta_i x_i$ 和 $A_2 = \sum_j \rho_j x_j$ 中各变量以及市县类别虚拟变量 M 和 R。根据数据的可得性，A_1 包括了基础年份经过每一市县境内的高速公路数、铁路站场能力、机场能力、人口密度、电话普及率、中学和大学在校人数占人口比例和城市人均道路面积；A_2 除了包括对外交通、人口密度和通讯普及率以外，还增加了大学和中学在校人数、每万人医院床位数、万人公交车辆数、城市污水下水管道密度和人均绿地面积。使用基础年份数据是为了保证这些变量是后五年经济增长的原因而非结果。由此得到联立方程如下：

$$
\begin{cases}
\Delta Y_t = \delta_0 + \sum_i \delta_i x_i + \alpha_1 L_{t-1} + \alpha_2 \Delta L_t + \alpha_3 K_{t-1} + \alpha_4 \Delta K_t + \alpha_5 M + \alpha_6 R + \alpha_7 WUY_{t-1} + \alpha_8 WMY_{t-1} + \alpha_9 WRY_{t-1} + \\
\quad \alpha_{10} W\Delta UY_t \times U + \alpha_{11} W\Delta UY_t \times M + \alpha_{12} W\Delta UY_t \times R + \alpha_{13} W\Delta MY_t \times M + \alpha_{13} W\Delta MY_t \times R - \lambda_Y Y_{t-1} + \varepsilon_t \quad (5.13) \\
\Delta L_t = \rho_0 + \sum_i \rho_j x_j + \gamma_1 Y_{t-1} + \gamma_2 \Delta Y_t + \gamma_3 K_{t-1} + \gamma_4 \Delta K_t + \gamma_5 M + \gamma_6 R + \gamma_7 WUL_{t-1} + \gamma_8 WML_{t-1} + \gamma_9 WRL_{t-1} + \\
\quad \gamma_{10} W\Delta UL_t \times U + \gamma_{11} W\Delta UL_t \times M + \gamma_{12} W\Delta UL_t \times R + \gamma_{13} W\Delta ML_t \times M + \gamma_{14} W\Delta ML_t \times R - \lambda_L L_{t-1} + \xi_t \quad (5.14)
\end{cases}
$$

为使方程简洁易读，产出增长方程（5.13）的所有参数都用希腊字母 α 加下标序号表示，就业增长方程（5.14）的参数都用 γ 加下标序号表示。因为变量名称与前文一致，不难看出（5.8）（5.9）两式中所有的参数都已反映在式（5.13）（5.14）中。

本节所要检验的主要参数是增长极的溢出效应。以（5.13）式为例，如果 $W\Delta UY_t \times U$、$W\Delta UY_t \times M$、$W\Delta UY_t \times R$、$W\Delta MY_t \times M$ 和 $W\Delta MY_t \times R$ 具有显著的正参数估计，则根据增长极和扩散与回流的原理和统计证据的一致性，可以说明中部城市增长极的产出增长对相邻的各级市县非农业产出都有显著的带动作用（扩散效应）。相反，则可以认为中部城市的产出增长对相邻的各级市县非农业产出都有抑制作用（回流效应）。现实中不同等级的相邻市县可能既竞争又合作，城市增长极的扩散与回流作用可能同时出现。根据参数 α_{10}、α_{11}、α_{12}、α_{13} 估计值的正负和显著程度，本节研究有助于揭示中部地区各级城市增长极对不同等级邻近市县的扩散或回流作用。

由于上述式右含有内生变量和空间滞后项，OLS 估计有系统偏差，需使用空间滞后工具变量得到偏差随样本增大而趋于零的一致性估计。如 3.1.4 节一样，本节根据 Rey & Boarnet（2004）的研究结果，采用先构建因变量的空间滞后变量，再用回归估计滞后工具变量的方法，即用 $\widehat{WY} = X\ (X'X)^{-1}X'\ (WY)\ = X\hat{\beta}_W$ 建立两方程中共 10 个空间滞后增长变量。

5.1.3 实证检验数据说明

本节基础年份数据主要来自2001年《中国城市统计年鉴》、《中国城市建设统计年报》和《中国县（市）社会经济统计年鉴》。为了计算2000—2005年经济增长量，非农业GDP和就业数据来自2006年城市和区域统计年鉴。经过本市县的高速公路数、本地或邻近铁路站场和民航机场规模等市县对外交通数据则必须从地图和有关民航网站上搜集。下面列出主要变量、数据和来源。《中国城市统计年鉴》缩写为《城》、《中国城市建设统计年报》为《城建》、《中国区域经济统计年鉴》为《区》、《中国县（市）社会经济统计年鉴》为《县》。所有GDP价值数据都用各省相关年份的CPI总指数进行调整。

1）非农业GDP（*NA_GDP2000*）和后5年增长（*ΔGDP2000-05*）：《城》、《县》和《区》。

2）非农业就业人员（*EMP2000*）和后5年增长（*ΔEMP2000-05*）：《城》、《县》和《区》。

3）固定资产（*K2000*）和后5年新投资（*ΔK2000-05*）：《城》、《县》和《区》。假设5%的年折旧率。

4）人口密度（*Pop_Density*）：《城建》和《县》。

5）教育条件和潜在人力资本（*MStudent_Pop* 和 *CStudent_Pop*）：《城》和《县》。

6）医疗设施（*HospitalBed_Pop*）：《城》和《县》。

7）通讯条件（*Telephone_Pop*）：《城》和《县》。

8）市内交通条件（*RoadArea_Pop* 和 *Bus_Pop*）：《城建》。

9）城市污水下水管道密度（*Sewers_Density*）：《城建》。

10）人均绿地面积（*GreenSpace_Pop*）：《城建》。

11）高速公路数（*ExpressHighways*）：各省市地图册。

12）铁路交通（*RailRoadCenter*）：按客流量分为1~6等（1~100万人/年、100万~200万人/年、200万~400万人/年、400万~800万人/年、800万~1500万人/年和大于1500万人/年）；本市县没车站但50公里以内有的为1，否则为0。

13）民航机场（*AirPort*）：按每日航班到发对数分为1~4等（1~200对、201~300对、301~500对和超过500对）；机场距离超过100公里，便利程度为0。

计算空间权重矩阵元素数据处理工作量最大。本节利用国家基础地理信息系统提供的全国县域边界地图包含全国市县边界和中心经纬度坐标数据计算每两个城市（县城）间距离。由于中部地区内邻近东部或西部的市县可能受到外区邻近城市的扩散或回波作用，滞后变量的计算包括了数据集中所有市县。地图现势性为1997年，包括市辖区和市辖县。市辖县为单独记录。对于有多个市辖区的城市（如北京、上海、天津和其他若干城市），保留城市中心区市辖区坐标，假设该点为城市中心。空间距离矩阵中每一市（县）只保留一个代表主城的坐标。近年新设立的若干城市在地图中没有相应的记录，不包含在分析中。根据2300个市县中心坐标建立了空间距离矩阵 $W_{2300\times2300}$。元素 w_{ij} 是两中心间按地表计算的距离，$R\times\arccos(\cos(\theta_i-\theta_j)\cos\varphi_i\cos\varphi_j+\sin\varphi_i\sin\varphi_j)$，$R$ 为地球半径（km），θ_i、θ_j 为 i、j 两点经度，φ_i、φ_j 为两点纬度。抽查若干市县间距离后，证实计算结果非常精确。扩散与回流作用随距离而变。但理论对此没有具体提示。Henry 等（1999）和 Feser & Isserman（2008）对美国所有市县扩散与回流作用的不同距离进行了研究，结果表明都市化地区的溢出作用在45英里和60英里距离半径内最为显著。中国大部分市县间联系方式为公路交通和电讯，本质上与美国相同，且许多大城市正在打造一小时经济圈。所以，本节着重研究100公里距离内的扩散与回流作用。本节还建立了100～200公里和200～300公里的滞后区考察扩散与回流对更偏远市县的作用。图5.2表示按滞后距离和城市级别加总的数据准备。位于中央的小圆表示受到增长极溢出作用的第 i 个市县，其他的圆表示可能对其产生溢出作用的各类市县，三类从小到大不等的圆分别表示县、县级市、地级及以上城市，圆中数字分别表示由近及远第几个圈层内市县与中间第 i 个市县的距离。如50公里半径的最近的第1圈内有4个县，50～100公里第2圈滞后区内有2个县级市和1个县，100～200公里第3圈滞后区有5个县、1个县级市和2个地级及以上城市。根据增长极理论，假设最低一级未设市的县没有溢出作用，滞后区基础年产出和就业数及其增长量根据设定距离按两类城市分别加总。首先，暂时只考虑100公里内的城市。

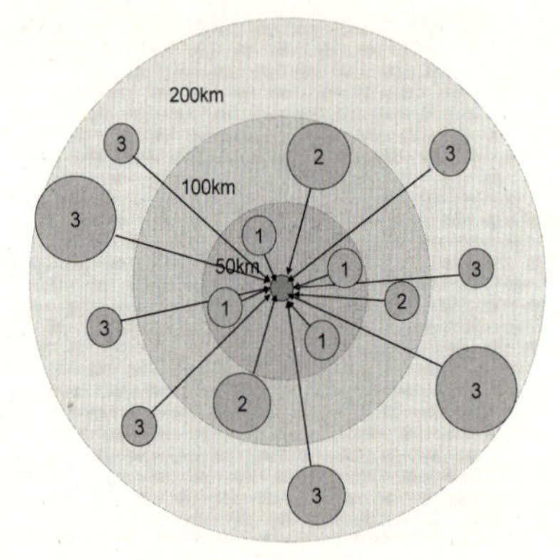

图5.2　溢出效应来源地距离的分解

将县域地图地名和统计数据文件同名合并，以统计年鉴为准，得到六省579个市县自身和空间滞后区内三级市、县的产出和就业的完整记录。三级市县个数分别为80、88和411。表5.1列出主要变量的样本均值以及100公里半径的空间滞后区内非农业GDP和就业及其增长的均值。表中上半部分是城市自身变量的描述统计。如 *NA_GDP*2000、*EMP*2000、*ΔGDP*2000－05 和 *ΔEMP*2000－05 分别是各市县2000年本身的非农业GDP和就业水平以及二者后5年增长量，*ExpressHighways*、*RailRoadCenter* 和 *AirPort* 是3个交通条件变量等。表中下半部分是空间滞后变量，如 *NA_GDPU*2000、*NA_GDPM*2000 和 *NA_GDPR*2000 分别是2000年滞后区间地级及以上城市、县级市和其他县级单位非农业本地产出的总和；*EMPU*2000、*EMPM*2000 和 *EMPR*2000 是滞后区三类市县非农业就业的总和；*ΔNA_GDP* 和 *ΔEMP* 加上表示市县类型虚拟变量的 *U*、*M* 和 *R* 以及年份即表示非农业产出和就业在空间滞后区三类

市县的增长。县级单位的空间滞后区往往包含大中城市，因此他们的空间滞后变量值未必比大城市的小。

表 5.1　中国中部六省三级市县若干变量和空间滞后变量的样本均值

变量	地级及以上城市 $N=80$	县级市 $N=88$	其他县级单位 $N=411$
市县变量			
*NA_GDP*2000（万元）	903436	316258	121971
Δ*GDP*2000－05（万元）	1027412	280632	135669
*EMP*2000（人）	226788	65760	26423
Δ*EMP*2000－05（人）	29609	－24914	6897
*K*2000（万元）	1348947	306340	62092
Δ*K*2000－05（万元）	2680362	446434	294601
ExpressHighways	1.49	0.76	0.61
RailRoadCenter	2.58	0.76	0.73
AirPort	0.46	0.52	0.42
Pop_Density（人/平方公里）	2004.99	2466.67	347.69
Telephone_Pop（台/万户）	1932.88	954.59	666.48
MStudent_Pop（中学生/万人）	609.65	621.36	611.43
CStudent_Pop（大学生/万人）	138.66	0.10	0.10
HospitalBed_Pop（床/万人）	50.37	22.83	16.78
100 公里内空间滞后变量			
*NA_GDPU*2000（万元）	2394471	3412252	1932480
*NA_GDPM*2000（万元）	1095011	1459653	745595
*NA_GDPR*2000（万元）	1820609	1788578	1440305
Δ*NA_GDPU*2000－05（万元）	2551879	3661077	2207132
Δ*NA_GDPM*2000－05（万元）	1063484	1423100	833771
Δ*NA_GDPR*2000－05（万元）	1757457	1851538	1584118
*EMPU*2000（人）	545406	798103	507190
*EMPM*2000（人）	199266	250338	127254
*EMPR*2000（人）	352177	334551	293654
Δ*EMPU*2000－05（人）	106515	157547	55657
Δ*EMPM*2000－05（人）	40693	61929	30001
Δ*EMPR*2000－05（人）	116537	86382	75183

数据来源：根据 2006 年《中国城市统计年鉴》数据整理估算而得。

5.1.4 计量经济模型估计

首先使用全域 *Moran's I* 统计量 $I = \dfrac{\dfrac{\sum_{i=1}^{n}\sum_{j=1}^{n} w_{ij}(x_i - \bar{x})(x_j - \bar{x})}{\sum_{i=1}^{n}\sum_{j=1}^{n} w_{ij}}}{\dfrac{\sum_{i=1}^{n}(x_i - \bar{x})^2}{n}}$ 和零假设检验初步了

解各市县之间经济增长的总体相关性。Cliff & Ord（1981）证实，如果总体上不存在空间相关，I 的期望值随样本的增加而趋于零，当样本数为 n 时，期望值 $E(I)=-1/(n-1)$，方差为：

$$\mathrm{Var}(I)=\frac{\{n[(n^2-3n+3)W_1-nW_2+3W_0]\}-\{k[(n^2-n)W_1-2nW_2+6W_0{}^2]}{(n-1)(n-2)(n-3)W_0{}^2}-E(I)^2,$$

式中，$W_1=\sum_{i-1}^{n}\sum_{j-1}^{n}(W_{ij}+W_{ji})^2\frac{1}{2}$，$W_2=\sum_{i-1}^{n}(W_{i.}+W_{.j})^2$，$W_0=\sum_{i=1}^{n}\sum_{j=1}^{n}W_{ij}$，$W_{i.}$ 和 $W_{.j}$ 是 i 行和 j 列之和，$k=\dfrac{[\sum_{i-1}^{n}(x_i-\bar{x})^4/n]}{[\sum_{j-1}^{n}(x_i-\bar{x})^2/n]^2}$。在无空间相关性的零假设下，利用 *Moran's I* 构建的标准正态统计量为 $z=\dfrac{(I-E(I))}{\sqrt{Var(I)}}$，$E(I)$ 和 $Var(I)$ 取决于数据分布和空间滞后矩阵元素的排列方式。目前有三种方法可以构建 z 统计量，其中最繁复、但最可靠的是重复地随机排列所有空间坐标得到多个不同的 I 值，这些 I 值因空间单位的重新随机排列而不再保留原空间相关性，计算出这些 I 值的均值和标准差作为 $E(I)$ 和 $Var(I)$ 代入上式得到 z（Anselin，1992）。使用该法可以得到中部地区579个市县非农业GDP和就业2000—2005年增长的 *Moran's I* 分别是0.025和0.01、z 为1.36和0.68、无空间相关假设的弃真概率分别为 $P=0.17$ 和 $P=0.49$。这意味着相邻市县的GDP增长和就业增长没有很显著的相关性。必须指出，全域 *Moran's I* 有很大的局限性。如果一部分市县的增长存在正相关（扩散效应），另一部分市县存在负相关（回流效应），二者抵消后，全域 *Moran's I* 则可显示市县间没有相关性。此外，城市与地区间的扩散与回流作用也未必局限于有共同边界的相邻市县间。而这些正是本节研究的主要内容。

目前流行的空间计量软件（如 *GeoDa*）不具备估计联立方程功能。本节使用 *SAS* 编程并利用其统计模型功能完成了所有数据处理。表5.2是两组三阶段最小二乘（3*SLS*）估计值①。系统加权 R^2 分别为0.90和0.91。在检验扩散－回流效应前，先对各市县本身变量的参数估计作一简要讨论。由于两组估计值相似，只需分析第一组（即50～100公里）的两个方程。

---

①作者在初步分析中发现两个方程2SLS估计残差的协方差很大、相关性很高，表明缺失变量对两方程有共同的影响。3SLS估计将2SLS残差的协方差带入第三阶段进行广义回归，改善了大样本估计的有效性（efficiency）。此外，在使用基础设施类、交通等控制变量以前，作者估计过不含所有这些控制变量的基本模型。包括要素投入和城市增长溢出作用变量的参数估计正负号和显著性本质上和表5.2中相同。这些控制变量并未造成与增长溢出变量的明显多重共线性。但是县级市和郊县（*County_city* 和 *Rural_county*）系数完全不同，显然，这两个较低等级市县虚拟变量和基础设施、交通等控制变量有密切负向关联。

表 5.2　中国中部六省三级市县 *GDP* 和就业增长联立方程模型估计

因变量:Δ*GDP*2000－05					因变量:Δ*EMP*2000－05				
溢出来源地区	① 50～100 公里		② 0～100 公里		溢出来源地区	① 50～100 公里		② 0～100 公里	
变量	参数估计	t 值	参数估计	t 值		参数估计	t 值	参数估计	t 值
Intercept	－151723	－1.87	－145646	－2.26	*Intercept*	76400	3.45	51741	2.51
*NA_GDP*2000	0.074	0.78	0.104	1.16	*EMP*2000	－0.915 **	－23.4	－1.051 **	－23.6
Δ*EMP*2000－05	－4.27 **	－4.56	－3.343 **	－4.57	Δ*GDP*2000－05	－0.158 **	－6.93	－0.236 **	－8.64
*EMP*2000	－3.832 **	－4.43	－3.152 **	－4.70	*NA_GDP*2000	－0.016	－0.96	－0.026	－1.52
Δ*K*2000－05	0.422 **	13.06	0.404 **	14.57	Δ*K*2000－05	0.055 **	6.26	0.077 **	7.73
*K*2000	0.222 **	7.03	0.379 **	9.28	*K*2000	0.041 **	9.49	0.115 **	11.02
*NA_GDPU*2000	－0.012	－1.59	－0.009	－1.15	*EMPU*2000	0.001	0.19	0.004	0.95
*NA_GDPM*2000	0.046	1.54	0.027	1.55	*EMPM*2000	0.025 **	2.60	0.019 **	2.22
*NA_GDPR*2000	0.029 **	2.32	0.025 **	2.76	*EMPR*2000	0.006	0.49	0.032 **	2.96
*U*Δ*NA_GDPU*2000－05	0.017 **	2.26	－0.005	－0.53	*U*Δ*EMPU*2000－05	－0.271 **	－3.95	－0.243 **	－4.31
*M*Δ*NA_GDPU*2000－05	0.019 **	2.73	0.026 **	3.09	*M*Δ*EMPU*2000－05	－0.010	－0.16	0.084	1.12
*R*Δ*NA_GDPU*2000－05	0.001	0.24	0.002	0.28	*R*Δ*EMPU*2000－05	0.109 **	3.35	0.050 *	1.70
*M*Δ*NA_GDPM*2000－05	0.108 **	2.60	0.023	1.02	*M*Δ*EMPM*2000－05	0.443 **	3.85	0.366 **	4.33
*R*Δ*NA_GDPM*2000－05	－0.088 **	－2.28	－0.034	－1.58	*R*Δ*EMPM*2000－05	－0.086 **	－2.08	－0.098 **	－2.23
County_city	－190255 **	－2.38	－123867 **	－2.09	*County－city*	－92726 **	－4.79	－81325 **	－4.36
Rural_county	106357 *	1.84	101114 **	2.09	*Rural_county*	－73360 **	－3.78	－51091 **	－2.84
ExpressHighways	16699	1.25	11018	0.94	*ExpressHighways*	1545	0.59	3380	1.21
RailRoadCenter	53556 **	3.15	52756 **	3.55	*RailRoadCenter*	－535	－0.16	7793 **	2.24
AirPort	44850 **	2.57	28241 *	1.85	*AirPort*	－269	－0.07	4344	1.05
Pop_Density	6.797	0.73	8.483	1.01	*Pop_Density*	1.114	0.65	－0.075	－0.04
Telephone_Pop	－38.47	－1.39	－61.96 **	－2.56	*Telephone_Pop*	1.408	0.28	－5.662	－1.09
MStudents_Pop	198.58 **	2.78	159.2 **	3.04	*MStudents*	4864 **	5.80	4870 **	6.19
CStudent_Pop	267.33	1.30	420.95 **	2.25	*CStudents*	43810 **	9.67	51371 **	11.97
RoadArea_Pop	－2204	－0.36	7152	1.63	*HospitalBed_Pop*	213.3	1.30	239.84	1.57
					Bus_Pop	465.8	0.73	－650.5	－0.91
					Sewers_Density	－2869	－1.55	－2106	－1.22
					GreenSpace_Pop	1558	1.48	1678.7	1.65

注：参数估计带有“**”的通过了 0.05 的显著性检验，带有“*”的通过了 0.1 的显著性检验。

数据来源：根据 2001—2006 年各年《中国城市统计年鉴》数据整理估算。

GDP 增长方程中 *NA_GDP*2000 的参数估计未通过统计显著性检验，表明中部地区各市县非农业经济产出增长与初始期产出水平基本无关。非农就业 *EMP*2000、Δ*EMP*2000－05 和资本 Δ*K*2000－05 和 *K*2000 都有显著的参数估计。其中，*EMP*2000 和 Δ*EMP*2000－05 的负参数估计表明 GDP 增长量大的市县赖以发展的不是劳动投入。而 Δ*K*2000－05 和 *K*2000 的正参数估计显示 2001—2006 年的投资和初始期原始

资本水平在中部地区各市县 GDP 增长中起了最显著的作用，这与历年投资拉动 GDP 增长的统计数据以及大量正式和非正式研究所发现的结果是一致的。此外，方程中若干城市生产条件和环境变量也表明城市（县）间经济增长的差异还源于区域条件的差别，尤其是铁路和机场都对 GDP 增长有显著的贡献。基础年份潜在人力资本也对城市的非农业 GDP 增长有积极影响，初始期（2000 年）人口中中学和大学在校人数比例大的城市今后五年 GDP 的增量也较大。统计估计还显示，在控制了其余地方变量的同时，县级市的非农业 GDP 增长显著低于地级及以上的城市，而其他县级单位的增长却高于地级及以上的城市，这意味着我国中部地区最低一级的农业县正经历着较快的城镇化过程。

就业增长方程中 *EMP*2000 有显著的负系数，意味着各地增长中的条件趋同倾向。同时，Δ*GDP*2000 - 05 的负系数表明非农业就业增长与 GDP 增长负相关，反映了就业增长中相当一部分可能出现在劳动密集、低附加值部门，也可能反映了经济水平相对落后的市县主要依靠非市场行为增加了就业。Δ*K*2000 - 05 和 *K*2000 有显著的正参数估计，表明无论是初始期资本水平还是新投资都是就业增长的重要原因。此外，初始期在校大中学生数也有显著的正参数估计，表明了人力资本和劳动供给对就业增长的贡献。

下面我们分析城市非农业经济增长的溢出效应，特别是邻近的大城市的增长对小城市和县镇经济增长的影响。表 5.2 中 50 ~ 100 公里和 0 ~ 100 公里滞后区两组方程中的参数估计相似。由此可以推断城市增长极的扩散与回流效应主要源于 50 ~ 100 公里滞后区域的城市，而 0 ~ 50 公里内区域滞后变量的影响很小，其中一个重要原因是中部地区大多数城市间距离都超过 50 公里。因此，我们主要分析 50 ~ 100 公里的滞后变量的参数估计。

本节主要研究中心城市经济增长的扩散和回流效应。GDP 增长方程估计表明，中心城市增长对其他市县有显著的溢出效应。这一效应可以是来自一个中心城市或类似距离内若干城市的合计。*U*Δ*NA_GDPU*2000 - 05 和 *M*Δ*NA_GDPU*2000 - 05 的参数估计表明，若地级及以上中心城市 GDP 增长 10 万元，邻近的同级或县级市的 GDP 则多增长近 2 万元。增长极理论和扩散与回流原理指出，中心城市是区域经济的主导，中心城市的经济增长导致产品和技术的扩散、市场的扩大及对原材料和简单初级产品需求的增加；在空间上，地级及以上中心城市总产出增长带动了周围次级市县经济发展。GDP 增长方程估计结果意味着在中部地区许多中心城市与其相邻的同级和次级城市在市场经济的磨合中正逐步形成经济上相互关联、相辅相成的统一体。*M*Δ*NA_GDPM*2000 - 05 的参数估计表明县级市之间也有显著的扩散作用：两县级市中一市的产出增长 10 万，另一县级市多增长 1 万。可是 *R*Δ*NA_GDPM*2000 - 05 的参数估计则显示了县级市对未设市的县镇非农业经济的回流效应，这表明在我

国中部地区较低层次的市县经济间存在着同类经济的竞争，这种竞争抑制了未设市的县镇非农业经济的发展。就业增长方程中，地级及以上城市就业增长的空间滞后变量 *UΔEMPU*2000－05 有显著的负参数估计，而 *RΔEMPU*2000－05 有显著的正参数估计。根据赫希曼的非均衡增长理论和扩散与回流原理，这些统计结果意味着地级及以上中心城市之间存在着争夺同类人才和劳动力的竞争，而地级及以上中心城市和经济水平更低的县镇经济互补、需要不同类型的劳动力和人才，中心城市的发展带动了县镇发展。最后，县级市就业增长的滞后变量 *MΔEMPM*2000－05 和 *RΔEMPM*2000－05 分别有显著的一正一负参数估计，表明我国中部地区县级市间在就业增长上有明显的互相促进的效应，但是县级市就业增长对未设市的县镇非农业就业有回流效应。这种回流效应可能起因于县级市和未设市的县镇具有相似的经济部门、需要同类的劳动力。

图 5.3 有助于理清上述扩散与回流效应。图中实线和虚线箭头分别表示扩散和回流，没连接线的表示没显著影响。首先，地级及以上城市间 GDP 增长有互相促进作用，但是在就业增长上相互抑制。其次，地级市在 GDP 和就业增长上分别对县级市和未设市的县镇有显著的扩散作用。再次，县级市增长对邻区县级市的 GDP 和就业增长都有促进作用。最后，县级市的经济增长对邻区县镇的 GDP 和就业增长都有显著的回流效应。

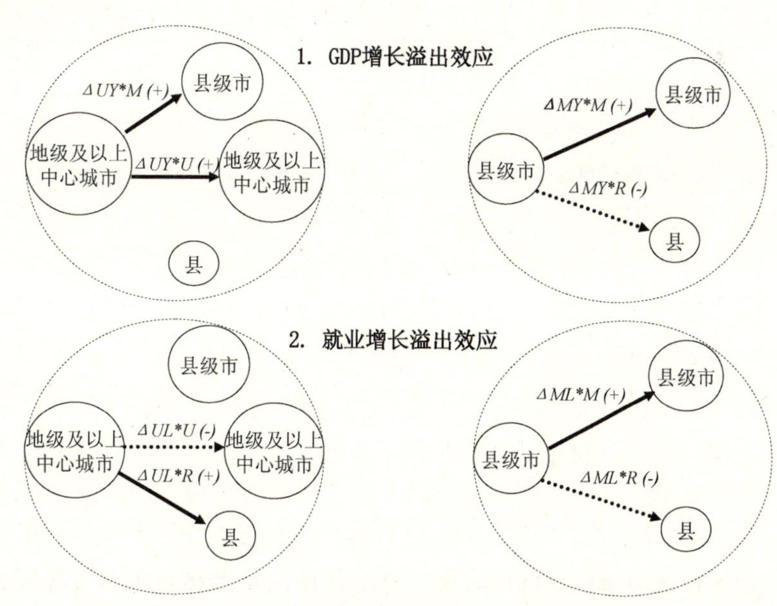

图 5.3　50～100 公里内各等级市县间相互作用

技术外溢和经济扩散存在地域局限性。增长极战略的制定者必须了解增长中心所能带动的地域范围。现有国内外文献却罕有对扩散距离进行研究的。为了比较扩

散和回流在不同距离内的效应，本节分别使用空间滞后变量在 50 公里、50 ~ 100 公里、100 ~ 200 公里和 200 ~ 300 公里距离内的数据（见图 5.2 说明）估计了 4 组联立方程。除了空间滞后变量外，其他变量的参数估计相似。表 5.3 列出 4 组空间滞后变量的参数估计。

表 5.3　中国中部六省三级市县不同距离的扩散与回流效应

被解释变量：ΔGDP2000 - 05 溢出来源地区								
溢出来源地区	0 ~ 50 公里		50 ~ 100 公里		100 ~ 200 公里		200 ~ 300 公里	
	参数估计	t 值	参数估计	t 值	参数估计	t 值	参数估计	t 值
*UΔNA_GDPU*2000 - 05	-0.087**	-3.44	0.017**	2.26	0.007	1.56	0.002	1.65
*MΔNA_GDPU*2000 - 05	-0.002	-0.12	0.019**	2.73	-0.001	-0.30	-0.006**	-3.58
*RΔNA_GDPU*2000 - 05	-0.008	-0.48	0.001	0.24	0.001	0.49	-0.002**	-2.24
*MΔNA_GDPM*2000 - 05	0.118*	1.85	0.108**	2.60	0.037	1.54	0.021	1.35
*RΔNA_GDPM*2000 - 05	0.012	0.14	-0.088**	-2.28	-0.002	-0.17	-0.004	-0.84
被解释变量：ΔEMP2000 - 05								
溢出来源地区	0 ~ 50 公里		50 ~ 100 公里		100 ~ 200 公里		200 ~ 300 公里	
	参数估计	t 值	参数估计	t 值	参数估计	t 值	参数估计	t 值
*UΔEMPU*2000 - 05	-0.410**	-3.19	-0.271**	-3.95	-0.041	-0.87	0.026	1.61
*MΔEMPU*2000 - 05	0.736*	1.68	-0.010	-0.16	-0.039	-0.87	-0.055**	-2.46
*RΔEMPU*2000 - 05	0.078**	2.16	0.109**	3.35	0.012	0.96	-0.003	-0.83
*MΔEMPM*2000 - 05	0.162	1.46	0.443**	3.85	0.058	1.06	-0.004	-0.14
*RΔEMPM*2000 - 05	0.050	0.36	-0.086**	-2.08	0.012	0.54	-0.004	-0.61

注：参数估计带有“**”的通过了 0.05 的显著性检验，带有“*”通过了 0.1 的显著性检验。

数据来源：根据 2001—2006 年各年《中国城市统计年鉴》数据整理估算。

总体看来，无论是 GDP 还是就业增长的溢出效应在 50 ~ 100 公里范围都表现得最为显著。这几组估计还表明城市经济规模直接影响到辐射距离。地级及以上中心城市的作用距离相对较远，其 GDP 增长能促进 100 公里内同级城市和县级市的 GDP 增长，但是其就业增长却不利于邻区同级城市的就业增长。在 100 ~ 200 公里距离内，地级及以上中心城市的增长对其他城市没有明显影响，但是在 200 ~ 300 公里范围，这些中心城市却对县级市的 GDP 和就业增长有显著的回流作用。由此可以推论：若城市间相距 100 公里以内，有限的空间距离使这些城市间协作关系超过竞争关系，两城市倾向于形成一体化的地域综合体，但是超过这一距离，两市逐渐成为各自独立、相互竞争的对立经济体。地级及以上城市对县镇就业的促进作用同样局限在 100 公里范围内。县级市 GDP 增长和就业增长对 0 ~ 50 公里和 50 ~ 100 公里范围内同级城市的扩散作用都很显著，超过 100 公里以后几乎立即消失；县级市 GDP 和就业增长对更弱小的县镇经济的抑制作用主要发生在 50 ~ 100 公里距离范围里，超过这一距离后回流作用也迅速消失。这些统计结果意味着县级市之间的经济协作范围基本也在100公里以内。统计分析所揭示的各级城市的扩散与回流作用和地方经济影响范围对定量估计市场力量、因势利导地规划有效的区域统一体有明显的参考价值。

5.2 中国城市与区域经济的扩散回流与市场区效应①

上一节研究了中部地区各省经济增长极战略可能对地区经济发展的影响。事实上，打造增长极已成为全国各地普遍采取的区域发展模式，并得到国家的大力支持。全国各地规划建设的一小时城市圈就是最明显的代表。以非平衡发展为特征、突出效率的增长极和中心城市群建设将成为我国大多数地区今后较长一段时间的区域发展战略。因此，研究全国范围内中心城市与相邻地区的经济互动关系比仅仅研究中部地区城市增长极作用有更普遍的意义。

此外，除了人为规划或自然形成的增长极以外，几乎每座中心城市都是一个多功能的市场中心和服务中心。这些市场包括为普通消费者服务的最终产品市场和为厂商服务的中间产品和生产资料市场。其中，省会城市服务于全省（甚至邻省部分地区），而地级中心城市面向全地区。中心城市本身的发展和规模不能不受到市场区和服务区功能的影响。由于内需是大国经济发展的重要驱动力，来自市场区的需求对中心城市的发展起着至关重要的作用。

本节借鉴并整合区域经济学中相互独立的两个理论模型、研究中国不同等级市县非农业经济增长的相互作用、揭示各级市县经济增长的决定因素、检验增长极对下级市县的扩散回流效应和市场区经济增长对中心城市的影响。本节主要回答下述问题：中国各级市县经济增长差异的主要决定因素是什么？大城市的经济发展促进还是抑制了邻近的中小城市和县镇的发展？下级市县的经济增长是否作用于中心城市？在多大范围内大小城市间经济发展存在着扩散回流或市场区效应？为了获得普遍性结果，本节构建了包容增长极和中心地理论的计量模型、整理和分析了除西藏以外全国各省（直辖市和自治区）的所有市县级统计数据。

5.2.1 中心地及其作用机制的研究

增长极和中心地学说是城市和区域经济学中两个互相独立的经典理论模型。它

①本节的主要内容曾以《中国城市与区域经济增长的扩散回流与市场区效应》为题发表在《经济研究》2009年第8期。

们分别从生产和市场两个角度总结了城市体系内各等级城市（地区）间的相互作用和均衡状态。虽然增长极理论比中心地学说年轻，但是，得益于30多个国家的实践应用而在近半个世纪内广为人知（见前节5.1.1对有关文献的扼要总结）。早在增长极理论形成前，克里斯泰勒（Christaller，1933）和廖什（Lösch，1940）就在市场区分析基础上创建了城市等级和相互作用的中心地学说。贝利等（Berry & Garrison，1958；Berry，1964）加强了该学说的市场经济原理，并用美国城市体系数据验证了其理论模型。个别国家（如德国、荷兰、日本等）还利用该理论进行了地区的城市体系规划实践。除了城市K值等级系统和同级城市六边形分布等比较机械的数量和几何规律外，中心地学说的主要价值在于对市场和服务功能类型城市体系形成的解释能力。与增长极从生产方面强调中心城市主导作用相反，中心地学说从消费和服务出发，自下而上分析不同部门的市场区规模，进而确定与各级市场范围门槛相应的各级城市（镇）的数量和分布。中心地学说认为每一厂商的市场区范围取决于该产业的规模经济、客户需求和客户分布密度三要素。客户不仅指消费者，也可泛指下游厂商。小城镇相应的市场区范围决定了它只是日常商品和日常服务市场的中心，较大城镇则同时还是耐用品和较高档次服务市场的中心，依此类推，规模经济最大的产品或服务业市场中心必然是区域或国家的中心城市。中心城市同时具有下级城市所有的市场和服务中心功能。由于高等级城市提供高级别的产品和服务，低级市场区内对高级别产品和服务的需求只能在高级中心得到满足，因此，中心地和相应的市场区相辅相成，而下级城镇的经济增长是上级城市增长的基础。

若将增长极理论和中心地学说作番比较，可以发现两者都有片面性，但是前者的扩散回流机制与后者的城市等级体系形成机制具有极强的互补性。两个理论模型中，前者是动态的，后者是一般均衡状态。由于增长极理论是描述性的、非正规的、无法用数学语言表达、也无法进行统计检验，因而长期以来是合乎逻辑却又不易验证的理论。虽然已有的一些研究（见5.1.1的文献综述）提供了我国区域经济增长溢出作用的证据，可是这些研究没有依赖增长极理论及其扩散回流机制，或者仅仅尝试了很小的样本。更值得指出的是，迄今没有一份研究揭示中心城市和下级市县之间并非仅有中心城市对外围地区的主导和控制作用，且同时存在着自下而上的市场区效应。本节的主要贡献首先在于综合增长极和中心地学说、构建中国市县经济增长联立方程同时估计各级市县间自上而下的扩散回流效应和自下而上的市场区效应。第二个贡献是在数据处理上突破以往局限。为了精确估计扩散回流和市场区的作用方向和距离，本节采用比较复杂和精细的技术方法区分出每两类市县间相互作用的方向和距离。其三，本节样本包括了2000—2007年除西藏以外的全国各省约2200个市县，分析结果具有比较普遍的意义。

5.2.2 中国市县经济增长的测度和计量模型

城市和区域经济增长有多种测度。在市场经济中，包括劳动和资本在内的生产要素可自由流动，一个地区的要素投入和产出的增长往往代表了地区经济的增长。我国的市场化改革以来，厂商的行为也更趋市场化，他们根据产出和市场的状况调整投资和劳动投入。因而，城市就业量和固定资产及其增长都是内生变量。同时，根据区域经济学一般原理，若两地区经济互补，邻区的产出和要素投入应对本地的产出和投入有扩散作用，反之，若两地经济竞争，发达的邻区对本区有回流作用。用 Y^{Lag}、E^{Lag} 和 K^{Lag} 分别表示邻区——即在空间上滞后的外围地区——的产出、就业和资本。各市县的产出、就业和资本可用如下一般生产函数、均衡劳动（就业）和资本存量函数来描述。

$$\begin{cases} Y^* = f_1(A_1, E^*, K^*, Y^{Lag*}) & (5.15) \\ E^* = f_2(A_2, Y^*, K^*, E^{Lag*}) & (5.16) \\ K^* = f_3(A_3, Y^*, E^*, K^{Lag*}) & (5.17) \end{cases}$$

结构方程中 Y、E 和 K 分别是地方非农业总产出、就业和资本。变量带“ * ”表示均衡水平。A_1 是由资源禀赋和区位条件所决定的全要素生产率，A_2 和 A_3 分别是影响就业和资本投入的参数或综合变量。A_1、A_2 和 A_3 都可分解为若干变量。为使本节与现有文献（如 Boarnet，1994；Henry et al.，1999；Feser & Isserman，2007）有可比性，同时也为简化分析过程、着重考察市县间溢出作用，现把（5.15）~（5.17）写成线性形式

$$\begin{cases} Y^* = A_1 + \alpha_1 E^* + \alpha_2 K^* + \alpha_3 Y^{Lag*} & (5.18) \\ E^* = A_2 + \beta_1 Y^* + \beta_2 K^* + \beta_3 E^{Lag*} & (5.19) \\ K^* = A_3 + \gamma_1 Y^* + \gamma_2 E^* + \gamma_3 K^{Lag*} & (5.20) \end{cases}$$

式中某一时期 t 的空间滞后变量 Y^{Lag}、E^{Lag} 和 K^{Lag} 由空间权重矩阵 $W_{N\times N}$ 和该时期所有市县产出和投入要素向量 Y_t、E_t 和 K_t 所分别决定，即

$$Y_t^{Lag} = WY_t、E_t^{Lag} = WE_t、K_t^{Lag} = WK_t. \tag{5.21}$$

与方程（5.13）和（5.14）的推导过程相似，经适当变换整理得实际观测到的非农业产出、就业和资本增长方程分别如下：

$$\Delta Y_t = \lambda_Y A_1 + a_1 E_{t-1} + \frac{a_1}{\lambda_E}\Delta E_t + a_2 K_{t-1} + \frac{a_2}{\lambda_K}\Delta K_t + a_3 Y_{t-1}^{Lag} + \frac{a_3}{\lambda_{Y^{Lag}}}\Delta Y_t^{Lag} - \lambda_Y Y_{t-1} + \varepsilon_t \tag{5.22}$$

$$\Delta E_t = \lambda_E A_2 + b_1 Y_{t-1} + \frac{b_1}{\lambda_E}\Delta Y_t + b_2 K_{t-1} + \frac{b_2}{\lambda_K}\Delta K_t + b_3 E_{t-1}^{Lag} + \frac{b_3}{\lambda_{E^{Lag}}}\Delta E_t^{Lag} - \lambda_E E_{t-1} + \xi_t \tag{5.23}$$

$$\Delta K_t = \lambda_K A_3 + c_1 Y_{t-1} + \frac{c_1}{\lambda_K}\Delta Y_t + c_2 E_{t-1} + \frac{c_2}{\lambda_K}\Delta E_t + c_3 K_{t-1}^{Lag} + \frac{c_3}{\lambda_{K^{Lag}}}\Delta K_t^{Lag} - \lambda_K K_{t-1} + \theta_t \tag{5.24}$$

如5.1.2节所指出，上述三个方程中的空间滞后变量ΔY_t^{Lag}、ΔE^{Lag}和ΔK^{Lag}分别和各自方程中的随机误差项相关。在计量模型估计中，这些变量都要替换为工具变量，以便得到一致性参数估计。

为了使方程（5.22）~（5.24）可以分辨不同等级城市之间的影响，这一节使用与上一节相似，但是更为精细的方法对每两类市镇间的作用进行分解。首先要区分空间滞后区市县类型。将中国市县分成三个等级：地级以及以上的中心城市、县级市和其他县级单位，分别用符号L、M和S表示。空间滞后产出、就业和固定资产按市县等级分成三份，以三类城市符号作为空间滞后上标，即有

$$Y^{Lag} = Y^L + Y^M + Y^S,\ E^{Lag} = E^L + E^M + E^S,\ K^{Lag} = K^L + K^M + K^S \tag{5.25}$$

$$\Delta Y^{Lag} = \Delta Y^L + \Delta Y^M + \Delta Y^S,\ \Delta E^{Lag} = \Delta E^L + \Delta E^M + \Delta E^S,\ \Delta K^{Lag} = \Delta K^L + \Delta K^M + \Delta K^S \tag{5.26}$$

本节的计量模型用ΔLM、ΔLS和ΔMS表示中心城市和县级市经济增长产生的自上而下的扩散回流效应，以ΔML、ΔSL和ΔSM表示自下而上的市场区增长效应，再用ΔLL、ΔMM和ΔSS表示同等级城市增长的相互作用，由此可以在方程估计中考察每类市县可能受到的邻区三类市县的作用、同时避免因模型设置不完整而产生的估计偏差。图5.4表示三类市县所有可能的扩散回流和市场区增长效应。箭头是各类市县间影响的方向。

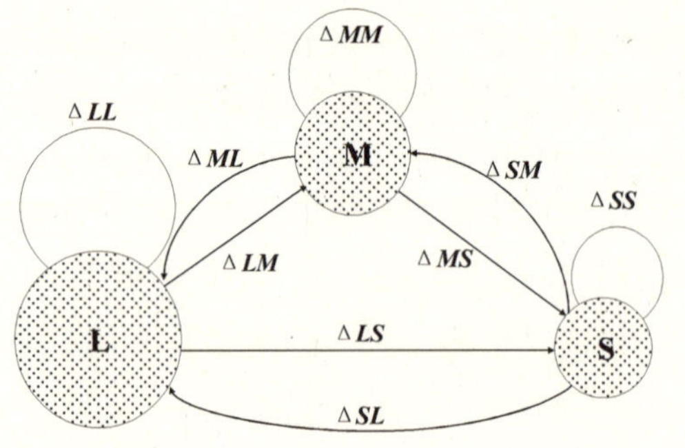

图5.4　扩散回流效应与市场区效应示意图

在计量模型中，进一步用代表受溢出效应影响的三类市县的虚拟变量（即符号L、M和S）乘以式（5.26）中各项，可得到同时确定溢出效应来源和受体的测度。以（5.26）中邻近市县产出增长变量（$\Delta Y^{Lag} = \Delta Y^L + \Delta Y^M + \Delta Y^S$）为例。邻区省会或地级市对三类市县的影响分别是$\Delta Y^L L$、$\Delta Y^L M$和$\Delta Y^L S$，县级市对三类市县的影响是$\Delta Y^M L$、$\Delta Y^M M$和$\Delta Y^M S$，其他县对三类市县的影响是$\Delta Y^S L$、$\Delta Y^S M$和$\Delta Y^S S$。如果样本中第$i$个观测是某省会或地级市，虚拟变量$L$、$M$和$S$分别等于1、0和0，第$i$个观测的空间滞后区三类市县增长变量值$\Delta Y^L L \neq 0$、$\Delta Y^M L \neq 0$和$\Delta Y^S L \neq 0$，其他空间滞后变量都为0；如果第$i$个观测是县级市，$\Delta Y^L M$、$\Delta Y^M M$和$\Delta Y^S M$不等于零，

其他空间滞后变量都为 0。如果第 i 个观测是其他县级单位，$\Delta Y^L S$、$\Delta Y^M S$ 和 $\Delta Y^S S$ 不等于零，其他空间滞后变量都为 0。同理可以构建确定溢出来源和受体的就业和资本的三组滞后变量：

$$\Delta Y^L L,\ \Delta Y^L M,\ \Delta Y^L S,\ \Delta Y^M L,\ \Delta Y^M M,\ \Delta Y^M S,\ \Delta Y^S L,\ \Delta Y^S M,\ \Delta Y^S S$$

$$\Delta E^L L,\ \Delta E^L M,\ \Delta E^L S,\ \Delta E^M L,\ \Delta E^M M,\ \Delta E^M S,\ \Delta E^S L,\ \Delta E^S M,\ \Delta E^S S$$

$$\Delta K^L L,\ \Delta K^L M,\ \Delta K^L S,\ \Delta K^M L,\ \Delta K^M M,\ \Delta K^M S,\ \Delta K^S L,\ \Delta K^S M,\ \Delta K^S S \quad (5.27)$$

为了设置被检验方程，除把上述各项代入式（5.22）~（5.24）外，还需对构成 A_1、A_2 和 A_3 的具体变量做一简要说明。影响全要素生产率 A_1 的因素很多。首先是人力资本，曼昆等（1992）发现增长方程中忽略人力资本会大大高估资本的贡献。其次，文献中已有普遍共识的重要变量包括城市间交通条件、其他基础设施和聚集经济等（如 Sveikauskas，1975；Carlino，1978；Henderson 1986；Glaeser et al.，1992；Fujita et al.，1999）。上述变量在本节中的实际测度与上一节中的相同：基础年份中学和大学在校人数占人口比例、经过每一市县境内的高速公路数、铁路站场能力、机场能力、人口密度、电话普及率和城市人均道路面积。影响就业的参数 A_2 可以分解为影响劳动需求和供给的变量。由于厂商对劳动的需求主要取决于产出规模 Y 和生产技术，方程（5.23）中的产出 Y 和资本 K 包含了生产规模和技术的测度，所以 A_2 包括生活服务设施、教育和卫生设施、自然环境和社会人文环境等影响劳动供给的变量。已有的研究（如 Greenwood，1985；Topel，1986；Kohler，1997）表明这些因素不仅影响劳动效率，而且吸引区外高素质人才。实际数据除了上述 A_1 中的以外，还有每万人医院床位数、万人公交车辆数、城市污水下水管道密度和人均绿地面积等。资本方程中的 A_3 包括对固定资产投资和积累有影响的变量，如作为互补要素的人力资本和交通和基础设施等。上述变量都使用 2000 年数据以确保这些变量是经济增长的原因而非结果。最后，增设表示县级市和县的虚拟变量 M 和 S 控制不同类型市县的剩余固定效应。

引入上述变量，将 A_1、A_2 和 A_3 分别表示为 $\sum_i \delta_i x_i$、$\sum_j \rho_j x_j$ 和 $\sum_k \kappa_k x_k$，联立方程为：

$$\begin{cases}
\Delta Y_t = \delta_0 + \sum_i \delta_i x_i + a_1 E_{t-1} + a_1^* \Delta E_t + a_2 K_{t-1} + a_2^* \Delta K_t + \varphi_M M + \varphi_S S + a_{3L} Y_{t-1}^L + a_{3M} Y_{t-1}^M + a_{3S} Y_{t-1}^S + a_{LM} \Delta Y_t^L M + \\
a_{LS} \Delta Y_t^L S + a_{MS} \Delta Y_t^M S + a_{ML} \Delta Y_t^M L + a_{SL} \Delta Y_t^S L + a_{SM} \Delta Y_t^S M + a_{LL} \Delta Y_t^L L + a_{MM} \Delta Y_t^M M + a_{SS} \Delta Y_t^S S - \lambda_Y Y_{t-1} + \varepsilon_t \quad (5.28) \\
\Delta E_t = \rho_0 + \sum_j \rho_j x_j + b_1 Y_{t-1} + b_1^* \Delta Y_t + b_2 K_{t-1} + b_2^* \Delta K_t + \varphi_M M + \varphi_S S + b_{3L} E_{t-1}^L + b_{3M} E_{t-1}^M + b_{3S} E_{t-1}^S + b_{LM} \Delta E_t^L L + \\
b_{LS} \Delta E_t^L S + b_{MS} \Delta E_t^M S + b_{ML} \Delta E_t^M L + b_{SL} \Delta E_t^S L + b_{SM} \Delta E_t^S M + b_{LL} \Delta E_t^L L + b_{MM} \Delta E_t^M M + b_{SS} \Delta E_t^S S - \lambda_E E_{t-1} + \xi_t \quad (5.29) \\
\Delta K_t = \rho \kappa_0 + \sum_k \kappa_k x_k + c_1 Y_{t-1} + c_1^* \Delta Y_t + c_2 E_{t-1} + c_2^* \Delta E_t + \omega_M M + \omega_S S + c_{3L} K_{t-1}^L + c_{3M} K_{t-1}^M + c_{3S} K_{t-1}^S + c_{LM} \Delta K_t^L L + \\
c_{LS} \Delta K_t^L S + c_{MS} \Delta K_t^M S + c_{ML} \Delta K_t^M L + c_{SL} \Delta K_t^S L + c_{SM} \Delta K_t^S M + c_{LL} \Delta K_t^L L + c_{MM} \Delta K_t^M M + c_{SS} \Delta K_t^S S - \lambda_K K_{t-1} + \theta_t \quad (5.30)
\end{cases}$$

式（5.28）~（5.30）右侧含有通常的内生变量 ΔY_t、ΔE_t 和 ΔK_t 和空间滞后

变量 ΔY_t^L、ΔY_t^M、ΔY_t^S、ΔE_t^L、ΔE_t^M、ΔE_t^S、ΔK_t^L、ΔK_t^M、ΔK_t^S，*OLS* 参数估计显然是有偏的。通常内生变量的工具变量（Ⅳ）可按常规回归方法构建。空间滞后变量的Ⅳ用 3.1.4 和上节中相同的方法构建，即先构建内生的空间滞后变量、再估计其工具变量，$\hat{W}y = X(X'X)^{-1}X'Wy = X\hat{\beta}_W$。

5.2.3 全国各市县空间滞后数据处理和其他数据说明

计算空间权重矩阵元素是数据准备的关键，技术上繁复、数据工作量大。国家基础地理信息系统的全国县域地图包含各市县中心经纬度坐标。对于有多个市辖区的城市，本节保留城市中心区坐标。市辖县为单独记录。近年新设立的个别市在地图或 2000 年统计年鉴中没有相应记录，无法包含在分析中。本节使用全国各市县中心坐标建立空间距离矩阵，计四百多万元素。扩散回流作用和不同产业市场区效应都随距离而变。如同上节，本节着重研究 100 公里距离内的扩散回流与市场区作用，还建立了不同距离的滞后区变量，考察扩散回流与市场区作用的空间变化规律。

资本存量数据详细计算方法见第 3 章 3.4.4 节。其他变量、数据和来源分别如下。基础年份数据来自 2001 年《中国城市统计年鉴》、《中国城市建设统计年鉴》和《中国县（市）社会经济统计年鉴》。非农业 GDP 和就业数据还取自 2008 年《中国城市统计年鉴》和《中国区域经济统计年鉴》。所有价值数据都用各省相关年份的价格总指数进行了调整。估计方程中用 *GDP*2000 和 *GDP*2000－07 表示非农业 GDP 的基础年统计数和后七年的增长；*EMP*2000 和 *EMP*2000－07 表示基础年份非农业就业和后七年就业增长；*KSTOCK*2000 和 *K*2000－07 为基础年固定资产存量和和后七年增长；*HumanK*1 和 *HumanK*2 是基础年份人力资本，以中学和大学在校人数占本地人口比例测量，县级单位没有大学入学数据，但是因我国高校绝大多数设在城市，样本数据缺失有限，同时县级虚拟变量在一定程度上控制了县级数据缺失可能对其他变量参数估计造成的影响，然而对 *HumanK*2 参数估计的解释必须慎重；*County_City* 和 *Rural_County* 同于方程（5.28）～（5.30）中的 M 和 S，分别为县级市和其他县级单位虚拟变量；ExpressHighways 是经过各市县境内的高速公路数，数据自各省市 2000—2003 年现势地图册上读出；RailRoadCenter 是铁路交通能力，按客流量分为 1～6 等（低于 100 万人/年、100 万～200 万人/年、200 万～400 万人/年、400 万～800 万人/年、800 万～1500 万人/年和大于 1500 万人/年），本市县没有车站但 50 公里以内有的为 1，否则为 0，数据取自城市统计年鉴和各省市地图册；*AirPort* 是民航机场能力，按每日航班到发对数分为 1～4 等（1～200 对/日、201～300 对/日、301～500 对/日和超过 500 对/日），机场距离超过 100 公里，便利程度为 0，数据自民航网站和地图册；*Pop_Density* 是人口密度，作为集聚经济的替代变量；*HospitalBed_Pop* 表示医疗设施，以 2000 年每万人口医院病床数衡量；*Telephone_*

Pop 表示通讯条件，是2000年每万人电话数；*RoadArea_Pop* 和 *Bus_Pop* 是市内交通条件，用人均路面和万人公交车数衡量；*Sewers_Density* 是2000年城市污水下水管道密度；*GreenSpace_Pop* 是2000年人均绿地面积。

产出、就业和资本增长按前节所述被用来构建所有空间滞后变量。将县域地图地名和统计数据文件同名合并，以统计年鉴为准，得到除西藏以外全国各省2169个市县的完整记录。表5－4列出主要变量的样本均值。*L_GDP*2000－07、*M_GDP*2000－07和 *S_GDP*2000－07分别是2000—2007年期间各市县100公里半径内省会－地级市、县级市和其他县级单位非农业GDP增长量；*L_EMP*2000－07、*M_EMP*2000－07和 *S_EMP*2000－07是该滞后区三类市县的就业增长；*L_K*2000－07、*M_K*2000－07和 *S_K*2000－07是该滞后区内三类市县的资本增长。这三组变量与表示市县类型的 *L*、*M* 和 *S* 相乘就是计量方程中确定溢出来源和受体的空间滞后变量。

表5.4　中国三级市县若干变量和空间滞后变量样本均值

变　量	地级及以上城市	县级市	其他县级单位
	N＝281	*N*＝365	*N*＝1523
*GDP*2000（万元）	1694898	439115	112240
*GDP*2000－07（万元）	3676623	849057	232247
*EMP*2000（人）	310747	59526	23778
*EMP*2000－07（人）	132414	－10478	77704
*KSTOCK*2000（万元）	5020165	778593	154882
*K*2000－07（万元）	9390776	1579861	625489
*HumanK*1（中学生/万人）	607.66	607.08	555.63
*HumanK*2（大学生/万人）	127.63	0.10	0.10
*L_GDP*2000－07（万元）	10002635	12376252	4905161
*M_GDP*2000－07（万元）	3560583	5273370	1527441
*S_GDP*2000－07（万元）	3151733	2809859	2669641
*L_EMP*2000－07（人）	407452	468958	193482
*M_EMP*2000－07（人）	－39943	－18202	－18370
*S_EMP*2000－07（人）	1066680	846748	940827
*L_K*2000－07（万元）	22826959	31997810	14182659
*M_K*2000－07（万元）	6231078	9230560	2838207
*S_K*2000－07（万元）	8312193	7567372	7155696
ExpressHighways	1.77	0.90	0.49
RailRoadCenter	2.42	0.80	0.55
AirPort	0.78	0.63	0.43
Pop_Density	1562.09	2118.83	260.19
Telephone_Pop（部/万人）	2226.57	1272.66	659.97
HospitalBed_Pop（床/万人）	48.15	24.11	17.86
Bus_Pop（公交车辆/万人）	4.82	3.63	0.00
Sewers_Density（km/km^2）	5.83	5.36	0.00

数据来源：2001—2008年《中国城市统计年鉴》、《中国城市建设统计年鉴》和《中国县（市）社会经济统计年鉴》。

5.2.4 中国各级市县 GDP、就业和资本增长联立方程模型估计

首先，我们使用上一节说明的方法估计全域 Moran's I 统计量。以共同边界定义一阶空间权重，全样本 2169 个市县非农业 GDP、就业和资本 7 年增量的 Moran's I 分别是 0.037、0.090 和 0.020。假设各邻近市县间没有相关性，利用上述重复随机排列法 999 次，构建标准正态统计量，相邻县市间不相关的零假设的弃真概率分别小于 0.02、0.01 和 0.05。这意味着相邻市县的产出、就业和资本增长存在正相关性。但是，Moran's I 估计的是市县间正负影响抵消后的余值，无法揭示单方向的扩散回流或市场区效应。此外，市县间的溢出效应并不局限于有共同边界的市县。因此，必须使用更复杂、精确的计量模型。

本节研究使用 SAS 编程并完成联立方程的三阶段估计。首先构建被解释变量的空间滞后变量，再利用所有外生变量建立右手内生变量和空间滞后变量的回归方程，回归所得的预测值成为这些变量的工具变量，再利用第二阶段回归估计随机误差的协方差矩阵，第三步再将该方差矩阵代入方程作广义工具变量回归。表 5.5 是联立方程组的三阶段最小二乘（3SLS）估计。系统加权 R^2 为 0.921。方程中 *GDP*2000 - 07、*EMP*2000 - 07 和 *K*2000 - 07 的两个前缀字母分别代表空间溢出区和受溢出作用市县类型。如，LL_表示省会和地级市对同类城市的作用、MS_表示县级市对其他县的作用、ML_表示县级市对省会和地级市的作用，等等。在检验扩散回流和市场区效应前，先简要概括各市县自身变量的参数估计。参数估计的显著程度表明中国市县 GDP、就业和资本增长的主要决定因素是自身的要素投入、产出规模、人力资本和地方要素。

GDP 增长方程中基础期产出 *GDP*2000、就业和资本都有显著的参数估计。*GDP*2000 的正参数表明各市县产出水平的差距继续扩大；*EMP*2000、*EMP*2000 - 07、*KSTOCK*2000 和 *K*2000 - 07 的参数表明基础期的就业规模、资本存量以及后 7 年就业增长和投资都促进了各市县 GDP 的增长。*HumanK*1 和 *HumanK*2 有显著的参数估计，2000 年在校中学生比例高的市县后 7 年产出水平较高，可是 *HumanK*2 的符号为负，与预期不符，可能是因为个别设置了高校的县级单位数据缺失或因数据的多重共线性所致。比起地级及以上城市，控制了其他条件后，县级市的增长似乎更大。交通通信条件也对各市县 GDP 增长有所贡献。

就业增长方程中 *EMP*2000 的负参数估计意味着各市县就业规模的条件趋同，即若无其他变量影响，各市县就业差距在缩小。测度 2000 年经济规模的 *GDP*2000 和 *KSTOCK*2000 同样有显著的负参数，增加了城市就业规模条件趋同的可能性。但是，条件趋同不等于市县就业规模的绝对趋同，产出增长（*GDP*2000 - 2007）和其他地区条件的差异可能导致劳动在大城市的继续集聚。显著的人力资本变量意味着教育

水平高的劳动者比较容易进入就业队伍，促进就业增长。有利于劳动供给的因素，如交通通信条件和医疗服务设施等，也对就业增长有显著贡献。

表 5.5　中国各级市县 *GDP*、就业和资本增长联立方程模型估计

GDP 增长方程			劳动增长方程			资本增长方程		
被解释变量：GDP2000－07			被解释变量：EMP2000－07			被解释变量：K2000－07		
变量	参数估计	*t* 值	变量	参数估计	*t* 值	变量	参数估计	*t* 值
Intercept	－280742	－2.37	*Intercept*	－96265	－5.52	*Intercept*	－787224	－3.53
基本解释变量			基本解释变量			基本解释变量		
GDP2000	0.962***	11.75	*EMP2000*	－0.558***	－14.34	*KStock2000*	0.433***	9.93
EMP2000－07	5.887**	11.99	*GDP2000－07*	0.103***	13.47	*GDP2000－07*	0.216*	1.66
EMP2000	2.113***	5.03	*GDP2000*	－0.068***	－4.35	*GDP2000*	1.227***	6.49
K2000－07	0.053**	2.08	*K2000－07*	0.001	0.17	*EMP2000－07*	1.535	1.39
KStock2000	0.244***	11.23	*KStock2000*	－0.025***	－6.90	*EMP2000*	2.977**	4.13
HumanK1	22549**	2.40	*HumanK1*	25150***	18.74	*HumanK1*	132725***	7.49
HumanK2	－114002***	－2.30	*HumanK2*	15945***	4.53	*HumanK2*	946385***	22.26
L_GDP2000	0.022*	1.89	*L_EMP2000*	－0.016***	－4.20	*KInU2000*	0.101**	2.10
M_GDP2000	－0.100***	－3.21	*M_EMP2000*	－0.091***	－5.66	*KInM2000*	－1.157***	－5.01
S_GDP2000	－0.293***	－8.59	*S_EMP2000*	－0.058***	－3.25	*KInR2000*	－0.189	－0.41
扩散回流效应			扩散回流效应			扩散回流效应		
LM_GDP2000－07	－0.011**	－2.09	*LM_EMP2000－07*	－0.032***	－4.43	*LM_K2000－07*	－0.010***	－2.72
LS_GDP2000－07	－0.009**	－1.96	*LS_EMP2000－07*	0.007	1.14	*LS_K2000－07*	－0.006*	－1.88
MS_GDP2000－07	0.067***	4.29	*MS_EMP2000－07*	－0.144***	－5.42	*MS_K2000－07*	0.052***	4.28
市场区效应			市场区效应			市场区效应		
ML_GDP2000－07	0.095***	6.91	*ML_EMP2000－07*	－0.017	－0.51	*ML_K2000－07*	0.156***	14.44
SL_GDP2000－07	0.082***	3.62	*SL_EMP2000－07*	0.024***	3.45	*SL_K2000－07*	0.056***	3.80
SM_GDP2000－07	0.106***	5.20	*SM_EMP2000－07*	0.005	0.69	*SM_K2000－07*	0.016	1.33
扩散回流或市场区			扩散回流或市场区			扩散回流或市场区		
LL_GDP2000－07	0.021***	4.28	*LL_EMP2000－07*	0.004	0.56	*LL_K2000－07*	0.001	0.23
MM_GDP2000－07	0.084***	6.49	*MM_EMP2000－07*	－0.104***	－3.19	*MM_K2000－07*	0.061***	6.68
SS_GDP2000－07	0.087***	5.57	*SS_EMP2000－07*	0.034***	7.97	*SS_K2000－07*	0.007	0.78
其他控制变量			其他控制变量			其他控制变量		
County_City	356855**	2.18	*County_City*	－9415	－0.63	*County_City*	360455*	1.76
Rural_County	－61847	－0.55	*Rural_County*	77464***	5.06	*Rural_County*	504582	1.40
ExpressHighWays	74836	1.53	*ExpressHighWays*	5444	1.54	*ExpressHighWays*	－14212	－0.26
RailRoadCenter	77480**	2.18	*RailRoadCenter*	2177	0.58	*RailRoadCenter*	－110192**	－2.04
AirPort	17681	0.59	*AirPort*	22054***	6.02	*AirPort*	258477***	4.61
Pop_Density	1.588	0.09	*Pop_Density*	－0.209	－0.09	*Pop_Density*	－68.89**	－2.16
Telephone_Pop	139.5***	4.48	*Telephone_Pop*	13.19***	2.84	*Telephone_Pop*	178.6***	3.03
			HospitBed_Pop	514**	2.20			
			Bus_Pop	－452	－0.36			
			Sewers_Density	－1234	－0.92			
			GreenSpace_Pop	2044*	1.66			

注：***、** 和 * 分别表示参数估计通过了 $P=0.01$、0.05 和 0.1 的显著性检验。

数据来源：2001—2008 年《中国城市统计年鉴》、《中国城市建设统计年鉴》和《中国县（市）社会经济统计年鉴》。

资本增长方程中产出和投入要素变量的参数估计全部为正。*KSTOCK*2000 的显著估计值说明更多的资本继续投向资本存量大的城市。*GDP*2000 和 *EMP*2000 也有显著的正参数估计，进一步提供了我国非农业经济近年来在大城市集聚的证据。产出和就业的增长对资本增长的影响同样为正，但是其作用远小于上述 3 个基础期变量。*HumanK*1 和 *HumanK*2 的正参数估计意味着人力资本水平可能通过影响资本投入效率而影响资本增长，人力资本越高的地方，资本增长量越大。方程估计还显示资本增长受到地方变量尤其是交通和通信条件的影响。

本节的主要目的是研究增长极的扩散回流效应和市场区增长对市场中心城市的作用。下面分析半径 100 公里范围内邻市县增长的溢出效应。首先，我们观察方程中扩散与回流的参数估计。GDP 增长方程中 *LM_GDP*2000 - 07、*LS_GDP*2000 - 07 和 *MS_GDP*2000 - 07 的参数估计显著，两负一正；就业增长方程中 *LM_EMP*2000 - 07、*LS_EMP*2000 - 07 和 *MS_EMP*2000 - 07 中有 2 个显著的负参数；资本增长方程中 *LM_K*2000 - 07、*LS_K*2000 - 07 和 *MS_K*2000 - 07 的参数两负一正。这整组的参数估计表明省会和地级市总体上对县级市和其他县级单位有显著的回流作用，大城市的经济增长致使邻近小城市和县镇的产出、就业和资本增长下降。例外的是县级市产出和投资的增长对邻近县镇有带动作用。大城市虽然自身增长较快，但是却因为吸收了原本在或可能流入到邻近地区的稀缺资源而对邻近下级市县的发展起了阻碍作用。根据 Richardson（1976）的扩散回流时空模型，可以推测我国现有的城市增长极仍处于回流效应大于扩散效应的早期阶段。

其次，考察自下而上的市场区效应。GDP 增长方程中 *ML_GDP*2000 - 07、*SL_GDP*2000 - 07 和 *SM_GDP*2000 - 07，就业增长方程的 *SL_EMP*2000 - 07，以及资本增长方程中 *ML_K*2000 - 07 和 *SL_K*2000 - 07 的参数全为正数，且都通过了检验，显示下级市县的产出、就业和资本增长都对中心城市有显著促进作用。联系到我国城市体系的形成过程，除个别资源型城市外，大多数城市在历史上是重要的区域市场中心，我国城市（镇）体系与中心地学说所描述的状态大体相符。在理论上，中心地与市场区之间主要的不是互相竞争。检验结果所发现的自下而上的经济增长促进作用反映了各级市场区是我国城市体系形成和发展的一个重要基础。

最后，检验同级市县间的相互作用。GDP 方程中 *LL_GDP*2000 - 07、*MM_GDP*2000 - 07 和 *SS_GDP*2000 - 07 都有显著的正系数；就业增长方程中 *MM_EMP*2000 - 07 和 *SS_EMP*2000 - 07 的系数一负一正，通过了检验；资本增长方程的 3 个变量都有正参数，其中 *MM_K*2000 - 07 的参数通过了显著性检验。估计值总体上显示了同级市县间的经济增长促进作用。如果我国多数城市的增长极作用仍处于

回流效应为主的早期阶段，同级市县间的促进作用可能主要来自市场需求的增长和因市场整合而形成的相邻城市间的经济互补性。

现利用图 5.5 对上述估计结果进行小结。图中的字符标志与图 5.4 中的相同，并用正负号表示作用的正负，三个小图分别表示产出、就业和固定资产增长的市县间相互作用。实线表示有利于邻市县的扩散效应或市场区效应，虚线表示不利的回流效应，没连接线的表示 100 公里内没有显著影响。首先，作为各地区增长极的省会和地级中心城市并未自上而下对邻近市县产生带动作用。相反，省会和地级市对县级市和其他县级单位的产出和资本增长有回流作用，省会和地级市还对县级市的就业增长有回流作用。县级市对邻近县镇的产出和资本增长有扩散效应，但是在就业增长上有不利的回流作用。其次，下级市县对省会和地级中心城市有显著的市场区效应，县级市和其他县级单位产出和资本的增长都对相邻的中心城市的产出和资本增长有促进作用。县级单位产出或就业的增长还分别对县级市和地级及以上中心城市的产出和就业增长产生积极影响。最后，同级市县间除了县级市就业增长对邻区县级市就业增长有抑制作用外，任何一类市县的产出、就业和资本增长对同类市县增长都有正向作用，且大都比较显著。

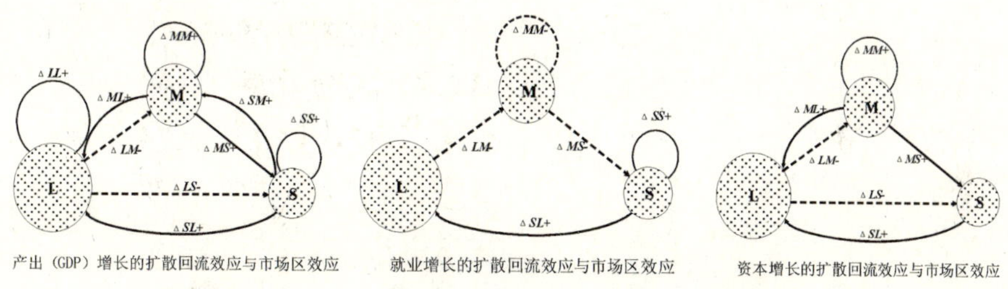

产出（GDP）增长的扩散回流效应与市场区效应　就业增长的扩散回流效应与市场区效应　资本增长的扩散回流效应与市场区效应

图 5.5　100 公里内各级市县经济增长的相互作用

为了探测扩散回流和市场区效应的作用距离，本节使用 50 公里半径内、50 ~ 100 公里、100 ~ 200 公里、200 ~ 300 公里和 300 ~ 500 公里半径圈内的空间滞后变量数据分别估计了五组方程。除了空间滞后变量外，其他变量的估计值相似。表 5.6 列出五组空间滞后变量估计。

总体上，经济增长的溢出效应在 100 公里范围表现得最为显著，300 公里以外明显减弱。虽然每一变量的参数估计随距离而变，基本轮廓仍和图 5.5 相似。由此推断，许多相距 100 公里以外的市县仍有显著的相互作用。综上所述，增长极的回流效应和市场区的增长效应近期都有利于中心城市的增长、不利于小城市和县的发展。我国经济分布继续向着中心城市集聚。

表 5.6　中国城市－区域经济增长扩散回流效应与市场区效应的距离变化

GDP 增长方程　被解释变量：*GDP*2000－07										
溢出来源地区	0～50 公里		50～100 公里		100～200 公里		200～300 公里		300～500 公里	
	参数估计	t 值	参数估计	t 值	参数估计	t 值	参数估计	t 值	参数估计	t 值
*LM_GDP*2000－07	0.056***	5.20	－0.024***	－4.11	－0.001	－0.34	－0.002	－0.87	－0.001	－0.47
*LS_GDP*2000－07	0.056***	4.42	－0.022***	－4.36	－0.001	－0.29	－0.002	－0.75	－0.003	－1.88
*MS_GDP*2000－07	0.153***	4.52	040**	2.23	010	1.14	011*	1.75	005	1.03
*ML_GDP*2000－07	0.302***	8.99	076***	4.54	－0.001	－0.06	017**	2.01	012	1.05
*SL_GDP*2000－07	0.141**	2.32	142***	4.92	053***	4.61	024***	2.68	－0.009*	－1.81
*SM_GDP*2000－07	0.328***	5.79	131***	5.13	061***	5.81	014*	1.75	－0.008*	－1.70
*LL_GDP*2000－07	0.246***	18.43	002	0.33	017***	4.80	－0.008***	－2.66	－0.005***	－2.73
*MM_GDP*2000－07	0.218***	8.12	066***	4.26	018**	1.99	019***	2.29	016**	2.32
*SS_GDP*2000－07	0.256***	5.92	107***	5.64	047***	5.32	002	0.25	－0.009	－1.42

劳动增长方程　被解释变量：*EMP*2000－07										
溢出来源地区	0～50 公里		50～100 公里		100～200 公里		200～300 公里		300～500 公里	
	参数估计	t 值	参数估计	t 值	参数估计	t 值	参数估计	t 值	参数估计	t 值
*LM_EMP*2000－07	－0.127***	－6.47	－0.025***	－2.92	－0.010**	－2.02	－0.001	－0.22	0.004	1.35
*LS_EMP*2000－07	－0.061***	－3.05	012*	1.94	008**	2.23	008***	3.17	005*	1.73
*MS_EMP*2000－07	－0.268***	－4.53	－0.144***	4.48	－0.052***	－3.54	－0.041***	－3.76	008	1.32
*ML_EMP*2000－07	－0.188**	－2.28	022	0.52	－0.035	－1.57	－0.019	－1.04	005	0.40
*SL_EMP*2000－07	048**	2.12	026***	2.87	007*	1.95	005*	1.76	000	0.00
*SM_EMP*2000－07	023	0.98	－0.006	－0.62	－0.002	－0.69	－0.005*	－1.94	－0.004	－1.15
*LL_EMP*2000－07	－0.007	－0.31	009	1.13	010	1.52	－0.008	－1.52	－0.005*	－1.76
*MM_EMP*2000－07	－0.164**	－2.38	－0.162***	－3.99	－0.040**	－2.11	－0.009*	－1.81	002	0.18
*SS_EMP*2000－07	081***	6.46	034***	6.64	010***	4.31	006**	2.17	001	0.65

资本增长方程　被解释变量：K2000－07										
溢出来源地区	0～50 公里		50～100 公里		100～200 公里		200～300 公里		300～500 公里	
	参数估计	t 值	参数估计	t 值	参数估计	t 值	参数估计	t 值	参数估计	t 值
*LM_K*2000－07	0.011	1.18	－0.011***	－2.78	－0.005**	－2.21	0.002	1.30	0.001	0.74
*LS_K*2000－07	016	1.64	－0.007**	－2.24	－0.002	－1.37	004*	1.61	000	－0.22
*MS_K*2000－07	187***	4.95	048***	3.29	021***	3.90	014**	2.37	002	0.85
*ML_K*2000－07	539***	16.00	177***	12.70	074***	8.24	053**	2.41	019*	1.66
*SL_K*2000－07	067	1.42	113***	5.94	－0.011	－1.59	003	0.48	003	1.05
*SM_K*2000－07	043	0.97	023	1.53	012*	1.93	007	1.45	003	0.92
*LL_K*2000－07	059***	4.45	－0.002	－0.39	011**	3.94	003	1.33	－0.003**	－2.39
*MM_K*2000－07	152***	6.20	064***	5.69	035***	5.23	023***	3.29	002	0.56
*SS_K*2000－07	023	0.80	014	1.23	005	1.07	－0.001	－0.35	002	0.72

注：***、**和*分别表示参数估计通过了 P=0.01、0.05 和 0.1 的显著性检验。

数据来源：2001—2008 年《中国城市统计年鉴》、《中国城市建设统计年鉴》和《中国县（市）社会经济统计年鉴》。

5.3 案例分析：中原城市群的集聚效应和回流作用①

5.3.1 中原城市群发展现状分析

改革开放以来，河南省经济虽然不断增长，但与东部地区的差距却持续扩大。2005年河南省人均地区生产总值仅有东部11省均值的48%（《中国统计年鉴2006》），提升河南经济水平刻不容缓。为了促进全省经济发展、缩小与全国其他地区的差距，河南省选择了整合优质资源、打造中原城市群、以城市群带动区域发展的战略。2006年河南省政府正式制定并开始实施了《中原城市群总体发展规划纲要》。城市群以郑州为中心，包括郑州、洛阳、开封、新乡、焦作、许昌、平顶山和漯河八个地级市、省辖市济源、14个县级市和33个县。2005年，城市群以全省35%的土地面积和41%的人口实现了全省56.1%的地区生产总值。中原城市群发展所面对、并规划解决的主要问题是，增强中心城市辐射带动能力、培育产业竞争力、疏解可持续发展压力、提高对外开放程度等。很显然，作为全省的战略增长极，获得政策先机的中原城市群本身的加速发展和对全省其他地区的有效辐射决定着全省经济发展的前途。然而，地区增长极战略是一种效率优先的非平衡发展战略。早在提出中原城市群战略之前，该地区的8个地级中心城市与河南省内其他城市相比就已经具备了一系列优势，如，区位交通条件优越、产业集聚程度较高、产业结构比较完整、经济水平和对外开放程度较高等等。理论研究表明增长极对腹地的带动作用只有在增长极成熟后才会出现，增长极发展战略在一些国家的实施也因未能带动腹地发展而搁浅。当前的中原城市群在河南省经济发展中的作用究竟如何？除了自身的加速发展以外，中原城市群是促进还是抑制了腹地的发展？在充分发挥增长极经济效益的同时是否应有其他统筹措施？本节的目的是针对这些现实问题，利用集聚经济与增长极理论构建产业集聚和增长极作用模型，检验河南省126个市（县）非农业产业集聚与自身经济增长的因果关系和中原城市群在全省发展中的增长极作用，为河南省和采取类似战略的其他地区的经济发展提供政策启示。

---

①本节的主要内容曾以《中原城市群的集聚效应和回流作用》为题发表在《中国软科学》2010年第10期。

5.3.2 中原城市群产业集聚与经济增长空间计量联立方程模型

随着经济发展与城市化进程的加快，某些城市利用相对有利的条件和良好的机遇，培育具有创新能力的推进型（propulsive）产业，以该产业为核心，通过产业链形成地方产业综合体，进而带动其他产业发展、形成区域中的主导性中心城市，即增长极。它们不断吸引资金、技术、人才、资源等各种生产要素，扩大自身规模、增强在地区经济中的主导力，并通过对初级或中间产品需求的扩张和成熟产品生产的扩散带动腹地发展。中原城市群在规划建设中就使用了这一理论构想。首先，本节依据增长极和扩散回流理论，用劳动生产率表示市县经济增长，且在模型中引入代表中原城市群中心城市外溢作用的相关变量，用以下的一般性柯布－道格拉斯生产函数表示河南省各市县的劳动生产率：

$$y_{it}=\theta_{it}k_{it}^{\beta_1}s_{it}^{\beta_2}\ (WCy)_{it}^{\beta_3} \tag{5.31}$$

式中 y 是劳动生产率。θ 表示全要素生产率，下面将对该变量作详细说明。k、s 和 WCy 分别是每位就业人员的平均资本存量、非农业产业集聚变量和中原城市群中心城市的外溢作用。下标 i 和 t 分别表示第 i 个市县和第 t 年。WCy_t 中的 Cy_t 是第 t 年 8 个中原城市群中心城市的产出向量，$Cy_t=[Cy_{1t}Cy_{2t}\cdots Cy_{8t}]'$。$W$ 是用以设定市县间相互关系的 $n\times8$ 空间权重矩阵，矩阵第 i 行元素 $W_i=[w_{i1}w_{i2}\cdots w_{i8}]$ 表示第 i 个市（县）与八个中原城市群中心城市间的关系。所以，$(WCy)_{it}=W_iCy_t=[w_{i1}w_{i2}\cdots w_{i8}][Cy_{1t}Cy_{2t}\cdots Cy_{8t}]'=\sum_{j=1}^{8}w_{ij}Cy_{jt}$ 是第 i 个市县受到的中原城市群所有中心城市的溢出作用。本节在计量分析部分将详细说明空间权重的设定。为全面地测度集聚经济对经济效率的影响，本节扩展 Ciccone 等的理论模型，在测度就业密度的基础上用第二产业占全省份额和第二、三产业占本市县经济比重测度产业集聚。

其次，依据上述文献中验证的我国城市经济集聚与经济增长相互强化的内生互动关系，用一般的柯布－道格拉斯方程形式表示产业集聚水平受经济增长和其他因素所决定

$$s_{it}=\omega_{it}y_{it}^{\alpha_1}\ (WCs)_{it}^{\alpha_2} \tag{5.32}$$

式中 s_{it} 测量集聚程度，y 是生产率，$(WCs)_{it}=W_iCs_t$ 是集聚经济 s_i 的空间滞后变量，即第 i 市县以外其他市县的集聚总合。其中，空间权重矩阵 W 的意义同上，Cs_t 是第 t 年八个中心城市经济集聚向量。ω 是除了上述变量外对经济集聚产生影响的其他地区变量。显然，方程（5.31）（5.32）实质即空间滞后模型（*Spatial Lag Model*, *SLM*）①。但是，因为本节主要研究中原城市群内中心城市的空间溢出作用，用以构建空间滞后变量的空间单位限于这 8 个中心城市。

---

①常用的两类空间计量模型是空间滞后模型（SLM）和空间误差模型（SEM），表达式分别是 $y=\rho Wy+X\beta+\varepsilon$ 和 $y=X\beta+\varepsilon$，$\varepsilon=\lambda W\varepsilon+\mu$。本节所依据的理论和研究目的决定了空间滞后模型（SLM）是唯一的选择。

不同的地区条件决定着同量的人均资本投入因地区条件的差异有不同的产出，所以（5.31）（5.32）两式中的 θ 和 ω 包括影响经济增长和集聚的各种相关地区性因素。Carlino、Henderson、Glaeser 等和 Fujita 等已反复论述和验证了许多地方变量（包括城市对外交通条件、基础设施、人力资本、产业的规模经济和集聚经济等）对地区生产率和经济增长的显著影响。相关文献（如 Wacziarg；金煜等）还证实对外贸易和外商直接投资对于地方经济增长与经济集聚有显著的促进作用，模型中应包括对外开放和外资变量。所以 θ 实际是复合区位变量，即 $\theta_{it}=\prod_j x_{j,it}^{\delta_j}$，其中 $x_{j,it}$ 是变量 j 在第 i 个城市第 t 年的值。同理，由于对经济增长的地区变量同样可能影响经济集聚，$\omega_{it}=\prod_j x_{j,it}^{\rho_j}$。$\theta$ 和 ω 中包括相似的一组变量。

将（5.31）（5.32）两方程写成双对数形式。令其随机影响各自为 ε_{it}、ξ_{it}，且沿用惯例，设随机误差为正态独立同分布，即 $\varepsilon_i \sim N(0, \sigma^2)$，$i=1, 2, \cdots N$，$E(\varepsilon_i\varepsilon_j)=0$。同时，分别以 $\sum_{j=1}^{n}\delta_j\ln x_{jt}$ 和 $\sum_{j=1}^{n-3}\rho_j\ln x_{jt}$ 表示 θ 和 ω 中所有变量。含有两个互为因果的变量的方程（5.31）（5.32）实际是联立方程

$$\begin{cases}\ln y_{it} = \delta_0 + \sum_{j=1}^{n}\delta_j\ln x_{jt} + \beta_1\ln k_{it} + \beta_2\ln s_{it} + + \beta_3\ln W_iCy_t + \varepsilon_{it} & (5.33)\\ \ln s_{it} = \rho_0 + \sum_{j=1}^{n-3}\rho_j\ln x_{jt} + \alpha_1\ln y_{it} + \alpha_2\ln W_iCs_t + \xi_{it} & (5.34)\end{cases}$$

为了估计每类城市（县）所收到的增长极的扩散和回流作用，我们把受到扩散和回流作用影响的市县分解为三类。首先建立代表三类市县的虚拟变量（U、M 和 R），当某一记录是地级市，令 $U=1$、$M=0$、$R=0$；若是县级市，则 $U=0$、$M=1$、$R=0$；若是县，则 $U=0$、$M=0$、$R=1$。其次，由于受溢出效益影响的每一市县只属全省三类市县（地级市、县级市、县）中的一类，用三个虚拟变量乘以 W_iCy_t 和 W_iCs_t 即得到一组同时确定溢出效应来源地和接受体的变量 $W_iCy_t\times U$，$W_iCy_t\times M$，$W_iCy_t\times R$，$W_iCs_t\times U$，$W_iCs_t\times M$，$W_iCs_t\times R$。代入（5.33）（5.34）得：

$$\begin{cases}\ln y_{it} = \delta_0 + \sum_{j=1}^{n}\delta_j\ln x_{jt} + \beta_1\ln k_{it} + \beta_2\ln s_{it} + \beta_3\ln(W_iCy_tU) + \alpha_3\ln(W_iCy_tM) + \alpha_4\ln(W_iCy_tR) + \varepsilon_{it} & (5.35)\\ \ln s_{it} = \rho_0 + \sum_{j=1}^{n-3}\rho_j\ln x_{jt} + \alpha_1\ln y_{it} + \alpha_2\ln(W_iCs_tU) + \alpha_3\ln(W_iCs_tM) + \beta_4\ln(W_iCs_tR) + \xi_{it} & (5.36)\end{cases}$$

联立方程包含三方面内容：经济增长与经济集聚的影响因素的估计，集聚经济与城市劳动生产率的相互影响，中原城市群地级中心城市经济增长与经济集聚的空间溢出作用（体现在 β_3，β_4，β_5 和 α_2，α_3，α_4 的显著性上）。

5.3.3 数据说明与变量计算

为检验河南经济增长与集聚在最近数年的决定因素，本节使用 2000—2007 年全

省市县级面板数据。行政区划以 2007 年为准，全省 126 个市县中有 17 个地级市，21 个县级市，88 个县。地级市变量值用市辖区数据测度，县级市和县则取全行政区数据。数据来自各年《中国城市统计年鉴》、《河南统计年鉴》、《中国县（市）社会经济统计年鉴》。相关变量的具体测算如下。劳动生产率是非农业就业人均 GDP，非农产业增加值以 2000 年为基期，以后各年以 CPI 指数向前折算。集聚经济 s_i 是各市县第二产业增加值占河南全省的比重。非农业比重 g_i 是非农产业增加值占市县 GDP 比重。就业密度（*Emp_Density*）为非农就业人数除以市县面积。劳均资本是第二、三产业资本存量除以非农就业人数。我国没有公开发表的市县资本存量数据，本节首先使用规模企业工业固定资产加上工业流动资产估计，再除以第二产业占二、三产业增加值比重来估计 2000 年地级市二、三产业资本存量。县级单位没有工业资本存量，本节假设 2000 年县级单位固定资产投资与存量比和全省的固定资产投资与存量比相同，用县级全社会固定资产投资乘以全省固定资产存量，再除以全省全社会固定资产投资估计全社会资本存量。再用每年新投资和 5% 折旧率以及固定资产价格指数估算各年各市县全社会资本存量。最后再乘以第二、三产业增加值占 GDP 份额得第二、三产业各年资本存量估计值。统计数据表明近年各地投资额很高，约占 GDP 一半，累计几年以后，初始年的资本存量仅占后期存量的一小部分，所以后续年份的数据越来越接近实际。人均外商直接投资是非农就业人均实际利用外资累计额，未设市的县级单位没有公开数据，为了保存这些记录，设其为 0。虽然这可能造成一些误差，但是进入这些县的外资事实上也极少，所以误差有限。实际利用外资额换算成人民币，以 2000 年为基期，以后各年以 CPI 指数折算，并扣除 5% 折旧。出口依存度 *EX_Share* 是出口占 GDP 的份额。其中地级市市区出口额不包括所属县级单位出口。两个教育条件和人力资本变量是每万人城市人口中中学生数和每万人城市人口中大学生数。通信条件是每万人城市人口中电话数。

方程（5.35）（5.36）的 6 个空间滞后变量值取决于空间权重矩阵 $W_{n\times 8}$ 的构建。本节首先以距离初步定义 $W_{n\times 8}$ 中权重元素。城市群内每一个中心城市也受其他中心城市作用。为了便于处理和说明权重的设置，将中原城市群的 8 个中心城市置于 126 个市县的最顶部，即第 1 至第 8 个单位。本节利用国家基础地理信息系统中城市中心经纬度坐标数据和球面距离公式计算所有市县间距离，得到含有 126×8 个城市间距离数据的矩阵，其中任一元素 w_{ij} 是第 i 个市（县）和第 j 个中原中心城市的距离。但是，因为每一个中心城市不是自己的空间滞后单位，$w_{ii}=0$，$i=1$，2，…，8。其次，我们必须考虑城市间相互作用随距离增加而递减。本节采用重力模型对远近不同的城市的溢出作用加权加总。对上述空间距离矩阵 $W_{n\times 8}$ 的非零元素 w_{ij} 取平方的倒数，得 $1/w_{i,j}^2$，其中，i 是受城市群中心城市溢出作用的任何一个市县（也包括城市群内的城市），$i=1$，2，…，126，j 是城市群内中心城市。再将中原城市群内

所有地级城市产出和就业对第 i 个市县的影响分别加总，得到 $\sum_{j=1}^{8}\frac{GDP_j}{w_{i,j}^2}$ 和 $\sum_{j=1}^{8}\frac{Emp_j}{w_{i,j}^2}$，其中的 GDP_j 和 Emp_j 分别表示城市群各地级市的非农产出和非农就业。第 i 个市县所受到的中原城市群中心城市的综合生产率溢出影响为 $\frac{\sum_{j=1}^{8}(GDP_j/w_{i,j}^2)}{\sum_{j=1}^{8}(Emp_j/w_{i,j}^2)}$，即相当于方程（5.35）中的 WCy。最后，用城市群地级市的综合人均产出分别乘以三级市县虚拟变量（U、M 和 R）得到城市群地级市对于城市群内外所有同级城市、县级市以及未设市的县的人均产出空间溢出作用，分别表示为 Cy_U、Cy_M、Cy_R。同理，可以得到城市群内地级市对于三级市县的集聚经济空间溢出作用，但是，我们只需以市县间距离平方的倒数作权重，直接将中心城市第二产业占全省的比重相加即可，$CUs=\sum_{j=1}^{8}\frac{Cs_j}{w_{i,j}^2}$，再用虚拟变量建立 Cs_U、Cs_M、Cs_R。表 5.7 列出河南省 2000—2007 年三类市县自身变量与空间滞后变量的样本均值。

每类城市的最后两个变量为测度中原城市群地级市溢出作用的空间滞后变量，其余为市县自身变量。描述统计量显示三类市县生产率（Y_E）和人均资本存量（K_E）逐年稳步增长，但是县级单位的生产率增长缓慢，与地级市和县级市的差距不断拉大。值得关注的是伴随着生产率的大幅上升，地级市的工业集聚程度（s）近年来明显降低，而下级市县的工业份额略有上升，意味着地级市的经济结构逐渐从第二产业向第三产业过渡，效率较低的传统工业逐渐转移到下级市县。同时，非农就业密度 *EMP_Density* 在地级市逐年下降，在县级市和县逐年上升，与工业集聚分布趋势一致。与之相应，三类市县所受到的中原城市群地级市的增长溢出作用似乎呈上升趋势，但是地级市和县所受到的集聚经济溢出（Cs_U 和 Cs_R）则呈现下降趋势。原始数据中表现出的这些趋势都有待统计模型的严格检验。最后，地级市和县级市非农人均外资 *FDI_E*、出口依存度 *EX_Share*、万人中大学生数亦各年呈上升趋势，且上升倍数较大。

表 5.7　河南省三类市县自身变量与空间滞后变量的样本均值

变量	2000	2001	2002	2003	2004	2005	2006	2007
地级市(17 个)								
劳均产出(万元/职工)	3.664	4.164	4.260	4.813	5.625	6.10	6.72	7.34
劳均资本(万元/职工)	10.342	11.869	21.177	21.433	23.187	21.76	23.82	26.82
劳均 FDI(万元/职工)	0.070	0.142	0.191	0.254	0.331	0.392	0.515	0.668
工业集聚 *s*(%)	2.201	2.215	2.244	2.237	2.270	2.067	2.006	1.899

续表 5.7

变量	2000	2001	2002	2003	2004	2005	2006	2007
非农比重 *g*(%)	93.37	94.06	93.65	94.77	93.94	93.24	93.56	94.34
出口份额 *EX_share*（%）	6.83	6.24	7.76	9.12	10.28	10.03	11.33	12.02
EMP_Density（职工/Km^2）	646.5	623.0	652.7	629.3	628.4	536.4	547.5	523.6
中学生比重（中学生/万人）	628.8	702.4	756.8	791.3	781.0	793.1	771.3	745.2
大学生比重（大学生/万人）	138.2	187.1	228.0	272.0	331.0	383.9	423.7	470.0
Telephone_Pop（台/万人）	2367	2580	2712	3145	3516	3947	4011	3715
Cy_U（万元/职工）	3.778	4.539	4.491	5.173	6.488	7.191	8.307	9.499
Cs_U（%）	0.002	0.002	0.002	0.002	0.002	0.002	0.002	0.001
县级市（21 个）								
劳均产出（万元/职工）	2.920	3.420	3.178	3.579	3.882	4.336	5.113	5.363
劳均资本（万元/职工）	1.525	1.784	2.238	3.026	3.824	5.292	7.207	9.029
劳均 FDI（万元/职工）	0.010	0.023	0.045	0.073	0.106	0.209	0.295	0.363
工业集聚 *s*（%）	1.171	1.187	1.204	1.196	1.240	1.214	1.246	1.246
非农比重 *g*（%）	83.37	83.98	84.69	87.08	86.97	87.87	89.05	89.28
EX_Share（%）	0.17	1.991	2.565	2.638	3.008	3.498	4.132	4.220
EMP_Density（职工/Km^2）	167.2	168.3	183.4	189.6	210.4	235.6	243.5	269.1
中学生比重（中学生/万人）	716.3	786.5	835.9	866.9	853.3	807.0	743.6	692.8
大学生比重（大学生/万人）	0.829	1.201	1.775	17.75	8.97	12.19	15.42	19.08
Telephone_Pop（台/万人）	1243	1462	1498	1644	1807	1965	2124	2174
Cy_M（万元/职工）	3.948	4.787	4.732	5.524	6.906	7.526	8.700	9.665
Cs_M（%）	0.004	0.004	0.004	0.005	0.005	0.004	0.004	0.004
其他县级单位（88 个）								
Y_E（万元/职工）	1.965	1.792	1.901	2.129	2.271	2.397	2.691	2.918
劳均资本（万元/职工）	1.336	1.203	1.509	1.857	2.261	2.825	3.761	4.940
劳均 *FDI*（万元/职工）	0.000	0.000	0.000	0.000	0.000	0.000	0.000	0.000
工业集聚 *s*（%）	0.436	0.437	0.441	0.431	0.441	0.453	0.457	0.469
非农比重 *g*（%）	63.54	64.95	65.19	69.46	67.16	68.90	71.29	74.17
EX_Share（%）	0.001	0.001	0.001	0.001	0.001	0.001	0.001	0.001
EMP_Density（职工/Km^2）	92.35	99.03	107.26	110.78	118.06	140.72	149.31	161.91
中学生比重（中学生/万人）	673.4	709.3	763.8	760.1	770.13	765.73	745.46	717.48
大学生比重（大学生/万人）	0.001	0.001	0.001	0.001	0.001	0.001	0.001	0.001
Telephone_Pop（台/万人）	732.4	865.7	914.4	1021.3	1127.2	1255.1	1323.9	1335.6
Cy_R（万元/职工）	3.742	4.426	4.473	5.191	6.559	7.247	8.301	9.475
Cs_R（%）	0.018	0.019	0.019	0.018	0.019	0.016	0.015	0.013

数据来源：2001—2008 年《中国城市统计年鉴》和《中国县（市）社会经济统计年鉴》。

5.3.4 中原城市群产业集聚与经济增长空间计量联立方程估计与结果分析

因本节既测度截面的城市集聚效应和中原城市群增长极作用，同时检验经济增长与集聚的时间趋势效应，所以选取固定效应面板模型。本节分两阶段对该模型进行估计。第一阶段是构造内生变量的工具变量（*IV*）。其中，被解释变量的空间滞后变量也是内生变量，其工具变量按照3.1.4、5.1和5.2节中所说明的方法构建。所有Ⅳ变量带入下一阶段。第二阶段，用Ⅳ变量替代内生变量（*Y_E*，*s*，*Cy_U*，*Cy_M*，*Cy_R*，*Cs_U*，*Cs_M*，*Cs_R*）检验面板数据的固定效应和随机效应模型。Hausman检验结果拒绝了随机效应原假设，因此，以下的估计结果和讨论都基于固定效应模型。表5.8列出两方程的估计值，所有变量都为对数形式。为节省篇幅，表中没有列出132个固定效应参数（125个市县和7年）。

表5.8 河南省126个市县劳动生产率和工业集聚联立方程的固定效应估计

劳动生产率方程：被解释变量 劳均产出，R^2 0.96					产业集聚方程：被解释变量 工业集聚s，R^2 0.98				
变量	参数估计	标准差	t值	Pr > |t|	变量	参数估计	标准差	t值	Pr > |t|
截距	-3.1736**	1.5634	-2.03	0.0427	截距	2.9207**	0.6747	4.33	<0.0001
劳均资本（*K_E*）	2058**	0.0441	4.67	<0.0001	劳均产出（*Y_E*）	1293**	0.0202	6.39	<0.0001
劳均FDI（*FDI_E*）	0852**	0.0173	4.94	<0.0001	劳均FDI（*FDI_E*）	0159**	0.0064	2.49	0.0130
工业集聚（*s*）	4642**	0.0834	5.57	<0.0001	出口份额	0384**	0.0062	6.18	<0.0001
非农比重（*g*）	3616**	0.0568	6.36	<0.0001	中学生比重	-0.0325	0.0439	-0.74	0.4598
就业密度	-0.7066**	0.0349	-20.24	<0.0001	高校生比重	-0.0184	0.0160	-1.15	0.2515
出口份额	1212**	0.0224	5.41	<0.0001	电话普及率	-0.0248	0.0208	-1.19	0.2339
中学生比重	1740**	0.0685	2.54	0.0113	ln*Cs_U*	1435**	0.0549	2.61	0.0092
高校生比重	-0.0624	0.0700	-0.89	0.3833	ln*Cs_M*	0681**	0.0237	2.88	0.0041
电话普及率	2298**	0.0280	8.21	<0.0001	ln*Cs_R*	2179**	0.0174	12.54	<0.0001
ln*Cy_U*	-0.2442**	0.1040	-2.35	0.0190					
ln*Cy_M*	-0.2916**	0.0875	-3.33	0.0009					
ln*Cy_R*	-0.1028	0.0941	-1.09	0.2751					

注：“**”表示参数估计在$P=0.05$或更显著的水平上通过了统计检验。

数据来源：2001—2008年《中国城市统计年鉴》和《中国县（市）社会经济统计年鉴》。

5.3.4.1 地方变量对经济增长和集聚的影响

地方变量是本研究的控制变量。首先扼要综述两方程中地区自身变量的参数估

计。所有的参数估计都是因变量相对于解释变量的弹性系数。参数估计显示人均国内资本与人均国外资本的产出弹性系数分别为0.21和0.09，即两类资本各增加1%，人均产出分别增加0.21%和0.09%。由于各级城市人均国内资本的均值都远远大于人均国外资本，外资投入的效率和收益显然高于国内资本①。这与现有的FDI理论和经验研究结果一致，外资较高的效率一般来源于更先进的进口设备和管理手段。出口依存度参数估计显著为正，约为0.12，表明出口依存度提高一个百分点，则本市县非农人均GDP提高0.12%。中学教育普及条件（中学生比重）参数估计在5%水平上为正，高校在校生比例没有显著的参数估计。这说明除资本要素外，河南省市县经济增长对廉价的普通劳动力有依赖，高等教育人数虽每年增长，但可能因人才体制或者经济条件等原因而大量跨地域就业，没能推动本市县经济增长。通信普及率的参数估计亦显著为正，说明良好的信息化条件加强了区域之间的相互联系并降低了交易成本。

产业集聚方程中，劳动生产率的参数估计显著，约为0.13，即，劳动生产率每增长1%，则该市县工业集聚程度上升约0.13%。人均外商资本投资和出口依存度的参数估计亦均在1%水平上显著，表明增加引入外资和扩大产品出口都会推动相关产业的集聚。结合二者对于生产率的正面影响，说明开放的经济环境有利于经济增长与产业集聚。而教育条件、人力资本（大学生比重）的参数估计则没有通过显著性检验，表明低端教育人才或者廉价劳动力并不能吸引非农产业的集聚，而在河南省接受了高等教育的人才因流动性强也难以成为产业选址或扩大规模的决定因素。通信普及率的参数估计不显著，可能是因为目前厂商选址或在原址扩大规模并未受到通信条件的显著影响。

5.3.4.2 集聚效应和中原城市群的溢出作用

由于本节主要研究城市集聚效应及中原城市群在全省中的增长极作用，所以我们对两方程的相关变量作详细的分析。首先，工业集聚经济 s 和第二、三产业占市（县）GDP比重 g 在1%水平上显著，分别为0.46和0.36，表明对各市（县）生产率的提高有很大的贡献。估计结果反映全省总体上正处于工业化发展初期，各市县经济增长明显依赖于工业。工业在全省中的比重相对较高意味着该市县与其他市县相比，在集聚过程中获得了更多的有利于经济增长的各种要素，如资本、技术、原材料和市场等；第二、三产业占市（县）GDP比重提高使得农业比重下降，有利于

---

①表5.7以2007年的21个县级市为例，平均劳均产出、内资、外资分别为5.363万元/职工、9.029万元/职工和0.363万元/职工，每个职工的内资和外资各增加一万元所能增加的劳均产出分别是5.363×0.21÷9.029=0.125万元和5.363×0.09÷0.363=1.33万元。

推进城镇化与增加就业。但是，非农就业密度的参数估计却显著为负，意味着绝大多数市县因经济活动过分拥挤、基础设施相对不足或不畅已经产生了负外部性、影响了这些城市的总体效率。这些估计和国际文献（如 Ciccone 等，1996）中欧美城市空间就业密度有利于生产率的结果完全不同，但是和 Ke（2009）的结论相似。

下面检验中原城市群增长极作用。如前所述，生产率方程的参数是增长弹性，3 个溢出作用变量除 *Cy_R* 参数估计未通过显著性检验外，*Cy_U* 和 *Cy_M* 的参数估计分别为 -0.24 和 -0.29，表明中原城市群内地级市经济增长对同级城市和县级市具有显著回流作用，当前中原城市群内中心城市的发展可能不仅存在相互间竞争效应，而且明显抑制了全省其他地级和县级市的发展。中原城市群中心城市可能还对各县的非农业经济发展有微弱的回流作用。简言之，近年来中原城市群内中心城市的经济增长很可能在一定程度上占有了其他市县的发展机会。值得注意的是距离中原城市群中心城市最近的市县受到的不利影响可能最大，与中心城市的距离增加 1 倍的市县受到的影响将降至 1/4（从 $1/w_{i,j}^2$降到 $1/(2w_{i,j})^2=1/4w_{i,j}^2$），最边远的市县所受的影响最小。与之相反，测度中原城市群产业集聚溢出作用的 3 个变量*Cs_U*、*Cs_M*和 *Cs_R* 的参数估计值分别为 0.14、0.07、0.22，反映了中原城市群地级市工业集聚对邻近的其他市县的集聚有促进作用。同样由于重力模型所包含的距离衰减作用，可以判断邻近城市间的产业集聚有互相依赖作用，但是这种作用随城市间距离增加而迅速减弱。邻近市县产业集聚的相互促进是集聚经济在空间上成片连续的重要机制。这种市场机制对较发达地区是个福音，但是对目前比较落后的河南省广大腹地却是严峻的挑战。综合上述两组正负相反的扩散与回流作用并回顾表 5.7 所报告的各类市县历年的生产率和工业集聚程度，我们推断中原中心城市附近的市县扩大了原有的工业部门或同时吸引了一些企业，其中包括从中心城市转出的部分成熟产业，提高了非农业产业集聚程度，但是在这些市县新增或扩建企业的生产率却不尽如人意。比较 3 类市县所受到的扩散与回流作用，可以发现未设市的县级单位受到的中心城市增长的回流作用最小、得到集聚效应的溢出作用最大；县级市受到的增长回流作用最大，集聚溢出作用最小；地级市受到的回流作用和集聚溢出作用居中。

5.3.4.3 中原城市群的中心城市溢出作用的时间特征

近年来，河南区域经济存在着等级越高发展越快的趋势。图 5.6 显示地级市、县级市和其他县的非农业劳动生产率在 2000—2007 年的变化。7 年间，3 类市县的生产率分别提高了 100%、83%、48%，原本落后的县级经济显得愈益落后。

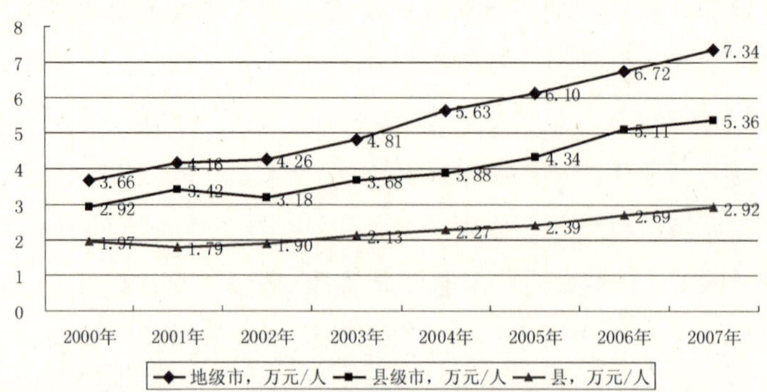

图 5.6　河南省地级市、县级市和其他县的劳动生产率

数据来源：2001—2008 年《中国城市统计年鉴》和《中国县（市）社会经济统计年鉴》。

为了检验地区生产率差距的扩大是否部分地源于中心城市持续产生的回流作用，本节使用 2SLS 消除方程右边变量的内生性、分别估计方程（5.37）的 8 年截面模型。表 5.9 是 8 个方程中经济增长溢出作用的参数估计。8 个方程其他变量相同，估计值相似，表 5.9 中不再列出。

表 5.9　中原城市群中心城市各年扩散与回流作用的 2SLS 估计

	2000 年	2001 年	2002 年	2003 年	2004 年	2005 年	2006 年	2007 年
变量	参数 （t 值）	参数 （t 值）	参数 （t 值）	参数 （t 值）	参数 （t 值）	参数 （t 值）	参数 （t 值）	参数 （t 值）
$\ln Cy\_U$	-0.621 (-1.19)	-0.662 (-1.58)	-1.183 (-2.80)	-0.770 (-2.45)	-0.728 (-2.56)	-0.542 (-2.11)	-0.453 (-1.81)	-0.654 (-2.26)
$\ln Cy\_M$	-0.633 (-1.23)	-0.655 (-1.59)	-1.164 (-2.79)	-0.758 (-2.46)	-0.723 (-2.59)	-0.515 (-2.03)	-0.444 (-1.79)	-0.640 (-2.22)
$\ln Cy\_R$	-0.638 (-1.25)	-0.685 (-1.65)	-1.184 (-2.84)	-0.751 (-2.42)	-0.725 (-2.60)	-0.503 (-1.99)	-0.417 (-1.69)	-0.628 (-2.19)

数据来源：2001—2008 年《中国城市统计年鉴》和《中国县（市）社会经济统计年鉴》。

结果显示：各年所有参数估计全是负值，只有 2000 和 2001 年的参数估计未通过严格的显著性检验。自 2002 年起，除了 2006 年估计值的显著性降至 $P=0.10$ 水平外（相应的 t 值大于 1.66），各年的所有估计值都在 $P=0.05$ 水平上显著为负（相应的 t 值大于 1.96）。这组估计值清楚地提醒我们，在中原城市群战略导向下，中原城市群的加速发展很可能进一步吸收大量的政府投资和各类高端人才，城市群经济效益的不断提高又会吸引国内国际私人资本等稀缺资源，使得其他市县在竞争中处于愈益不利的境地、甚至失去了原来可能获得的一些发展机遇。面对各地区和各级市县间差距继续扩大的趋势，制定和实施与中原城市群发展规划配套、同步、惠及全省各地区的规划和政策就显得尤为重要。

5.4 小结

首先，本章根据增长极和非均衡增长理论构建了扩散与回流实证模型，使用空间计量经济联立方程对中部地区6省579个市县在2000—2005年期间的非农业经济增长和溢出效应进行了分析。初步的结果表明，中国中部地区相距50～100公里内不同等级的城市间存在着显著的、可以定量估算的扩散和回流效应。第一，地级及以上城市间GDP增长有互相促进作用，但是在就业增长上相互抑制。第二，地级市在GDP和就业增长上分别对县级市和未设市的县镇有显著的扩散作用。第三，县级市增长对邻区县级市的GDP和就业增长都有促进作用。第四，县级市的经济增长对邻区县镇的GDP和就业增长都有显著的回流效应。

其次，本章综合增长极理论和中心地学说构建了扩散回流和市场区效应空间计量模型，使用2169个市县数据对2000—2007年的各市县非农业GDP、就业和资本增长所受到的自上而下的扩散回流与自下而上的市场区溢出效应进行了全面分析。这是首次对我国各级城市增长极和中心地作用进行的全国大样本研究。比较完整的方程设置和大样本数据分析结果表明，虽然中国各级市县GDP、就业和资本增长的主要决定因素是各市县的要素投入和产出规模以及人力资本和地方要素，但是不同等级的城市间存在着显著的扩散回流和市场区增长效应。省会和地级中心城市对下级市县有显著的回流效应，而下级市县经济增长对位于市场中心的上级城市有明显的市场区增长作用，同级市县的经济增长有互相促进作用。

研究结果具有明显的政策含义。其一，中心城市的回流效应意味着在制定地区发展战略时，应认识到中心城市或增长极在近期未必有利于邻区发展。选择增长极战略意味着有意无意间选择了价值取向。随着增长极的发展，近期内中心城市与其腹地经济水平差距的扩大是可能的。趋利避害或化害为利、充分利用中心城市间、中心城市和周边地区间经济的互补性以增强中心城市的扩散效应削弱回流作用可能是经济圈发展战略是否有效的一个关键。经济区规划应利用扩散与回流效应中所包含的市场信号调整经济结构、实行经济区内新分工，使增长极和邻近市县间关系尽快跨越回流为主的初级阶段。其二，下级市县对中心城市经济增长的促进作用表明中心城市的发展需要依靠地区经济的全面发展。同时，这一研究结果还提醒地区政

策和规划的制定者充分考虑各级城市的市场中心服务功能，满足广大市场区内的生活和生产需求、并为市场区的长期增长服务。其三，各级市县间的相互作用随距离而变，各地规划建设的一小时城市群在规模上总体上是合理的。但是也有许多中心城市的辐射距离超过100公里，应通过市县间协作扩散成熟产品和生产环节、促进更广大腹地的经济发展。

最后，本章根据集聚经济与增长极理论构建产业集聚和增长极溢出作用模型，分别使用固定效应和各年截面空间计量方程检测2000—2007年河南省126个市（县）产业集聚与自身经济增长的因果关系和中原城市群在全省发展中的增长极作用。计量估计结果显示：（1）工业集聚与经济增长互为因果、互相强化，但是非农业就业在各级城市（镇）内的空间密度相对过高，已产生明显的拥挤效应和非经济性；（2）要素投入特别是资本要素是促进生产率提高的决定性力量；（3）对外开放因素同时促进了产业集聚与生产率的提高；（4）特别值得关注的是，中原城市群地级中心城市对各级市县的经济增长具有显著抑制作用，这种作用在最近几年相当稳定。

实证研究结论为振兴河南经济提供了一些新的政策启示。首先，中原城市群内中心城市经济集聚与生产率提升互为因果，彰显了中原城市群发展战略的成功一面。但是，中心城市经济增长在近期明显不利于其他市县增长（包括城市群内部相互竞争的同级中心城市的增长），表明各市县在经济增长中竞争性大于互补性。这些竞争既可能直接表现在政府公共投资和其他方面，也可能反映在各地经济结构相似性上。因此，一方面，主管部门在中原城市群建设的同时应制定促进其他地区和市县发展的配套规划和政策；另一方面，不同等级市县应该根据自身优势调整产业结构，逐渐以互补结构取代相似的竞争结构。其次，对外开放（包括吸引外资和增加出口）对于产业集聚与经济增长都有推动作用，表明河南省“开放带动”战略已初有成效。但目前河南省仍是全国进出口占GDP份额最低的省份，也是吸收FDI最少的省份之一，在创造品牌增强国际市场竞争力和改善投资环境争取外商投资两方面都任重道远。再次，国内资本投入是促进经济增长的主要因素，其中资本要素是构成经济增长的决定性力量。有关部门应统筹安排各地区公共投入，避免市县间和地区间经济差距的迅速扩大，同时研究在工业化和城市化过程中由较发达地区（特别是中原城市群中各级城镇）逐步从自然条件差、投入效益低的地区吸纳人口的可行性。最后，河南省需要建立良好的人才机制，为专业人才创造就业和发展机会，吸引人才、留住人才。

6 结 语

本章第 1 节回顾本课题的意义和内容以及可能的贡献。第 2 节是对各章研究结果的总结。第 3 节是相应的政策启示。①

6.1 本书的内容和贡献

对外开放作为一项基本国策非常有效地加速了我国经济总量的增长、促进了我国经济结构的升级。技术进步在国际经济中的突出作用要求我们积极承接国际技术、产业转移，实施“引进来，走出去”的发展战略，并努力提升技术的消化吸收和自我创新能力，加快技术进步、提高国际竞争力。然而，地方保护主义和与此相关的地方市场分割则会延缓我国区域经济的一体化进程、阻碍先进技术扩散和自我创新能力的提升、限制我国现代产业的规模经济。同时，为了加快地区经济发展、缩小与发达地区的经济差距，我国的欠发达地区普遍采取了优先发展中心城市和打造城市增长极的区域发展战略，以期获得地方经济一体化、中心带动区域的经济效应。但是，现存文献在各地区对内对外开放的实际进程、全国市场一体化与区域经济发展间的相互影响、各地区增长极与广大腹地经济一体化的机制、中心城市与外围地区经济增长的相互作用等方面的研究仍不够深入或完全缺失。本书正是为弥补这些不足或缺失而作的努力。

本书以对外开放—引进外资和技术—溢出效应和产业集聚—全国市场一体化—地区经济一体化为主线分析了国内与国际、国内各区域以及各级城市（县）之间的经济联系。首先，总结了市场一体化的各类指标，并从总体上分析国内各省（自治

---

①本章部分内容已在 2011 年全国政协大会上发言报告。报告人：赖明勇。报告名称：《“十二五”期间完善区域经济一体化的建议》。

区、直辖市）市场一体化状况及其与各省域市场对外开放、区域经济增长的相互影响；其次，从如何更好地利用国外技术和资本出发，研究跨国公司研发的溢出作用和跨国研发区位决定因素、外资对国内就业和收入的影响等；再次，在集聚经济理论基础上分析城市产业经济集聚及其空间溢出效应与区域经济增长中的相互作用，并根据新经济地理上下游产业协同分布理论检验我国生产性服务业和制造业的协同集聚效应；最后，在集聚经济、增长极和中心地理论基础上研究了不同等级城市在区域经济一体化进程中的不同作用，并采用空间计量技术研究城市之间的经济溢出效应，探讨区域经济一体化中可能存在的问题和解决途径，从而促进区域中心与腹地的统筹发展。

本书的贡献首先在于以外贸、资本和技术引进—产业关联与技术溢出为纽带将对外开放与对内开放联系起来并置于同一分析框架，提出两者联动机制，为进一步扩大对内开放和深化对外开放、促进两者的协调发展提供了一个概念框架。第二个贡献是在对内对外开放联动分析框架内综合了本质上互补的国际贸易、集聚经济、增长极与扩散回流效应、中心地等级体系以及新经济地理等理论，从而在比较系统的理论基础上全面分析了对内对外开放和经济一体化具体问题。比如，在国际贸易理论基础上研究了跨国公司研发的区位选择与区域经济发展的相互依赖、对外贸易与 FDI 对国内经济的溢出作用，在新古典主义的资本流动与劳动需求理论基础上探讨 FDI 对城市技术劳动相对就业和相对工资的影响；在新经济地理产业关联效应和集聚经济理论基础上探讨生产性服务业与制造业的协同效应和内生集聚；综合集聚经济和增长极理论分析了城市的集聚效应和扩散回流作用；通过整合增长极理论和中心地理论分析了中国城市与区域经济增长的扩散回流与市场区效应等。其三，空间计量经济模型为研究技术和经济发展及其溢出效应提供了比较理想的工具。但是，目前国内鲜有系统地应用空间计量和面板联立方程组技术进行空间经济分析的应用研究。本书将空间计量经济模型与常规联立方程结合起来分析区域间和城市间在空间上的技术经济联系，例如，通过检验跨国研发投入对邻近省区的影响探索国际研发机构对我国地区经济的作用范围、估计产业集聚在邻近城市间的作用以便发现城市集聚经济效益的实际空间尺度、测算不同等级城市之间的作用方向和效果以探索中心城市与腹地经济发展的因果机制等。其四，研究样本丰富，包含了从省到市、县的截面和面板数据，分析结果具有比较普遍的现实意义。

6.2 主要结论

6.2.1 我国“市场分割”呈下降趋势，区域市场对内开放与区域经济互相促进

我国省级商品市场对内对外开放程度在过去十多年间有所加强，促进了地区经济发展，但是，地方保护主义仍在一定程度上阻碍着全国统一市场的建立和完善。本研究利用全国29个省级单位8类商品1995—2007年期间价格指数详细分析全国市场一体化进程，发现各省近年来的“市场分割”总体呈下降趋势，并非如以往研究中所描述的“走向非一体化”。对全国总体样本的分析表明市场一体化有利于各省经济增长，各省市场的对内开放与区域经济列车同向行驶。对内开放的地区不得不以国际和国内两个市场为参照实现自身的比较优势和规模经济，所以对内开放促进了国内竞争和合作，有助于优化区域经济结构。积极向兄弟省份开放本地市场不仅没有牺牲本省经济增长，反而促使本地经济在市场开放中得到加强。分地区样本的检验结果显示，在发达地区，对外开放对经济增长的作用较大，对内开放对经济增长的作用并不显著；在欠发达地区，对外开放对经济增长的促进作用较弱，对内开放对经济增长具有非常显著的作用，并且地区经济增长对市场一体化的积极反馈作用也更加稳健，欠发达的地区因为缺少国际市场的拉动而更加有赖于国内统一市场实现自身经济增长。但是，统计数据还显示我国各省对邻省的开放程度在1995—2007年期间呈现较大幅度的波动，部分地区的市场分割还比较严重，全国市场一体化的进程并未结束。研究结果还表明，国企主导地方经济不利于省际经济一体化，在各省经济总量中的国企份额每降低1%，省际市场开放水平就提高约2%。

6.2.2 跨国公司研发投入、国际贸易和FDI是获得外国技术溢出的重要渠道，FDI提升了我国技术行业的相对就业和工资

首先，跨国R & D在特定地区的投入与当地劳动生产率互为因果、互相促进；各地的生产率不仅取决于本地区的要素投入和跨国R & D投入，而且受到邻省区跨国R & D的溢出作用；跨国R & D的区位选择既看重地区经济效率和其他投资条件——尤其是科研人力资源、出口经济和交通设施，也受邻省区跨国R & D溢出的积极影响，因此，跨国R & D在发达地区连片集聚；地方科技力量和外贸与跨国研发

投入具有非常明显的互补作用，跨国 R & D 对地区生产率的促进作用几乎完全取决于当地是否有足够的科技人员以及当地生产融入世界产品市场的程度。研究还发现国内 R & D 也对生产率有显著促进作用，其作用也取决于本地区科技人员比例，并且国内研发与跨国研发互相竞争。

其次，研究结果表明国际贸易对区域经济发展有显著的“出口中学”效应。出口获得的国外技术溢出效应取决于我国与外国平均教育水平的差距。目前，中国的平均受教育水平为 8.4 年，比发达国家平均水平低三年多，国外的技术外溢对我国——尤其是东部和西部地区——企业生产率有普遍的促进作用。但是，根据估计，如果其他条件不变，我国平均受教育水平超过发达国家平均水平，进而达到人均 14 年，来自外国市场的技术溢出边际效应将趋于零。在目前的经济发展阶段，我国和发达国家技术和人力资源上还存在差距，“出口中学”会对我国企业的生产率产生积极作用。随着差距的缩小，“出口中学”的边际效益会越来越低，我国经济效率的提高将越来越依赖于其他途径，包括我国内部的技术创新和跨国公司在华的研发投入。

再次，来华的 FDI 对技术进步有直接效应，是我国经济增长的促进力量。更值得注意的是，在人力资本的共同作用下来华的 FDI 对我国经济还有间接的促进作用，FDI 间接溢出的边际效应随着人力资本的增长而增长。今后随着我国职工平均受教育水平的增长，FDI 的间接溢出效应将更加显著。比较“出口中学”的边际效益和 FDI 间接溢出的边际效益的动态变化可以发现，人力资本的增长使得前者下降、后者上升，这是一个值得进一步研究的有趣现象。

最后，进入我国的 FDI 提高了技术劳动行业相对就业和相对工资，FDI 还创造了制造业就业。但是，FDI 的就业效应和工资效应因地而异，且个别行业工资增长会扩大行业间收入差距。

6.2.3 我国产业集聚效益明显，制造业与生产性服务业具有初步协同效应，地区内经济一体化亟待统筹规划

在对内开放方面，作为大国发展战略的一部分，整合和扩大国内市场、推进区域经济一体化既有利于防范国际风险，又有利于形成国内区域专业化、调整经济结构、扩大内需、确保今后较长时期经济平稳较快地发展。区域经济一体化是地区间生产和流通领域的彼此相互开放、互相依赖、协调统一。

第一，现阶段我国工业集聚和城市经济效率互为因果、互相强化，工业集聚和劳动生产率在邻近地域上有明显的连续性和粘滞性。但是，研究结果也清楚地揭示了我国城市内部的拥挤效应已使城市劳动生产率明显降低。对比人口和经济活动密

度更高同时效率更高的香港、东京和新加坡等城市，我国大陆城市的拥挤效应不仅来自人口密度，而且很可能源于相对落后的管理。

第二，我国制造业与生产性服务业具有协同效应和内生集聚趋势，这种趋势在发达地区表现得尤为显著。制造业在特定城市的集聚为上游生产性服务业在这些城市创造了市场需求，使生产性服务业得以实现规模经济。反之，生产性服务业的规模经济又为下游制造业提供了高效低价的中间投入。两大部门的协同效应使得其中任一部门的增长都可能成为城市持续增长的起点。这种内生集聚机制有利于具备了先发优势的城市而不利于欠发达城市。如果这种集聚经济效益递增的作用大于要素成本上升的不利影响，区域间经济发展水平的趋同是难以实现的。此外，制造业和生产性服务业都存在空间溢出效应，致使两个产业的集聚在地理空间都具有连续性，即，一个产业集聚的地区内多数城市都受益于本市和邻近城市的集聚经济的外部性。在欠发达地区，多数城市不仅自身缺少集聚经济效益，而且难以得到邻近城市本部门的外部效应。九个细分服务行业和制造业的检验结果表明并非每个细分行业都与制造业有同样的相互促进作用。在本城市范围制造业集聚几乎促进了所有的服务业的集聚和发展，相反，并非所有的服务业都对制造业有显著影响，其中，对制造业影响最为显著的细分服务行业依次为金融、批发零售和建筑业，而物流（交通运输）、信息传输计算机服务和软件业、租赁和商业服务、科学研究技术服务等行业对制造业集聚却无明显影响。制造业和各个细分服务行业相互作用的不完全对称反映了当前我国城市经济对制造业仍然有很大的依赖性。

第三，中心城市群与腹地经济一体化推进了中心城市的快速增长，但是也加剧了中心与腹地的发展失衡。近年来，为缩小沿海发达地区与中西部欠发达地区间的差距，中西部各省整合内部资源、实施城市群经济一体化发展战略。这些城市群肩负着将经济发展扩散到广大腹地、带动区域发展的重任。对 2200 个市县的经济增长和各级城市（县）间的相互影响进行的研究发现，下级市县的要素投入和产出都对上级中心城市增长有显著促进作用，证实我国多数中心城市不仅在历史上是重要的区域市场中心，而且至今仍依赖广大腹地经济的发展；相反，中心城市的经济增长总体上不但没有对外围产生显著的扩散效应，反而吸收了外围地区原有的或可能得到的资本和技术人才、抑制了非中心地区的经济增长、致使中心城市与其腹地经济水平差距持续扩大。以河南省为例，中原城市群中心城市自身产业集聚与经济增长互相强化，同时，中心城市间的发展不仅存在着此消彼长的相互竞争关系，而且明显抑制了全省其他市县的发展，这种自上而下的抑制作用相当稳定、且有增强的趋势。三类市县劳动生产率在 2000—2007 年间分别提高了 100%、83% 和 48%，在经济一体化进程中，中心城市加速发展，原本落后的县级经济显得愈益落后。

6.3 实现对内对外开放联动发展的途径和举措

6.3.1 深化对外开放，拓宽技术引进渠道，利用外资提高我国就业结构和收入

6.3.1.1 为跨国公司 R & D 创造良好的区位条件，在发达和欠发达地区因地制宜地充分利用跨国研发和国内研发

第一，在华跨国研发投资的高速增长以及我国科技人员和国际产品市场对跨国研发的区位决定作用表明中国——特别是沿海地区——的经济已经高度国际化、在国际分工体系中的比较优势不仅仅在于生产和制造能力上，而且已经开始体现在研发领域。跨国研发投资对提高生产率的显著贡献也表明我国地区经济发展对技术创新的依赖正逐年增强。各地区在深化和优化对外开放中需要进一步研究如何引导跨国研发与本国本地区技术创新合作、如何提高我国的技术吸收能力，使跨国研发更好地为我所用。

第二，跨国研发在地域上集中、与地区生产率因果循环、扩大了地区经济差距，是我国区域经济谐调发展面临的一个挑战。跨国研发投资是我国各级政府难以直接调动的国际经济技术要素，各地只能对其因势利导。研究结果表明跨国 R & D 区位选择取决于我国各地区的经济效益、对外贸易、科研人员规模和基础设施水平。发达地区在所有这些方面都具有优势，跨国研发会继续在这些地区集聚。为了使国际先进技术同时为本地区和欠发达地区服务，发达地区应加快经济结构和技术的升级，把比较成熟的技术和产业转移到欠发达地区。欠发达地区在上述区位条件上不具有优势，而本质上活跃多变的研发活动比标准化生产部门对区位条件要求更高。因此，欠发达地区若想吸引跨国 R & D 落户并提升地区生产率，必须从培养和吸引科技人才、提升地方科技力量、改善交通条件以及与国际产品市场接轨几方面入手。虽然国际上罕有落后地区引进高水平研发机构的成功先例，但是我国幅员辽阔，近期内一些地区独有的自然条件和特色产业或许可以成为某些技术研发的关键区位因素和互补条件。

第三，位于同一地区的跨国研发和国内研发相互竞争。两种研发的竞争和替代作用表明我国可以统筹利用国内外两种资源。东部发达地区应继续充分利用其在跨国公司和国内 R & D、研发人才以及基础设施方面的比较优势，同时，中央和中西部欠发达地区政府除了需要改善吸引跨国研发的区位条件外，还应提供优惠政策使部分国内研发布局到已经具有一定基础的内地城市，使东西部地区在利用国际和国内研发能力上各得其所。

6.3.1.2 优化区域出口贸易结构和人力资本结构，扩大对外贸易，充分发挥“出口中学”效应

我国企业通过出口贸易参与国际化的进程，提高了其本身的技术水平，具有明显的“出口中学”效应。国内人力资本积累和国际研发的技术外溢都对区域经济起到重要作用。根据动态的观点，现阶段人力资本相对落后的中国企业实施国际化战略从技术外溢角度考察是有利，但是从长期看，中国企业必须从引进、模仿向自主创新提升和转化。凡在国际竞争中取得突出成绩的大型跨国公司或企业集团，都非常重视自身的研发投入，发达国家企业的研发投入占产品销售收入的比重在10%以上。中国企业研发投入远低于这一水平。以2007年为例，中国企业500强中只有31家技术开发经费占销售收入比重超过5%，达到和超过2%的也只有98家。国内研发的低强度从根本上制约了企业竞争优势以及核心能力的形成，企业也难以承担起自主创新重任。争取完成由国际制造大国和贸易大国向国际研发大国的转变是中国企业的重要使命。除了企业自身的努力外，政府应出台政策帮助提升中国企业的国际化经营层次。政府要鼓励有条件的企业不仅出口产品，而且到海外设立研发中心，创造并拥有自主的专利技术，进而提高出口产品技术含量、质量和经济效益。

6.3.1.3 通过积极引进外资和积累人力资本的方式吸收国际先进技术

一定的技术差距和国内的吸收能力是决定东道国能否接收技术外溢效应的关键。在吸收来华外商的技术外溢过程中，人力资本起着互补作用。这就意味着各地区一方面要积极吸引FDI，另一方面要提高教育水平、积累人力资本，以便更好地发挥跨国创新对我国技术进步的促进作用。

6.3.1.4 积极引进外资，提升城市就业技术结构和收入

流入我国城市的FDI提高了技术劳动行业相对就业和相对工资。FDI还创造了制造业就业。研究结果为评价各地吸引外资、提升就业技术结构和增加劳动收入的政策及其效果提供了一些统计证据。

其一，国际资本对提高我国——尤其是发达地区——的就业结构和收入有积极作用，发达地区应有选择、积极地引进技术含量较高的国际资本，创造更多的知识性技术性就业，增加收入，实现地区就业技术结构的升级。

其二，FDI有利于欠发达地区制造业相对收入的增长；同时，在我国东部集聚的制造业有可能在要素收益均等化作用下逐渐向中西部转移。在调整各地区经济结构、加速欠发达地区发展的规划中，这是两个值得关注和利用的经济力量。欠发达

地区应积极引进制造业，既包括直接引进外资工业，也包括承接发达地区的制造业。

其三，虽然发达地区就业结构升级和欠发达地区承接制造业后都会获得新的发展动力和较高的收入，但是，和发达地区的新兴行业相比，制造业收入相对较低，因此，要素收益均等化的趋势总是落后于技术进步和集聚经济产生的地区间差距。我国政府在引导成熟产业西进的同时，仍需在能源、原材料和加工、特色农牧业和加工等相对优势行业的扶持以及转移支付项目的设计实施方面为欠发达地区提供支持。

6.3.2 利用内生集聚经济效益调整地区和城市经济结构

其一，对中国城市的空间计量截面分析显示，工业集聚和城市经济效率互为因果、互相强化，城市集聚与经济效益在邻近地域上都有明显的连续性。估计结果还显示，相邻城市间的经济效益和工业集聚有溢出效应。我国城市在发展中应充分利用这种外部经济、加强城市间的合作、实现市场和人才共享、推动城市群的崛起和共同发展。同时，交通条件是促进经济集聚的重要因素，中西部地区应继续交通基础设施建设，创造更有利的经济集聚环境。最后，分析结果在总体上显示市场的力量很可能会使我国工业继续向生产率高的地区集中，所有缩小地区差异的政府干预都意味着在要在效率和平等之间进行平衡和选择。

其二，生产性服务业和制造业具有协同定位和内生集聚的明显趋势。成本优势和市场规模优势是分别促进制造业和生产性服务业协同定位和集聚发展的内生动力，一旦启动，就有持续强化的趋势。上下游产业规模协调是实现上述优势的一个必要条件。来自制造业的旺盛需求是生产性服务业实现规模经济效益的基础，否则，服务业能力过剩，其效益必然下降，低效的服务业难以促进制造业的集聚发展。同理，只有具备了规模经济的生产性服务业才能为制造业提供高质量低成本的中间投入，而生产性服务业的规模经济只有在大城市才比较容易实现。因此，除了发达地区的中心大城市以外，各地中小城市在“转方式、调结构”的努力中应避免简单套用从第二产业向第三产业“升级”的发展方式。上下游产业间的高度关联性是获取两个产业协同效应、导致内生集聚的另一必要条件。生产性服务业必须能够提供制造业所需的服务。我国中西部经济欠发达地区的服务业在本地的就业份额与东部发达地区的份额相似，而制造业在本地的相对规模却远低于东部地区，因此，欠发达地区的服务业难以依靠制造业的需求实现规模经济，其服务对象也只能更多地依赖增加值较低的最终消费市场。为了协调第二、三产业规模、提高产业关联度，欠发达地区应通过各种途径大力发展制造业，从而扩大本地生产性服务业市场、提升中间投入质量。其次，物流、信息传输计算机服务和软件业、租赁和商业服务、科学研究

技术服务等行业本应为制造业提供低价高效的中间投入，但是这些行业的集聚并未明显促进我国各地制造业发展，提高这些行业服务的针对性有利于提高与制造业的关联性，使制造业对这些行业的需求持久化。相邻城市的制造业和生产性服务业集聚总体上都有部门内溢出效应，表明我国各地区城市群发展战略取得了一定程度的成功。各地区城市应利用这种外部经济、加强市际合作、实现市场和人才共享、推动城市群发展。但是，上下游两大产业在城市间仍缺少明显的协同效应，限制了相邻城市的专业化和规模经济优势。城市群内邻近城市间的专业分工应是我国经济结构调整在空间上的体现。

6.3.3 推进区域经济一体化进程，加快技术扩散吸收速度，为承接国际技术、产业转移创造优质环境

6.3.3.1 各地区应主动放弃从地方保护中得到的短期利益，通过调整经济结构争取全国市场一体化可能带来的长期效益

各地政府应为本地的长期发展放弃地方保护的短期利益，彻底清理和修改保护本地市场和企业的行政措施（特别是近年来各地以扩内需保增长名义出台的措施），实现政府采购透明化，在本省建立公平的市场准入制度，为不同地区和不同所有制的企业提供平等竞争的条件。为本地企业服务的政府行为是否具有地方保护性质不易界定，因此，上级部门应建立监察和管理机构对相关的地方政策作必要的认定。一些地区在应对国际金融危机中取得了成绩，同时也错过了淘汰落后产能的机会，各省在“十二五”期间有必要下决心借助市场一体化来调整和提升区域经济结构。欠发达地区应继续深化国企改革，支持非国有企业的成长。国有企业与政府千丝万缕的联系是地方市场保护的一个原因。除在少数行业和重点领域保持国有独资外，大部分国有企业都应实行股权多元化，削弱地方保护主义的动机。目前，发达地区国企占比已经较低（约10% ~20%），在欠发达地区国企仍处于绝对主导地位，国企在地方经济份额中的下降将有助于这些地区市场的开放，而统一市场有助于这些地区的长期增长。

6.3.3.2 各省经济一体化进程中支持广大腹地经济发展，发挥中心城市的生产生活服务功能

中心城市对广大腹地辐射和带动作用只是区域经济发展中的一种可能，计量估计结果表明我国中心城市的发展总体上尚未对广大腹地产生积极的带动作用，相反，自下而上的市场区效应却是中心城市增长的基础和动力。现有的区域发展战略应更多地考虑中心城市和广大腹地的统筹规划。

首先，各省应在下级市县和边缘地区扶持具有比较优势的产业使其成长为绝对

优势产业，同时引导中心城市把成熟产业或主导产业的成熟环节转移到下级市县。特别值得指出，下级市县的壮大并不损害中心城市，对非中心城市和边缘地区的支持——包括公共投资——将因自下而上的市场需求效应最终成为中心城市发展的动力。因此，发展包括边缘地区在内的广大市场区经济应成为构建城市增长极必不可少的互补策略。

其次，各省应充分考虑大城市在区域中的生产和生活服务中心功能，重点发展包括生产性服务业在内的高层次的先进第三产业，满足广大腹地内的生活和生产需求，为下级地区——进而为中心城市自身——的长期发展服务。

6.3.3.3　欠发达地区应完善除中心城市群以外其他地区的区域规划，尽快编制全省区域总体规划

为防止在缩小东西部地区间差距的同时过分扩大地区内的差距，各省应把兼顾效率和公平的理念切实体现在城市群一体化规划中，使中心和边缘地区共同繁荣。应尽快制定和完善各省中心城市群以外广大腹地的发展规划、制定全省范围的区域规划。目前，除个别发达省份初步编制了全省区域发展与主体功能区规划以外，各省普遍缺少全省范围的总体规划。虽然近两年国务院先后批准发布了约20个区域规划或指导性意见，但是这些规划仍属省内城市群规划。没有全省各地区共同参与的城市群规划或区域规划难免将重心过分偏向中心城市、扩大省内区域差距。制定“十二五”期间和今后更长时期的各省区域总体规划不仅有利于协调区域基础设施建设，更有利于引导省内各地遵循比较优势调整地方产业、统筹发展、培育增长极对外围地区的扩散能力。

参考文献

[1] 包群，赖明勇．中国外商直接投资与技术进步的实证研究［J］．经济评论，2002（6）：63－66，71.

[2] 包群，许和连，赖明勇．出口贸易如何促进经济增长——基于全要素生产率的实证研究［J］．上海经济研究，2003（3）：3－10.

[3] 包群，邵敏．外商投资与东道国工资差异：基于我国工业行业的经验研究［J］．管理世界，2008（5）：46－54.

[4] 柴忠东，施慧家．新新贸易理论"新"在何处——异质性企业贸易理论剖析［J］．国际经贸探索，2008（12）：14－18.

[5] 陈敏，桂琦寒，陆铭，等．中国经济增长如何持续发挥规模效应——经济开放与国内商品市场分割的实证研究［J］．经济学（季刊），2007（1）：125－150.

[6] 陈建军，陈国亮，黄洁．新经济地理学视角下的生产性服务业集聚及其影响因素研究［J］．管理世界，2009（4）：83－95.

[7] 陈涛涛．影响中国外商直接投资溢出效应的行业特征［J］．中国社会科学，2003（4）：33－43.

[8] 杜群阳．跨国公司在华 R & D 机构的问卷调研——动机、职能与技术外溢渠道［J］．中国工业经济，2007（5）：121－128.

[9] 范爱军，李真，刘小勇．国内市场分割及其影响因素的实证分析——以我国商品市场为例［J］．南开经济研究，2007（5）：111－119.

[10] 范剑勇．产业集聚与地区间劳动生产率差异［J］．经济研究，2006（11）：72－81.

[11] 冯德显．从中外城市群发展看中原经济隆起——中原城市群发展研究［J］．人文地理，2004（6）：75－78.

[12] 冯泰文．生产性服务业的发展对制造业效率的影响——以交易成本和制造成本为中介变量［J］．数量经济技术经济研究，2009（3）：56－65.

[13] 顾乃华，毕斗斗，任旺兵．中国转型期生产性服务业发展与制造业竞争力关系研究——基于面板数据的实证分析［J］．中国工业经济，2006（9）：14－21.

[14] 桂琦寒，陈敏，陆铭等．中国国内商品市场趋于分割还是整合？——基于相对价格法的分析［J］．世界经济，2006（2）：20－30.

[15] 黄赜琳，王敬云. 地方保护与市场分割：来自中国的经验数据 [J]. 中国工业经济，2006 (2)：60－67.

[16] 黄赜琳，王敬云. 基于产业结构区际贸易壁垒的实证分析 [J]. 财经研究，2007 (3)：4－16.

[17] 何洁. 外国直接投资对中国工业部门外溢效应的进一步精确量化 [J]. 世界经济，2000 (12)：29－36.

[18] 何洁，许罗丹. 中国工业部门引进外国直接投资外溢效应的实证研究 [J]. 世界经济文汇，1999 (2)：16－21.

[19] 何琼，王铮. 跨国 R & D 投资在中国的区位因素分析 [J]. 中国软科学，2006 (7)：113－120.

[20] 何智美，王敬云. 地方保护主义探源——一个政治晋升博弈模型 [J]. 山西财经大学学报，2007 (5)：1－6.

[21] 江静，刘志彪. 商务成本：长三角产业分布新格局的决定因素考察 [J]. 上海经济研究，2006 (11)：87－96.

[22] 江静，刘志彪，于明超. 生产者服务业发展与制造业效率提升——基于地区和行业面板数据的经验分析 [J]. 世界经济，2007 (8)：52－62.

[23] 江小娟，李辉. 服务业与中国经济：相关性和加快增长的潜力 [J]. 经济研究，2004 (1)：4－15.

[24] 金煜，陈钊，陆铭. 中国的地区工业集聚：经济地理、新经济地理与经济政策 [J]. 经济研究，2006 (4)：79－89.

[25] 柯善咨，姚德龙. 工业集聚与城市劳动生产率的因果关系和决定因素——中国城市的空间计量经济联立方程分析 [J]. 数量经济技术经济研究，2008 (12)：3－14.

[26] 柯善咨. 扩散与回流：城市在中部崛起中的主导作用 [J]. 管理世界，2009 (1)：61－71.

[27] 柯善咨. 中国城市与区域经济增长的扩散回流与市场区效应 [J]. 经济研究，2009 (8)：85－98.

[28] 柯善咨，夏金坤. 中原城市群的集聚效应和回流作用 [J]. 中国软科学，2010 (10)：93－103.

[29] 柯善咨，郭素梅. 中国市场一体化与区域经济增长互动：1995—2007 [J]. 数量经济技术经济研究，2010 (5)：62－87.

[30] 赖明勇，包群，彭水军，等. 外商直接投资与技术外溢：基于吸收能力的研究 [J]. 经济研究，2005 (8)：95－105.

[31] 李善同，侯永志，刘云中，等. 中国国内地方保护的调查报告——基于企业抽样调查的分析 [J]. 经济研究参考，2004 (6)：2－18.

[32] 李善同，侯永志，陈波. 中国国内地方保护的调查报告——非企业抽样调查结果的初步分析 [J]. 经济研究参考，2004 (18)：31－38.

[33] 李小建，樊新生. 欠发达地区经济空间结构及其经济溢出效应的实证研究——以河南省为例

［J］．地理科学，2006（1）：1－6.

［34］李小平，朱钟棣．国际贸易、R & D溢出和生产率增长［J］．经济研究，2006（2）：31－43.

［35］李雪辉，许罗丹．FDI对外资集中地区工资水平影响的实证研究［J］．南开经济研究，2002（2）：35－39.

［36］梁雄军，林云，邵丹萍．农村劳动力二次流动的特点、问题与对策——对浙、闽、津三地外来务工者的调查［J］．中国社会科学，2007（3）：13－28.

［37］林光平，龙志，吴梅．中国地区经济σ收敛的空间计量实证分析［J］．数量经济技术经济研究，2006（4）：14－21.

［38］林毅夫，刘培林．地方保护和市场分割：从发展战略的角度考察［C］．北京大学中国经济研究中心工作论文，2004，No. C2004015.

［39］刘东勋．中原城市群九城市的产业结构特征和比较优势分析［J］．经济地理，2005（3）：343－347.

［40］陆铭，陈钊．收益递增、发展战略与区域经济的分割［J］．经济研究，2004（1）：54－63.

［41］陆铭，陈钊，金煜．中国人力资本和教育发展的区域差异：对于面板数据的估算［J］．世界经济，2004（12）：25－31.

［42］陆铭，陈钊，杨真真．平等与增长携手并进——一个基于收益递增的策略性劳动分工模型［J］．经济学（季刊），2007（2）：443－468.

［43］陆铭，陈钊．以邻为壑的经济增长——为什么经济开放可能加剧市场分割［J］．经济研究，2009（3）：42－52.

［44］鲁桐．企业国际化阶段、测量方法及案例研究［J］．世界经济，2000（3）：9－18.

［45］吕政，刘勇，王钦．中国生产性服务业发展的战略选择——基于产业互动的研究视角［J］.中国工业经济，2006（8）：5－12.

［46］毛日昇．出口、外商直接投资与中国制造业就业［J］．经济研究，2009（11）：105－117.

［47］皮建才．中国地方政府间竞争下的区域市场整合［J］．经济研究，2008（3）：115－124.

［48］秦晓钟，胡志宝．外商对华直接投资技术外溢效应的实证分析［J］．江苏经济探讨，1998（4）：47－49.

［49］秦晓钟．浅析外商对华直接投资技术外溢效应的特征［J］．投资研究，1998（4）：45－48.

［50］邱灵，申玉铭，任旺兵．北京生产性服务业与制造业的关联及空间分布［J］．地理学报，2008（12）：1299－1310.

［51］冉光和，曹跃群．资本投入、技术进步与就业促进［J］．数量经济技术经济研究，2007（2）：82－91.

［52］邵敏，包群．外资进入与国内工资差异：基于工业行业面板数据的联立估计［J］．统计研究，2010（4）：42－51.

［53］沈立人，戴园晨．我国“诸侯经济”的形成及其弊端和根源［J］．经济研究，1990（3）：12－19，67.

[54] 沈坤荣. 外国直接投资的外溢效应分析 [J]. 金融研究, 2000 (3): 103-110.

[55] 沈坤荣. 外国直接投资与中国经济增长 [J]. 管理世界, 1999 (3): 22-34.

[56] 沈坤荣, 耿强. 外国直接投资, 技术外溢与内生经济增长 [J]. 中国社会科学, 2001 (5): 82-93.

[57] 申玉铭, 邱灵, 王茂军, 任旺兵, 尚于力. 中国生产性服务业产业关联效应分析 [J]. 地理学报, 2007 (8): 821-830.

[58] 苏方林. 中国省域 R & D 溢出的空间模式研究 [J]. 科学学研究, 2006 (5): 696-701.

[59] 王良健, 何琼峰. 中国省际市场整合程度的空间特征及影响因素 [J]. 地理研究, 2009 (5): 1365-1377.

[60] 王志鹏, 李子奈. 外商直接投资, 外溢效应与内生经济增长 [J]. 世界经济文汇, 2004 (3): 23-33.

[61] 魏峰, 曹中. 我国服务业发展与经济增长的因果关系研究——基于东、中、西部面板数据的实证分析 [J]. 统计研究, 2007 (2): 44-46.

[62] 文玫. 中国工业在区域上的重新定位和聚集 [J]. 经济研究, 2004 (2): 84-94.

[63] 吴延兵. R & D 与生产率——基于中国制造业的实证研究 [J]. 经济研究, 2006 (11): 60-70.

[64] 吴延兵. 中国工业 R & D 产出弹性测算 (1993—2002) [J]. 经济学 (季刊), 2008 (3): 869-890.

[65] 吴玉鸣. 空间计量经济模型在省域研发与创新中的应用研究 [J]. 数量经济技术经济研究, 2006 (1): 74-85.

[66] 吴玉鸣. 中国省域经济增长趋同的空间计量经济分析 [J]. 数量经济技术经济研究, 2006 (12): 101-108.

[67] 吴玉鸣. 县域经济增长集聚与差异: 空间计量经济实证分析 [J]. 世界经济文汇, 2007 (2): 37-57.

[68] 冼国明, 严兵. FDI 对中国创新能力的溢出效应 [J]. 世界经济, 2005 (10): 18-25.

[69] 许和连, 亓朋, 李海铮. 外商直接投资、劳动力市场与工资溢出效应 [J]. 管理世界, 2009 (9): 53-68.

[70] 徐全勇. 基于 VAR 模型的上海市工业与服务业互动关系的实证研究 [J]. 上海经济研究, 2010 (2): 90-97.

[71] 宣烨, 赵曙东. 外商直接投资的工资效应分析——以江苏为对象的实证研究 [J]. 南开经济研究, 2005 (1): 72-78.

[72] 薛澜, 沈群红, 王书贵. 全球化战略下跨国公司在华研发投资布局——基于跨国公司在华独立研发机构行业分布差异的实证分析 [J]. 管理世界, 2002 (3): 33-42.

[73] 姚洋. 非国有经济成分对我国工业企业技术效率的影响 [J]. 经济研究, 1998 (12): 29-35.

[74] 杨全发. 中国地区出口贸易的产出效应分析 [J]. 经济研究, 1998 (7): 22-26.

[75] 杨迅周, 杨延哲, 刘爱荣. 中原城市群空间整合战略探讨 [J]. 地域研究与开发, 2004

(5):33－37.

[76] 杨泽文，杨全发．FDI 对中国实际工资水平的影响［J］．世界经济，2004（12）：41－48.

[77] 银温泉，才婉茹．我国地方市场分割的成因和治理［J］．经济研究，2001（6）：3－12.

[78] 喻世友，万欣荣，史卫．论跨国公司 R & D 投资的国别选择［J］．管理世界，2004（1）：46－54，61.

[79] 张海洋．R & D 两面性、外资活动与中国工业生产率增长［J］．经济研究，2005（5）：107－117.

[80] 张军，吴桂英，张吉鹏．中国省际物质资本存量估算：1952—2000［J］．经济研究，2004（10）：35－44.

[81] 张妍云．我国的工业集聚及其效应分析——基于各省工业数据的实证研究［J］．技术经济管理研究，2005（4）：23－24.

[82] 张艳，刘亮．经济集聚与经济增长——基于中国城市数据的实证分析［J］．世界经济文汇，2007（1）：48－56.

[83] 赵永亮，徐勇．国内贸易与区际边界效应：保护与偏好［J］．管理世界，2007（9）：37－47.

[84] 赵永亮，徐勇，苏桂富．区际壁垒与贸易的边界效应［J］．世界经济，2008（2）：17－29.

[85] 郑秀君．我国外商直接投资技术溢出效应实证研究述评：1994—2005［J］．数量经济技术经济研究，2006（9）：58－68.

[86] 郑毓盛，李崇高．中国地方分割的效率损失［J］．中国社会科学，2003（1）：64－72.

[87] 郑月明，董登新．外商直接投资对我国就业的区域差异与动态效应——基于动态面板数据模型的分析［J］．数量经济技术经济研究，2008（10）：104－113.

[88] 中国企业联合会．中国企业发展报告［M］．北京：企业管理出版社，2007.

[89] 周黎安．晋升博弈中政府官员的激励与合作——兼论我国地方保护主义和重复建设问题长期存在的原因［J］．经济研究，2004（6）：33－40.

[90] 周振华．产业融合：产业发展及经济增长的新动力［J］．中国工业经济，2003（4）：46－52.

[91] 朱瑞博．价值模块整合与产业融合［J］．中国工业经济，2003（8）：24－31.

[92] 朱希伟，金祥荣，罗德明．国内市场分割与中国的出口贸易扩张［J］．经济研究，2005（12）：68－76.

[93] Abraham K. G.，Taylor S. K. Firm's Use of Outside Contractors：Theory and Evidence［J］. Journal of Labor Economics，1996，14：394－423.

[94] Adams，Samuel. Foreign Direct Investment，Domestic Investment and Economic Growth in Sub-Saharan Africa［J］. Journal of Policy Modeling，2009，31：939－949.

[95] Agosin，M. R.，R Machado. Foreign Investment in Developing Countries：Does It Crowd in Domestic Investment?［J］. Oxford Development Studies，2005，33（2）：149－162.

[96] Aitken，Brian J.，Ann E. Harrison，and Robert E. Lipsey. Wages and Foreign Ownership：A Comparative Study of Mexico，Venezuela，and the United States［J］. Journal of International Economics，1996，40：345－371.

[97] Aitken B. and Harrison A. Do Domestic Firms Benefit from Direct Foreign Investment, Evidence from Venezuela? [J]. American Economic Review, 1999, 89 (3): 605 -618.

[98] Almeida, Rita. The Labor Market Effects of Foreign Owned Firms [J]. Journal of International Economics, 2007, 72: 75 -96.

[99] Andersson. M. Co-location of manufacturing and producer service-a simultaneous equations approach, Working Paper Series in Economics and Institutions of Innovation, 2004.

[100] Anderson, J. E. A Theoretical Foundation for the Gravity Equation [J]. The American Economic Review, 1979, 69 (1): 106 -116.

[101] Anderson, J. E., E. van Wincoop, Gravity with Gravitas: A Solution to the Border Puzzle [J]. The American Economic Review, 2003, 93 (1): 170 -192.

[102] Anderson, J. E., E. van Wincoop, Trade Costs [J]. The Journal of Economic Literature, 2004, 42 (3): 691 -751.

[103] Anselin, L. Spatial Econometrics: Methods and Models. Dordrecht [M]. The Netherlands: Kluwer Academic Publishers, 1988.

[104] Anselin, L. Space Stat Tutorial, University of Illinois, Urbana Champaign, IL, 1992.

[105] Anselin, L., A. Varga, and Z. Acs. Local Geographic Spillovers between University Research and High Technology Innovations [J]. Journal of Urban Economics, 1997, 42: 422 -448.

[106] Anselin, L. et al. Advances in Spatial Econometrics: Methodology, Tools and Applications [M]. Berlin: Springer, 2004.

[107] Arrow, Kenneth J. The Economic Implications of Learning by Doing [J]. The Review of Economic Studies, 1962a, 29: 155 -173.

[108] Arrow, Kenneth J. Economic Welfare and The Allocation of Resources For Invention, in 'The Rate and Direction of Investment Activity' (R. Nelson, ed.) [M]. Princeton University Press, Princeton, NJ, 1962b.

[109] Bai, C. -E., Y. Du, Z. Tao, and S. Y. Tong. Local protectionism and regional specialization: evidence from China's industries [J]. Journal of International Economics, 2004, 63 (2): 397 -417.

[110] Baier, S. L., and J. H. Bergstrand. On the Endogeneity of International Trade Flows and Free Trade Agreements [J]. Working Paper, University of Notre Dame, 2002.

[111] Baier, S. L., and J. H. Bergstrand. Economic Determinants of Free Trade Agreements [J]. Journal of International Economics, 2004, 64 (1): 29 -63.

[112] Baier, S. L., and J. H. Bergstrand. Do Free Trade Agreements Actually Increase Members' International Trade? [J]. Journal of International Economics, 2007, 71 (1): 72 -95.

[113] Baldwin, R. E. Hysteresis in import prices: the beachhead effect [J]. The American Economic Review, 1988, 78 (4): 773 -785.

[114] Baldwin, R. E. Sunk-Cost Hysteresis, NBER Working Papers, No. 2911, 1989.

[115] Baldwin, R. E., and D. Taglioni, Gravity for dummies and dummies for gravity equations,

NBER Working Papers, 2006, No. 12516.

[116] Baltagia, Badi H., Peter Eggerb, Michael Pfaffermayrd. Estimating Models of Complex FDI: Are There Third-country Effects? [J]. Journal of Econometrics, 2007, 140: 260 - 281.

[117] Baltagi, B. H., P. Egger, and M. Pfaffermayr. A Generalized Design For Bilateral Trade Flow Models [J]. Economic Letters, 2003, 80 (3): 391 - 397.

[118] Barry F. H. Goerg, and Strobl E. Foreign Direct Investment and Wages in Domestic Firms in Ireland: Productivity Spillovers versus Labour -Market Crowding Out [J]. International Journal of the Economics of Business, 2005, 12: 67 - 84.

[119] Basant, Rakesh and Fikkert, Brian. The Effects of R & D, Foreign Technology Purchase, and Domestic and International Spillovers on Productivity in Indian Firms [J]. The Review of Economics and Statistics, 1996, 78 (2): 187 - 199.

[120] Bennett, D., Liu, X., Parker, D., Stewatd, F., Vaidya, K. Technology transfer to China: A Study of Strategy in 20 Major EU industrial Companies [J]. International Journal of Technology Management, 2001, 21 (1/2): 151 - 182.

[121] Berger, H., and V. Nitsch. Zooming out: the Trade Effect of the Euro in Historical Perspective, CESifo Working Papers, 2005, No. 1435.

[122] Bergstrand, J. H. The Gravity Equation in International Trade: Some Microeconomic Foundations and Empirical Evidence [J]. The Review of Economics and Statistics, 1985, 67 (3): 474 - 481.

[123] Bergstrand, J. H. The Generalized Gravity Equation, Monopolistic Competition, and the Factor-Proportions Theory in International Trade [J]. The Review of Economics and Statistics, 1989, 71 (1): 143 - 153.

[124] Bernard, A. B., and J. B. Jensen. Why Some Firm Export? [J]. The Review of Economics and Statistics, 2004, 86 (2): 561 - 569.

[125] Bernard, A. B., J. Eaton, J. B. Jensen, and S. Kortum. Plants and Productivity in International Trade [J]. The American Economic Review, 2003, 93 (4): 1268 - 1290.

[126] Bernard A B, Bradford Jensen J. Exceptional Exporter Performance: Cause, Effect, or Both [J]. Journal of International Economics, 1999, 38 (5): 235 - 259.

[127] Berthelon, M., and C. Freund. On the Conservation of Distance in International Trade [J]. Journal of International Economics, 2008, 75 (2): 310 - 320.

[128] Berry, B. J. L. Cities As Systems Within Systems of Cities [J]. Papers in Regional Science, 1964, 13 (1): 146 - 163.

[129] Berry, B. J. L., and W. L. Garrison. Recent Developments of Central Place Theory [J]. Papers in Regional Science, 1958, 4 (1): 107 - 120.

[130] Black, D. and Henderson, V. A Theory of Urban Growth [J]. The Journal of Political Economy, 1999, 107 (2): 252 - 284.

[131] Blomström M. and Persson H. Foreign Investment and Spillover Efficiency in An Underdeveloped

Economy: Evidence From the Mexican Manufacturing Industry [J] . World Development, 1983, 11 (6): 493 - 501

[132] Blomström M. Foreign Investment and Productive Efficiency: The Case of Mexico [J] . Journal of Industrial Economics, 1986, 15: 97 - 110.

[133] Blomström M. and E. Wolff. Multinational Corporations and Productivity Convergence in Mexico [M] . Oxford University Press, 1994.

[134] Blomström M. Foreign Investment and Spillovers: A Study of Technology Transfer to Mexico, London, Routledge , 1989.

[135] Blomström M. , Kokko A. Multinational Corporations and Spillovers [J] . Journal of Economic Surveys, 1998 (12): 247 - 277.

[136] Blomström. M and Sjöholm. F. Technology Transfer and Spillovers: Does Local Participation With Multinationals Matter? [J] . European Economic Review, 1999, 43: 915 - 923

[137] Boarnet, M. G. An Empirical Model of Intrametropolitan Population and Employment Growth [J] . Papers in Regional Science, 1994, 73: 135 - 152.

[138] Bottazzi, L. and Peri, G. Innovation, Demand and Knowledge Spillovers: Theory and Evidence from European Regions, CEPR Discussion Paper No. 2279, London, 1999.

[139] Boudeville, J. R. Problems of Regional Economic Planning [M] . Edinburgh: Edinburgh University Press, 1966.

[140] Brainard, SL, DA Riker. Are US exporting US jobs? Foreign Direct Investment and Employment: Home Country Experience in Untied States and Sweden, NBER Working Paper, 1997.

[141] Braunerhjelm, P. and Borgman, B. Agglomeration, Diversity and Regional Growth, CESIS Electronic Working Papers, Paper No. 71, www. infra. kth. se/cesia/documents/WP71. pdf, 2006.

[142] Brun, J. F. , J. L. Combes, and M. F. Renard, Are there spillover effects between the coastal and non-coastal regions in China? [J] . China Economic Review, 2002, 13: 161 - 169.

[143] Brülhart, M. and Mathys, N. A. Sectoral Agglomeration Economies in a Panel of European Regions, Working Paper, www. hec. unil. eh/nmathys/brulhart-mathys. pdf, 2007.

[144] Bun, M. J. G. , and F. J. G. M. Klaassen. The Euro Effect on Trade is Not As Large as Commonly Thought [J] . Oxford Bulletin of Economics and Statistics, 2007, 69 (4): 473 - 496.

[145] Carlino, G. A. Economies of Scale in Manufacturing Location [M] . Boston, Mrtinus Nijhoff, 1978.

[146] Carlino, Gerald A. and Edwin S. Mills. The Determinants of County Growth [J] . Journal of Regional Science, 1987, 27: 39 - 54.

[147] Carrere, C. Revisiting the Effects of Regional Trade Agreements on Trade Flows With Proper Specification of the Gravity Model [J] . European Economic Review, 2006, 50 (2): 223 - 247.

[148] Carrothers, G. A Historical Review of the Gravity and Potential Concepts of Human Interaction [J] . Journal of the American Institute of Planners, 1956, 22: 94 - 102.

[149] Casetti, E. , King L. J. , and Odland J. The Formalization and Testing of Concepts of Growth Poles in A Spatial Context [J] . Environment and Planning, 1971, Vol. 3.

[150] Caves, R. E. Multinational Enterprise and Economic Analysis [M]. Cambridge University Press, New York, NY, 2007.

[151] Changshu Park. Essays on Technology Spillovers, Trade, and Productivity, Phd Dissertation University of Colorado, 2003.

[152] Chen, N. A. Intra-Antional versus International Trade in the European Union: Why do Antional Borders Matter? [J] . Journal of International Economics, 2004, 63 (1): 93 – 118.

[153] Cheng, I. -H. , and H. J. Wall. Controlling for Heterogeneity in Gravity Models of Trade and Integration [J] . Federal Reserve Bank of St. Louis Review, 2005, 87 (1): 49 – 63.

[154] Cheung K. and Lin P. Spillover Effects of FDI on Innovation in China: Evidence from Provincial Data [J] . China Economic Review, 2004, 15: 25 – 44.

[155] Christaller, Walter. Central Places in Southern Germany [M] . Jena: Fischer, 1933. English translation by Carlisle W. Baskin. London: Prentice-Hall, 1966.

[156] Ciccone, A. Agglomeration-Effects in Europe [J] . European Economic Review, 2002, 46: 213 – 227.

[157] Ciccone, A. and R. E. Hall. Productivity and Density of Economic Activity [J] . American Economic Review, 1996, 86 (1): 54 – 70.

[158] Clerides Sofronis, Saul Lach, James Tybout. Is Learning by Exporting Important? Micro-dynamic Evidence from Colombia, Mexico and Morocco [J] . Journal of Economics, 1998, 11 (3): 903 – 948.

[159] Cliff, A. and Ord, J. K. Spatial Processes: Model and Applications, London, 1981.

[160] Coe D T, Helpman E. International R & D Spillovers [J] . European Economic Review, 1995, 39: 859 – 887.

[161] Coe D T, Helpman E. Hoffmaister. North South R & D Spillovers [J] . Economic Journal , 1997, 107: 134 – 149.

[162] Combes, P. -P. , M. Lafourcade, and T. Mayer. Can Business and Social Networks Explain the Border Effect Puzzle? CEPII Working Papers, No. 2003 – 02, 2002.

[163] Combes, P. -P. , M. Lafourcade, and T. Mayer. The Trade-Creating Effects of Business and Social Networks: Evidence from France [J] . Journal of International Economics, 2004, 66 (1): 1 – 29.

[164] Cragg, J. G. Some Statistical Models for Limited Dependent Variables With Application to the Demand for Durable Goods [J] . Econometrica, 1971, 39 (5): 829 – 844.

[165] Davis, D. R. Intra-industry trade: A Heckscher-Ohlin-Ricardo approach [J]. Journal of International Economics, 1995, 39 (3 – 4): 201 – 226.

[166] Deardorff, A. V. Determinants of Bilateral Trade: Does Gravity Work in a Neoclassical World in the Regionalization of the World Economy, ed. by J. A. Frankel, The University of Chicago

Press, U. S. A , 1998: 7 -32.

[167] Dimelis, Sophia and Helen Louri. Foreign Direct Investment and Efficiency Benefits: A Conditional Quantile Analysis, Oxford Economic Papers, 2002, 54: 449 -469.

[168] Disdier, A. -C. , and K. Head. The Puzzling Persistence of the Distance Effect on Bilateral Trade [J] . The Review of Economics and Statistics, 2008, 90 (1): 37 -48.

[169] Dixit, A. Entry and Exit Decisions Under Uncertainty [J] . The Journal of Political Economy, 1989, 97 (3): 620 -638.

[170] Dixit, Anivash K. and Joseph E. Stiglitz. Monopolistic Competition and Optimum Product Diversity [J] . American Economic Review, 1977, 67: 297 -308.

[171] Djankov and Hoekman. Foreign Investment and Productivity Growth in Czech Enterprises [J] . World Bank Economic Review, 1998, (4): 34 -47.

[172] Duranton, G. , D. Puga. Micro-Foundations of Urban Agglomeration Economies [J] . Handbook of Regional and Urban Economics, Vol. 4, edited by J. Vernon Henderson and Jacques François Thisse, North- Holland, 2003, 2063 -2118.

[173] Eaton, J. , and S. Kortum. Technology, Geography, and Trade [J] . Econometrica, 2002, 70 (5): 1741 -1779.

[174] Eaton, J. , S. Kortum, and F. Kramarz. Dissecting Trade: Firms, Industries, and Export Destinations [J] . The American Economic Review, 2004, 94 (2): 150 -154.

[175] Edmund R. Thompson. Clustering of Foreign Direct Investment and Enhanced Technology Transfer: Evidence from Hong Kong Garment Firms in China [J] . World Development, 2002, 30 (5): 873 -889.

[176] Egger, P. A Note on the Proper Econometric Specification of the Gravity Equation [J] . Economic Letters, 2000, 66 (1): 25 -31.

[177] Egger, P. , and M. Pfaffermayr. The Proper Panel Econometric Specification of the Gravity Equation: A three-way model with bilateral interaction effects [J] . Empirical Economics, 2003, 28 (3): 571 -580.

[178] Egger, P. Estimating Regional Trading Bloc Effects With Panel Data [J] . Review of World Economics, 2004, 140 (1): 151 -166.

[179] Ekholm, K. , Forslid, R. , Markusen, J. R. Export-Platform Foreign Direct Investment. NBER Working Paper, 2003, No. 9517.

[180] Elisabet, V. M. Agglomeration Economies and Industrial Location: City-level Evidence? [J] . Journal of Economic Geography, 2004, 4 (5): 565 -582.

[181] Ellison, G. , and E. L. Glaeser. Geographic Concentration in U. S. Manufacturing Industries: A Dartboard approach [J] . The Journal of Political Economy, 1997, 105 (5): 889 -927.

[182] Ellison, G. , Glaeser, E. L. , and Kerr, W. What Causes Industry Agglomeration? Evidence from Co-agglomeration Patterns, Working Paper, http: //www. nber. org/papers/w13068, 2007.

[183] Engel, C. , and J. Rogers. How Wide Is the Border? [J] . American Economic Review, 1996, 86 (5): 1112 -1125.

[184] Evans, C. L. The Economic Significance of National Border Effects [J] . The American Economic Review, 2003, 93 (4): 1291 -1312.

[185] Evans, C. L. Border Effects and the Availability of Domestic Products Abroad [J] . The Canadian Journal of Economics, 2006, 39 (1): 211 -246.

[186] Evernett, S. J. , and W. Keller. On Theories Explaining the Success of the Gravity Equation [J]. The Journal of Political Economy, 2002, 110 (2): 281 -316.

[187] Evenson R E, Westphal L E. Technological Change and Technology Strategy [J] . Handbook of Development Economics, 1995, (1): 56 -87.

[188] Falvey R, Foster N, Greenaway D. Imports, Exports, Knowledge Spillovers and Growth [J] . Economics Letters, 2004, 85 (2): 209 -213.

[189] Fan, Xiaoqin and Peter G. Warr. Foreign Investment, Spillover Effects and the Technology Gap: Evidence from China. Working Paper in Trade and Development No. 00/03, The Australian National University, 2000.

[190] Faruqee H. Measuring the trade effects of EMU," IMF working papers, No. 04/154, 2004.

[191] Feder G. On Exports and Economic Growth [J] . Journal of Development Economics, 1982 , (12): 59 -73.

[192] Feenstra, R. C. , GH Hanson. Foreign Direct Investment, Outsourcing and Relative Wages, in R. C. Feenstra, G. M. Grossman and D. A. Irwin, eds. Political Economy of Trade Policy: Essays in Honor of Jagdish Bhagwati [M] . MIT Press, Cambrige, 1996, 89 -127.

[193] Feenstra, R. C. , GH Hanson. Foreign Direct Investment and Relative Wages: Evidence from Mexico's Maquiladoras [J] . Journal of International Economics, 1997, 42: 371 -393.

[194] Feenstra, R. C. Border Effects and the Gravity Equation: Consistent Methods for Estimation [J]. Scottish Journal of Political Economy, 2002, 49 (5): 491 -506.

[195] Feenstra, R. C. , J. R. Markusen, and A. K. Rose. Using the Gravity Equation to Differentiate Among Alternative Theories of Trade [J] . The Canadian Journal of Economics, 2001, 34 (2): 430 -447.

[196] Feliciano, Zadia, and Robert E. Lipsey. Foreign Ownership and Wages in the United States, Cambridge, MA, NBER Working Paper No. 6923, January, 1999: 1987 -1992.

[197] Feser, E. and A. Isserman. Harnessing Growth Spillovers for rural development: the Effects of Regional Spatial Structure [J] . Journal of Regional Science, forthcoming, 2008.

[198] Findlay R. Relative Backwardness, Direct Foreign Investment and the Transfer of Technology: A Simple Dynamic Model [J] . Quarterly Journal of Economics, 1978, 92: 1 -16.

[199] Fingleton, B. Estimates of Time to Economic Convergence: An Analysis of Regions of the European Union [J] . International Regional Science Review, 1999, 22 (1): 5 -34.

[200] Fleisher, Li and Zhao. Regional Disparity of Industrial Development and Productivity in China, The World Bank, 2006.

[201] Francois, J. Producer Service, Scale and the Division of Labor, Oxford Economic Papers, 1990.

[202] Frankel, J. , and A. K. Rose. An Estimate of the Effect of Common Currencies on Trade and Income [J] . The Quarterly Journal of Economics, 2002, 117 (2): 437 - 466.

[203] Friedmann, J. A Generalized Theory of Polarized Development, in Hansen N. M. (Ed.) Growth Centers in Regional Economic Development, the Free Press, New York, 1972.

[204] Fujita, M. and Krugman, P. When Is the Economy Monocentric?: Von Thunen and Chamberlin unified [J] . Regional Science and Urban Economics, 1995, 25: 505 - 528.

[205] Fujita, M. and Thisse, J. F. Economics of Agglomeration [J] . Journal of Japanese and International Economics, 1996, 10: 339 - 378.

[206] Fujita, Masahisa, and Jacques-Francois Thisse. Economics of Agglomeration, Cities, Industrial Location, and Regional Growth, Cambridge University Press, Cambridge, UK, 2002.

[207] Fujita, M, P. Krugman, and A. Venables. The Spatial Economy: Cities, Regions, and International Trade, the MIT Press, Cambridge, Mass, 1999.

[208] Fu, X. Limited Linkages from Growth Engines and Regional Disparities in China [J] . Journal of Comparative Economics, 2004, 32: 148 - 164.

[209] Gaile, G L. The Spread-backwash Concept [J] . Regional Studies, 1980, 14: 15 - 25.

[210] Glaeser, E. L. , Kallal, H. D. , Scheinkman, J. A. , and Shleifer, A. Growth in Cities [J] . Journal of Political Economy, 1992, 100: 1126 - 1152.

[211] Glaeser, E. L. Are Cities Dying? [J] . Journal of Economic Perspectives , 1998, 12 (2): 159 - 160.

[212] Glick, R. , and A. K. Rose. Does A Currency Union Affect Trade? The Time-series Evidence [J]. European Economic Review, 2002, 46 (6): 1125 - 1151.

[213] Globerman S. Foreign Direct Investment and Spillover Efficiency Benefits in Canadian Manufacturing Industries [J] . Canadian Journal of Economics, 1979 (12): 42 - 56.

[214] Goldar B. Technology Acquisition and Productivity Growth: A Study of Industrial Firms in India, New Delhi: Institute of Economic Growth, memeo, 1994.

[215] Green, GP. Amenities and Community Economic Development: Strategies for Sustainability [J] . Journal of Regional Analysis and Policy, 2001, 31: 61 - 75.

[216] Greenwood, M. J. Human Migration: Theory, Models, and Empirical Studies [J] . Journal of Regional Science, 1986, 25: 521 - 544.

[217] Grilihches, Zvi. Productivity, R & D and Basic Research at the Firm Level in the 1970 [J] . American Economic Review, 1986, 76 (6): 141 - 154.

[218] Grilihches, Zvi. Productivity puzzle and R & D: Another Nonexplanation [J]. Journal of Economic Perspectives, 1988, 2 (4): 9 - 21.

[219] Grilihches, Zvi. The Search for R & D Spillovers, NBER Working Paper, No. 3768, 1991.

[220] Griliches Z. Productivity, R & D, and the Data Constraint [J]. American Economic Review, 1994, 84 (3): 1-23.

[221] Groenewold, N., G. Lee, and P. Chen. Regional output spillovers in China: Estimates from a VAR model [J]. Papers in Regional Science, 2007, 86: 101-122.

[222] Grossman G, Helpman E. Innovation and Growth in the World Economy [M]. Cambridge, MIT Press, 1991.

[223] Haddad. M. and Harrison. A. Are there spillovers from direct foreign investment? Evidence from panel data for Morocco [J]. Journal of Development Economics, 1993, 42: 51-74

[224] Haksar V. Externality, Growth and Technology Transfer: Applications to the Indian Manufacturing Sector, International Monetary Fund, 1995: 1975-1990.

[225] Hallward Driemeier, Giuseppe Iarossi. Exports and Manufacturing Productivity in East Asia: A Comparative Analysis with Firm-Level Data. NBER Working Paper, 2002.

[226] Hansen, B. E., and P. C. B. Phillips. Estimation and inference in models of cointegration [J]. The Advances in Econometrics, 1990, 8: 225-248.

[227] Hansen, N. Do Producer Services Induce Regional Economic Development? [J]. Journal of Regional Science, 1990, 30: 465-476.

[228] Harris, R. D. F., and E. Tzavalis. Inference for unit roots in dynamic panels where the time dimension is fixed [J]. Journal of Econometrics, 1999, 91 (2): 201-226.

[229] Hausman, J. A., and W. E. Taylor. Panel Data and Unobservable individual Effects [J]. Econometrica, 1981, 49 (6): 1377-1398.

[230] Head, K., and T. Mayer. Non-Europe: the magnitude and causes of market fragmentation in the EU [J]. Weltwirtschaftliches Archive, 2000, 136 (2): 284-314.

[231] Head, K., and T. Mayer. Illusory Border Effects: Distance Mismeasurement Inflates Estimates of Home Bias in Trade, CEPII working papers, 2002, No. 2002-01.

[232] Head, K., and J. Ries. Increasing Returns Versus Product Differentiation As An Explanation for the pattern of U. S. -Canada trade [J]. The American Economic Review, 2001, 91 (4): 858-876.

[233] Heckman, J. J. Sample Selection Bias as a Specification Error [J]. Econometrica, 1979, 47 (1): 153-161.

[234] Helliwell, J. F. Do National Borders Matter for Quebec's Trade? [J]. The Canadian Journal of Economics, 1996, 29 (3): 507-522.

[235] Helliwell, J. F. National Borders, Trade and Migration [J]. Pacific Economic Review, 1997, 2 (3): 165-185.

[236] Helliwell, J. F. Measuring the Width of National Borders [J]. Review of International Economics, 2002, 10 (3): 517-524.

[237] Helliwell, J. F., and G. Verdier. Measuring Internal Trade Distances: A New Method Applied to

Estimate Provincial Border Effects in Canada [J]. The Canadian Journal of Economics, 2001, 34 (4): 1024-1041.

[238] Helpman, E. Imperfect Competition and International Trade: Evidence from Fourteen Industrial Countries [J]. Journal of The Japanese and International Economics, 1987, 1 (1): 62-81.

[239] Helpman, E., and P. R. Krugman. Market Structure and Foreign Trade [M]. The MIT Press, U. S. A., 1985.

[240] Helpman E. Trade, FDI, and the Organization of Firms. NBER Working Papers, 2006, No. 12091.

[241] Helpman, E., M. Melitz, and Y. Rubinstein. Estimating Trade Flows: Trading Partners and Trading Volumes [J]. The Quarterly Journal of Economics, 2008, 123 (2): 441-487.

[242] Henderson, J. V. The Sizes and Types of Cities [J]. American Economic Review, 1974, 64: 640-656.

[243] Henderson, J. V. Marshall's Scale Economies [J]. Journal of Urban Economics, 2003, 53: 1-28.

[244] Henderson, J. V. Efficiency of Resource Usage and City Size [J]. Journal of Urban Economics, 1986, 19: 47-70.

[245] Huang, Y. F., Yee L. Analysing Regional Industrialisation in Jiangsu Province Using Geographically Weighted Regression [J]. Journal of Geographical Systems, 2002, 4: 233-249.

[246] Henry, M. S. B. Schmitt, K. Kristensen, D. L. Barkley and S. Bao. Extending Carlino-Mills Models to Examine Urban Size and Growth Impacts on Proximate Rural Areas [J]. Growth and Change, 1999, 30: 526-548.

[247] Hirschman, A. The Strategy of Economic Development [M]. New Haven: Yale University Press, 1958.

[248] Hillberry, R. Aggregation Bias, Compositional Change, and the Border Effect, U. S. International Trade Commission working papers, No. 2001-04-B.

[249] Hillberry, R. Aggregation Bias, Compositional Change, and the Border Effect [J]. The Canadian Journal of Economics, 2002, 35 (3): 517-530.

[250] Hillberry, R., and D. Hummels. Explaining Home Bias in Consumption: the Role of Intermediate Input Trade, NBER Working Papers, 2002, No. 9020.

[251] Hillberry, R., and D. Hummels. Intranational Home Bias: Some Explanations [J]. The Review of Economics and Statistics, 2003, 85 (4): 1089-1092.

[252] Hillberry, R., and D. Hummels. Trade Responses to Geographic Frictions: A Decomposition Using Micro-data [J]. European Economic Review, 2008, 52 (3): 527-550.

[253] Hirschman, A. The Strategy of Economic Development [M]. New Haven: Yale University Press, 1958.

[254] Holmes T T J, Schmitz J A. Competition at Work: Railroads vs. Monopoly in the U. S. Shipping

Industry [J] . Quarterly Review , 2001, 19 (3): 3 -29.

[255] Hu A. and G. Jefferson. FDI, Technological Innovation, and Spillover: Evidence from Large and Medium Size Chinese, Brandeis University, 2001.

[256] Hummels, D. , Toward A Geography of Trade Costs, Working Paper, Purdue University, 2001.

[257] Hummels, D. , and J. Levinsohn. Monopolistic Competition and International Trade: Reconsidering the Evidence [J] . The Quarterly Journal of Economics, 1995, 110 (3): 799 -836.

[258] Im, K. S. , and M. H. Pesaran, and Y. Shin. Testing for Unit Roots in Heterogeneous Panels [J] . Journal of Econometrics, 2003, 115 (1): 53 -74.

[259] Imbriani C. and Reganati F. International Efficiency Spillovers into the Italian Manufacturing Sector-English Summary [J] . Economia Internationale, 1997, 50: 583 -595.

[260] Isard, W. Location Theory and Trade Theory: Short-run Analysis [J] . Quarterly Journal of Economics, 1954, 68: 305 -320.

[261] Isard, W. , D. Bramhall, G. Carrothers, J. Cumberland, L. Moses, D. Price, and E. Schooler. 1960. Methods of Regional Analysis: An Introduction to Regional Science. Cambridge, Mss. : MIT Press.

[262] Jaffe, A. Technological Opportunity and Spillovers of R & D: Evidence from Firms' Patents, Profits and Market Value [J] . American Economic Review, 1986, 76: 984 -1001.

[263] Jaffe, A. Real Effects of Academic Research [J] . American Economic Review, 1989, 79: 957 -970.

[264] Javorcik B. S. Does Foreign Direct Investment Increase the Productivity of Domestic Firms? In Search of Spillovers through Backward Linkages [J] . American Economic Review, 2004, 94 (3): 605 -627.

[265] JR-Tsung Huang. Spillovers from Taiwan, Hong Kong, and Macau Investment and from Other Foreign Investment in Chinese Industries [J] . Contemporary Economic Policy, 2004, 22 (1): 13 -25.

[266] Kao, C. Spurious Regression and Residual-based Tests for Cointegration in Panel Data [J]. Journal of Econometrics, 1999, 90 (1): 1 -44.

[267] Kao, C. , and M. -H. Chiang. On the Estimation and Inference of a Cointegrated Regression in Panel Data [J] . The Advances in Econometrics, 2000, 15: 179 -222.

[268] Karaomerlioglu, D. C. and Carlsson, B. Manufacturing in decline? A Matter of definition. Economy, Innovation [J] . New Technology , 1999, 8: 175 -196.

[269] Kathak. Imported Technology and R & D in A Newly Industrializing Country: The Indian Experience [J] . Journal of Development Economics, 1989, 31: 123 -139

[270] Ke, Shanzi. Agglomeration, Productivity, and Spatial Spillovers across Chinese Cities [J]. The Annals of Regional Science , 2010, 45 (1): 157 -179.

[271] Ke, Shanzi and Edward Feser. Count on the Growth Pole Strategy for Regional Economic Growth?

Spread-Backwash Effects in Greater Central China [J]. Regional Studies, 2010, 44 (9): 1131 - 1147.

[272] Ke, Shanzi, and Mingyong Lai. Productivity of Chinese Regions and the Location of Multinational Research and Development [J]. International Regional Science Review (SSCI), Vol. 2011, 34 (1): 102 - 131.

[273] Ke, Shanzi, Ming He, Chenhua Yuan. Synergy and Co-agglomeration of Producer Services and Manufacturing—A Panel Data Analysis of Chinese Cities [J]. Regional Studies, Forthcoming, DOI: 10.1080/00343404.2012.756580, forthcoming.

[274] Keller, W. Trade and the Transmission of Technology [J]. Journal of Economic Growth, 2002, (7): 5 - 24.

[275] Keller Wolfgang. International Technology Diffusion [J]. Journal of Economic Literature, 2004, 42 (3): 752 - 782.

[276] Klodt H. Structural Change Towards Services: the German Experience. University of Birmingham IGS Discussion Paper, 2000.

[277] Knapp, T. A. and P. E. Graves. On the Role of Amenities in Models of Migration and Regional Development [J]. Journal of Regional Science, 1989, 29: 71 - 87.

[278] Kohler, H. P. The Effect of Hedonic Migration Decisions and Region-Specific Amenities on Industrial Location: Could Silicon Valley Be in South Dakota? [J]. Journal of Regional Science, 1997, 37 (3): 379 - 394.

[279] Koizumi T. and Kopecky K. J. Economic Growth, Capital Movements and the International Transfer of Technical Knowledge [J]. Journal of International Economics, 1977, (7): 45 - 65.

[280] Kokko A. Technology, Market Characteristics, and Spillovers [J]. Journal of Development Economics, 1994, 43: 279 - 293.

[281] Kokko A, Zejan J. Local Technological Capability and Productivity Spillovers from FDI in the Uruguayan Manufacturing Sector [J]. Journal of Development Studies, 1996, 32 (4): 602 - 611.

[282] Krugman, Paul, and Anthony J. Venables. Globalization and the Inequality of Nations [J]. The Quarterly Journal of Economics, 1995, 110: 857 - 880.

[283] Krugman, P. Scale Economics, Product Differentiation, and the Pattern of Trade [J]. The American Economic Review, 1980, 70 (5): 950 - 959.

[284] Krugman, P. Increasing Returns and Economic Geography [J]. Journal of Political Economy, 1991, 99 (3): 483 - 499.

[285] Krugman, P., and A. J. Venables. 1996, Integration, Specialization, and Adjustment [J]. European Economic Review, 40 (3 - 5): 959 - 967.

[286] Kuemmerle, W. Home Base and Investment into Research and Development Abroad [J]. Research Policy, 1999, 28 (2): 179 - 192.

[287] Kumar, A. China: Internal Market Development and regulation, Washington, D. C., The World

Bank, 1994.

[288] Kumar, Nagesh, Determinants of Location of Overseas RD Activity of Multinational Enterprises: the Case of US and Japanese Corporations [J] . Research Policy , 2001, 30: 159 – 174.

[289] Leamer, E. , and J. Levinsohn. International Trade Theory, the Evidence, in Handbook of International Economics [J] .. Volume III, ed. by G. M. Grossman, and K. Rogoff, North – Holland Pub. Co. , The Netherlands , 1997: 1339 – 1394.

[290] Leung, S. F. , and S. Yu. On the Choice Between Sample Selection and Two-Part Models [J] . Journal of Econometrics, 1996, 72 (1 – 2): 197 – 229.

[291] Levin, A. , C. -F. Lin, and C. -S. J. Chu. Unit Root Tests in Panel Data: Asymptotic and Finite-sample Properties [J] . Journal of Econometrics, 2002, 108 (1): 1 – 24.

[292] Levin A, Raut L K. Complementarities Between Export and Human Capital in Economic Growth: Evidence From the Semi-industrialized Countries [J] . Economic Development andCultural Change, 1999, (46): 155 – 174.

[293] Li, Xiaoying, Xiaming Liu and David Parker. Foreign Direct Investment and Productivity Spillovers in the Chinese Manufacturing Sector [J] . Economic Systems, 2001, 25: 305 – 321.

[294] Lichtenberg, Frank R. and Donald Siegel. The Impact of R & D Investment on Productivity-New Evidence Using Linked R & D-LRD Data [J] . Economic Inquiry , 1991, 29 (2): 203 – 229.

[295] Linneman, H. An Econometric Study of International Trade Flows [M] . North-Holland Pub. Co. , The Netherlands, 1966.

[296] Lipsey, R. E. Home and Host Country Effects of FDI. Cambridge, MA, NBER Working Paper , 2002, No. 9293.

[297] Lipsey, RE, F Sjöholm. FDI and Wage Spillovers in Indonesian Manufacturing [J] . Review of World Economics, 2004, 142 (2): 321 – 332.

[298] Lipsey, Robert E. and Fredrik Sjöholm. Foreign Direct Investment and Wages in Indonesian Manufacturing, NBER Working Paper 8299 , 2001.

[299] Lösch, August. The Economics of Location. Jena: Fischer, 1940. English Translation. New Haven, Conn. : Yale Univ. Press, 1954.

[300] Lucas, R. L. On the Mechanics of Economic Development [J] . Journal of Monetary Economics, 1988, 22: 3 – 42.

[301] Luiz, R, Jr de Mello. Foreign Direct Investment-led Growth: Evidence from Time Series and Panel Data [J] . Oxford Economic Papers, 1999, 51: 133 – 151.

[302] Maddala, G. S. , and S. Wu. A Comparative Study of Unit Root Tests With Panel Data and A New Simple Test, Oxford Bulletin of Economics and Statistics [J] . 1999, 61 (special issue): 631 – 652.

[303] Mankiw, G. , D. Romer, and D. Weil. A Contribution to the Empirics of Economic Growth [J] . Quarterly Journal of Economics , 1992, 107: 407 – 437.

[304] Matyas, L. Proper Econometric Specification of the Gravity Model [J] . The World Economy,

1997, 20 (3): 363 -368.

[305] Martin, P. and Ottaviano, G. I. P. Growth and Agglomeration [J]. International Economic Review, 2001, 42 (4): 947 -968.

[306] Marshall A. Principles of Economics. London: MacMillan, 1890.

[307] McCallum, J. National Borders Matter: Canada-U. S. Regional Trade Patterns [J]. The American Economic Review, 1995, 85 (3): 615 -623.

[308] Melitz, J. North, South and Distance in the Gravity Model [J]. European Economic Review, 2007, 51 (4): 971 -991.

[309] Melitz, M. J. The Impact of Trade on Intra-Industry Reallocations and Aggregate Industry Productivity, Econometrica, 2003, 71 (6): 1695 -1725.

[310] Meyer, K. E. Perspectives on Multinational Enterprises in Emerging Economies [J]. Journal of International Business Studies, 2004, 35: 259 -276.

[311] Micco, A., E. Stein, and G. Ordonez. The Currency Union Effect on Trade: Early Evidence from EMU [J]. Economic Policy, 2003, 18 (37): 315 -356.

[312] Mišun, J., and V. Tomsik. Does Foreign Direct Investment Crowd in or Out Domestic Investment? [J]. Eastern European Economics, 2002, 40: 38 -56.

[313] Myrdal, G. Economic Theory and Underdeveloped Regions. New York: Harper & Row, 1957.

[314] Mytelka, L. K, and L. A Barclay. Using Foreign Investment Strategically for Innovation [J]. The European Journal of Development Research, 2004, 16: 531 -560.

[315] Nadiri. I. U. S. Direct Investment and the Production Structure of the Manufacturing Sector in France, Germany, Japan and the U. K. Mimeograph, New York University, 1991.

[316] Naughton, B. How Much Can Regional Integration Do to Unify China's Markets? in How Far Across the River? Chinese policy reform at the Millennium, ed. by N. C. Hope, D. T. Yang, and M. Y. Li, pp. 204 -232. Stanford University Press, U. S. A., 2003: 204 -232.

[317] Nelson, R. The Simple Economics of Basic Scientific Research [J]. Journal of Political Economy, 1959, 67: 297 -306.

[318] Nitch, V. National Borders and International Trade: Evidence from the European Union [J]. The Canadian Journal of Economics, 2000, 33 (4): 1091 -1105.

[319] Nitch, V. It's Not Right but It's Okay: On the Measurement of Intra- and International Trade Distances, Manuscript, Bankgesellschaft Berlin, Germany, 2001.

[320] Nitch, V. Border Effects and Border Regions: Lessons from the German Unification, HWWA Discussion Papers, 2002, No. 203.

[321] Obstfeld, M., and K. S. Rogoff. The Six Major Puzzles in International Macroeconomics: Is There A Common Cause? in NBER Macroeconomics Annual 2000, ed. by B. S. Bernanke, and K. S. Rogoff, The MIT Press, U. S. A., 2000: 339 -390.

[322] Okubo, T. The Border Effects in the Japanese Market: a Gravity Model Analysis [J]. Journal of

the Japanese and International Economics, 2004, 18 (1): 1-11.

[323] Palivos, T. and W. Ping. Spatial Agglomeration and Endogenous Growth [J]. Regional Science and Urban Economics, 1996, 26: 645-669.

[324] Park, Walter G. R & D Spillovers and OECD Economic Growth, Oxford University Press, 1995.

[325] Parsley, D. C., and S. J. Wei. Explaining the Border Effect: the Role of Exchange Rate Variability, Shipping Costs, and Geography [J]. Journal of International Economics, 2001, 55 (1): 87-105.

[326] Pearce, R. D. The Internationalization of Research and Development by Multinational Enterprises, Macmillan London, 1989.

[327] Pedroni, P. Critical Values for Cointegration Tests in Heterogeneous Panels with Multiple Regressors [J]. Oxford Bulletin of Economics and Statistics, 1999, 61 (Special Issue): 653-670.

[328] Pedroni, P. Fully Modified OLS for Heterogeneous Cointegrated Panels [J]. The Advances in Econometrics, 2000, 15: 93-130.

[329] Pedroni, P. Panel Cointegration: Asymptotic and Finite Sample Properties of Pooled Time Series Tests with An Application to the PPP hypothesis [J]. Econometric Theory, 2004, 20 (3): 597-625.

[330] Perroux F. Economic Space: Theory and Application [J]. Quarterly Journal of Economics, 1950, 64: 89-104.

[331] Perroux, F. Note on the Concept of Growth Poles, in McKee D. L., Dean R. D. and Leahy W. H. (Eds.) Regional Economics: Theory and Practice, The Free Press, New York, 1970.

[332] Perroux, F. The Pole of Development's New Place in A General Theory of Economic Activity, in B. Higgins and D. Savoie (Eds), Regional Economic Development: Essays in Honor of Francois Perroux, Unwin Hyman. Boston, 1988.

[333] Phillips, P. C. B. Understanding Spurious Regressions in Econometrics [J]. Journal of Econometrics, 1986, 33 (3): 311-340.

[334] Phillips, P. C. B., and H. R. Moon. Linear Regression Limit Theory for Nonstationary Panel Data [J]. Econometrica, 1999, 67 (5): 1057-1111.

[335] Poncet, Sandra. Measuring Chinese Domestic and International Integration [J]. China Economic Review, 2003, 14: 1-21.

[336] Poncet, Sandra. Domestic Market Fragmentation and Economic Growth in China, ERSA Conference, 2003.

[337] Poncet, Sandra. A Fragmented China: Measure and Determinants of Chinese Domestic Market Integration [J]. Review of International Economics, 2005, 13 (3): 409-430.

[338] Porter, M. Clusters and the New Economics of Competition [J]. Harvard Business Review, 1998, 76: 77-90.

[339] Puhani, P. A. The Heckman Correction for Sample Selection and Its Critique [J]. Journal of E-

conomic Surveys, 2000, 14 (1): 53 – 68.

[340] Rapp, R. T. and R. P. Rozek. Benefits and Costs of Intellectual Property Protection in Developing Countries, Working Paper 3, White Plains, NY: National Economic Research Associates, 1nc, 1990.

[341] Reeding, S. and A. J. Venables. Economic Geography and International Inequality [J] . Journal of International Economics, 2004, 62 (1): 53 – 82.

[342] Rey, S. J. and M. G. Boarnet. A Taxonomy of Spatial Econometric Models for Simultaneous Equations Systems, in L. Anselin, et al. Advances in Spatial Econometrics: Methodology, Tools and Applications, Berlin: Springer, 2004.

[343] Rhee Y, Ross Larson B, Pursell G. Korea's Competitive Edge: Managing the Entry into World Markets. Baltimore, MD. Johns Hopkins University Press for the World Bank, 1984.

[344] Richardson, HW. Growth Pole Spillover: the Dynamics of Backwash and Spread [J] . Regional Studies, 1976, 10: 1 – 9.

[345] Rivera -Batiz, L. Increasing Returns, Monopolistic Competition and Agglomeration Economies in Consumption and Production [J] . Regional Science and Urban Economics , 1988, 18: 125 – 153.

[346] Roberts, M. J. , and J. R. Tybout. The Decision to Export in Colombia: An Empirical Model of Entry with Sunk Costs [J] . The American Economic Review, 1997, 87 (4): 545 – 564.

[347] Rodriguez-Clare, A. Multinationals, Linkages and Economic Development [J] . American Economic Review, 1996, 86: 852 – 873.

[348] Romer, P. M. Endogenous Technological Change [J], Journal of Political Economy, 1990, 98: 71 – 103.

[349] Rose, A. K. 2000, One money, one market: the effect of common currencies on trade [J] . Economic Policy, 15 (30): 7 – 46.

[350] Rose, A. K. Currency Union and Trade: the Effect is Large [J] . Economic Policy, 2001, 16 (33): 449 – 461.

[351] Rose, A. K. Do We Really Know That the WTO Increases Trade? [J] . The American Economic Review, 2004, 94 (1): 98 – 114.

[352] Rose, A. K. , and E. van Wincoop. National Money as a Barrier to International Trade: the Real Case for Currency Union [J] . The American Economic Review, 2001, 91 (2): 386 – 390.

[353] Rossi-Hansberg, E. A Spatial Theory of Trade [J] . The American Economic Review, 2005, 95 (5): 1464 – 1491.

[354] Saikkonen, P. Asymptotically Efficient Estimation of Cointegrated Regressions [J] . Econometric Theory, 1991, 7 (1): 1 – 21.

[355] Sjöholm F. Productivity Growth in Indonesia: The Role of Regional Characteristics and Direct Foreign Investment [J] . Economic Development and Cultural Change, 1999, 47: 559 – 584

[356] Slaughter, M. A. Production Transfer within Multinational Enterprises and American wages [J] .

Journal of International Economics, 2000, 50: 449 – 472.

[357] Sveikauskas, L., The Productivity of Cities, Quarterly Journal of Economics, 1975, 89, 393 – 413.

[358] Tingergen, J. Shaping the World Economy: Suggestions for An International Economic Policy. Twentieth Century Fund., U. S. A., 1962.

[359] Topel, RH, Local Labor Markets [J]. The Journal of Political Economy, 1986, 94 (3): 111 – 143.

[360] Wacziarg, R. Measuring the Dynamic Gains from Trade, World Bank Working Paper, No. 2001, 1998.

[361] Walker, R. Is There a Service Economy? The Changing Capitalist Division of Labor [J]. Science and Society, 1985, 39: 42 – 83.

[362] Wei, S. -J. Intra national versus International Trade: How Stubborn are Nations in Global Integration? NBER working paper, No. 5531, 1996.

[363] Wei, Y. and Liu, X. Foreign Direct Investment in China: Determinants and Impact, Edward Elgar, 2001.

[364] Wolf, H. C. Patterns of Intra- and Inter-state Trade, NBER working papers, 1997, No. 5939.

[365] Wolf, H. C. Intranational Home Bias in Trade [J]. The Review of Economics and Statistics, 2000, 82 (4): 555 – 563.

[366] Wolf, H. C. Was Germany ever united? Evidence from Intra- and International Trade, CEP Discussion Papers, No. 870, London School of Economics, 2007: 1885 – 1933.

[367] World Bank. World Development Report 1997: the State in a Changing World [M]. New York, Oxford University Press, 1997.

[368] Van Oort, F. G. Spatial and Sectoral Composition Effects of Agglomeration Economies in The Netherlands [J]. Papers in Regional Science, 2007, 86 (1): 5 – 30.

[369] Varga, Attila. Local Academic Knowledge Spillovers and the Concentration of Economic Activity [J]. Journal of Regional Science, 2000, 40 (2): 289 – 309.

[370] Venables, Anthony J. Equilibrium Locations of Vertically Linked Industries, International Economic Review, 1996, 37: 341 – 359.

[371] Xu, Xinpeng. Have the Chinese Provinces Become Integrated Under Reform? [J]. China Economic Review, 2002 (13): 116 – 133.

[372] Yamamoto, K. Agglomeration and Growth with Innovation in the Intermediate Goods Sector [J]. Regional Science and Urban Economics, 2003, 33: 335 – 360.

[373] Yeaple, S. R. The Complex Integration Strategies of Multinationals and Cross Country Dependencies in the Structure of Foreign Direct Investment [J]. Journal of International Economics, 2003, 60 (2): 293 – 314.

[374] Yi, K. -M. Can Vertical Specialization Explain the Growth of World Trade? [J]. The Journal of Political Economy, 2003, 111 (1): 52 – 102.

[375] Yi, K. -M. Can Multi-stage Production Explain the Home Bias in Trade?, Federal Reserve Bank of Philadelphia Working Papers, 2008, No. 08 - 12.

[376] Ying, LG. Measuring the Spillover Effects: Some Chinese evidence [J]. Papers in Regional Science, 2000, 79: 75 - 89.

[377] Young, Alwyn. The Razor's Edge: Distortions and Incremental Reform in the People's Republic of China [J]. Quarterly Journal of Economics, 2000, 115 (4): 1091 - 1135.

[378] Young, Stephen and Lan Ping. Technology Transfer to China Through Foreign Direct Investment [J]. Regional Studies, 1997, 31 (7): 669 - 679.

[379] Zejan, Mario C. R & D Activities in Affiliates of Swedish Multinational Enterprises [J]. Scandinavian Journal of Economics , 1990, 3: 487 - 500.

[380] Zhao, Yaohui. Foreign Direct Investment and Relative Wages: The Case of China [J]. China Economic Review, 2001, 12: 40 - 57.

[381] Zhang W. and Taylor R. EU Technology Transfer To China: The Automotive Industry As a Case Study [J]. Journal of the Asia Pacific Economy, 2001, 6 (2): 261 - 274.

[382] Zysman, J. and Cohen, S. Manufacturing Matters: the Myth of the Post-industrial Economy. Basic Books, New York, 1987.

后　记

本书是在我国深化和完善对外开放、整合国内市场、推进区域经济一体化的大背景下进行的系列研究成果之一。对外开放作为一项基本国策非常有效地促进了我国技术和经济结构的升级、加速了我国经济总量的增长。然而，地方保护主义和与此相关的地方市场分割则会延缓我国区域经济的一体化进程、阻碍先进技术的扩散和自我创新能力的提升、制约我国现代产业的规模经济。作为大国发展战略的一部分，对内开放有助于整合和扩大国内市场、推进区域经济一体化和区域专业化、调整经济结构、扩大内需、确保今后较长时期经济的平稳较快发展，同时也有利于防范国际风险。全国市场一体化要求各省对国内其他省市开放，地方经济一体化是地区内中心城市和下级城市以及广大腹地间的分工协作、互相依赖、共同发展。为了加快地区经济发展、缩小地区间经济差距，我国欠发达地区普遍采取了优先发展中心城市和打造城市增长极的区域发展战略，以期获得地方经济一体化、中心带动区域的经济效应。但是，以往的研究在各地区对内对外开放的实际进程、全国市场一体化与区域经济发展间的相互影响、各地区城市增长极与广大腹地经济一体化的机制、中心城市与外围地区经济增长的相互作用等方面仍然不够深入或完全缺失。本研究正是为弥补这些不足或缺失而作的努力。

本书试图在以下几方面推进该领域的研究。第一，以外贸与资本技术引进—产业关联与技术溢出为纽带将对外开放与对内开放联系起来并置于同一分析框架，提出二者联动机制。第二，在对内对外开放联动分析框架内综合本质上互补的国际贸易、集聚经济、增长极与扩散回流效应、中心地等级体系以及新经济地理理论，从而在理论基础上系统地分析对内对外开放和经济一体化的若干具体问题。比如，在国际贸易理论基础上研究跨国公司研发的区位选择与区域经济发展的相互依赖、对外贸易与 FDI 对国内经济的溢出作用；在新古典主义的资本流动与劳动需求理论基础上探讨 FDI 对城市技术劳动相对就业和相对工资的影响；在新经济地理和集聚经济理论基础上探讨生产性服务业与制造业的协同效应和内生集聚；综合集聚经济、增长极理论和中心地理论分析中国城市与区域经济增长的扩散回流与市场区效应等。

第三，空间计量经济模型为研究技术和经济发展的溢出效应提供了比较理想的工具。但是，目前国内鲜有系统地应用空间计量和面板联立方程组技术进行空间经济分析的应用研究。本书将空间计量经济模型与常规联立方程结合起来分析区域间和城市间在空间上的经济技术联系。例如，通过检验跨国研发投入对邻近省区的影响探索国际研发机构对我国地区经济的作用范围、估计产业集聚在邻近城市间的相互作用以便发现城市集聚经济效益的实际空间尺度、测算不同等级城市之间的作用方向和效果以探索中心城市与腹地经济发展的因果机制等等。第四，本书的研究样本丰富，包含从省到市、县的截面和面板数据，分析结果具有比较普遍的现实意义。

本书各章节的主要作者如下：第 1 章柯善咨、韩峰，第 2 章的 2.1.1 节何鸣、柯善咨、王华，2.1.2 节王良健、何琼峰，2.1.3 节柯善咨、郭素梅，2.2 节柯善咨、郭素梅，2.2.3 节柯善咨，第 3 章的 3.1 节柯善咨、黄苹，3.2 节赖明勇、黄菁、王华，3.3 节黄菁、赖明勇、王华，3.4 节柯善咨、邓香林，第 4 章的 4.1 节柯善咨、姚德龙，4.2 节柯善咨、元臣华，第 5 章的 5.1 节柯善咨，5.2 节柯善咨，5.3 节柯善咨、夏金坤，第 6 章柯善咨、韩峰。全书由柯善咨和韩峰整理，柯善咨修改和定稿。书中各节的观点都只属于作者，可能存在的错误和缺点也由作者负责，与作者所在机构和资助机构无关。

柯善咨

2013 年 8 月